国家社会科学基金项目资助

项目编号: 08BZX008

现代管理重大问题哲学研究

刘敬鲁 著

Xiandai Guanli Zhongda Wenti

Zhexue Yanjiu

中国社会科学出版社

图书在版编目（CIP）数据

现代管理重大问题哲学研究／刘敬鲁著 . —北京：中国社会科学出版社，2015. 3
ISBN 978-7-5161-5780-0

Ⅰ.①现⋯ Ⅱ.①刘⋯ Ⅲ.①管理学—哲学—研究 Ⅳ.①C93-02

中国版本图书馆 CIP 数据核字（2015）第 059106 号

出 版 人	赵剑英
责任编辑	朱华彬
责任校对	任晓晓
责任印制	张雪娇

出　　版	中国社会科学出版社
社　　址	北京鼓楼西大街甲 158 号（邮编 100720）
网　　址	http://www.csspw.cn
发 行 部	010-84083685
门 市 部	010-84029450
经　　销	新华书店及其他书店

印　　刷	北京大兴区新魏印刷厂
装　　订	廊坊市广阳区广增装订厂
版　　次	2015 年 3 月第 1 版
印　　次	2015 年 3 月第 1 次印刷

开　　本	710×1000　1/16
印　　张	20.25
插　　页	2
字　　数	255 千字
定　　价	65.00 元

目　录

导　论

研究问题的设定

本书的主旨是对现代管理重大现实问题进行哲学研究，开启管理哲学研究的现实路径。这也意味着，本书将不去研究管理哲学的基础理论问题，如什么是管理哲学，它的研究对象是什么，它的问题领域如何，它应包括哪些基本内容，以及它的逻辑结构应该怎样，等等。因为，考虑到自从英国管理思想家奥利弗·谢尔登 1923 年出版《管理哲学》（*The Philosophy of Management*）而创立管理哲学以来，国内外对于管理哲学基础理论问题的研究虽然还不成熟但也取得了较大进展，如国外卡尔·F. 斯托弗（Carl F. Stofer, 1958）、威廉·D. 利青格和托马斯·E. 谢弗（William D. Litzinger & Thomas E. Schaefer, 1966）、克里斯托弗·霍金森（Christopher Hodgkingson, 1996）、福格·科克比（Ole Fogh Kirkeby, 1998）等研究者从一般哲学的角度对管理哲学的本质内容和领域范围问题进行了创造性的研究和界定，20 世纪 80 年代以来国内众多学者从马克思主义哲学、伦理学、文化学、中国哲学、系统论等不同角度对管理哲学的学科性质和研究对象、体系建构等问题进行了富有启发意义的探索。① 笔者认为，目前还难以再次在较短时间内对管理哲学基础理论问题获得新的实质性的研究突破，给出具有足够说服力的系统理论，同时，也考虑到管理哲学在本质上是一门实践性学科，它自从诞生以来就一直以管理实践为主要关注对象，是在管理实践的直接推动下向前发展的，所以，本书的计划和思路是，发掘和判定现代管理中各种突出现实问题，并对其中最根本、最具迫切性的重大问题做出尽可能充分的哲学分析。这就是说，本书的探讨方式，不是理论体系建构式的，而是现实问题反思式的。

确定现代管理的突出现实问题，无疑既需要审视和反思现代管理实践，也需要审视和反思现代管理理论；进一步说，还需要在一定程度上审视和反思现代社会的各种主要实践和哲学社会科学理论。因为，从较长的历史过程来看，在人类社会中，实践与理论不只是相互关联，而且是相互作用、相互影响的过程。就管理实践与管理理论来说，正是管理实践不断提出的问题和矛盾，以各种各样的方式深刻影响着管理理论的问题指向和演进路径，反过来，也正是管理理论所提出的观念和方法，直接或间接地影响着管理实践的方式和历史进程。麦金太尔在批判管理学家和管理实践者所提出的有效性在道德价值上是中立的主张时，已经深刻表明了这一点。尽管他提出，管理实践者和管理学研究者所提出的"有效性主张"及其对所谓

---

① 20 世纪 80—90 年代，国内对管理哲学基础论问题进行探索、试图确立管理哲学理论体系的著作较多，如崔绪治与徐厚德的《现代管理哲学概论》(1986)，肖明等的《管理哲学纲要》(1987)，张尚仁《管理、管理学与管理哲学》(1987)，齐振海的《管理哲学》(1988)，官鸣的《管理哲学》(1993)，李兰芬、崔绪治的《管理文化——管理哲学的新视野》(1999) 等。进入 21 世纪以来，也有不少相关著作以及论文问世，如毛卫平、韩庆祥主编的《管理哲学》(2003)，杨伍栓的《管理哲学新论》(2003)，李兰芬主编的《管理伦理学——基本理论与个案分析》(2004)，袁闯的《管理哲学》(2004)，彭新武的《管理哲学导论》(2006)，周可真、张薇的论文《论管理哲学的产生及其学科性质》(2010) 等。

管理的专门知识的信奉，① 是一种被信以为实的独特的现代虚构，其功能类似于卡尔纳普和艾耶尔眼中的上帝。② 笔者认为，他的这一观点实际上是难以成立的，但是同时，他也的确深刻地洞见了关于管理的有效性主张的深层现实依据，认为它深深根植于人类的一种特定的存在方式之中。正如他所说："有充分的理由来拒斥有效性是一种道德上中立的价值这种主张。因为正如我前面所指出的，整个有效性概念与人的一种存在模式不可分离，在这种模式中，手段的设计主要是操纵人们进入依从性的行为方式，并且，管理者也正是通过诉诸自己在这方面的有效性，而要求在这种操纵模式之内的权威性的。"③

　　从实践与理论、管理实践与管理理论相统一的视野出发，当今国内外的管理现实凸显了五大方面或五大维度的问题，这就是：管理中的价值问题、管理中的情感问题、管理中的理性问题、管理中的利益问题、管理中的价值观问题。

　　在当今国内外管理学研究中，对于除了管理中的理性问题以外的其他四个方面的问题给予了简单直观的命名，即价值管理、情感管理、利益管理、价值观管理。无疑，仅仅从纯哲学理论研究者的思维习惯来看，这样的命名似乎可以称得上一种"泛管理主义"，因为，人们一般认为，如果对于利益这种直接关系到人们生存发展条件和机会的事情是可以管理的话，那么对于价值、情感、价值观这些具有强烈主体偏好的事情很难谈得上进行管理。这样的责备的确不无道理。不过，从国内外管理学在这些方面的研究内容和国内外管理实践的角度来看，

---

① "有效性"是对麦金太尔在其 *After Virtue* 中所使用的 "effectiveness" 的翻译。

② Alasdair MacIntyre, *After Virtue: A Study in Moral Theory*, Third edition, Notre Dame: University of Notre Dame Press, 2007, pp. 76, 107. 参见中译本［美］阿拉斯戴尔·麦金太尔《追寻美德》，宋继杰译，译林出版社 2003 年版，第77—78 页。

③ 同上书，第94 页。

这样的命名是可以理解的。

就本书来说，为了概念命名和使用的谨慎，除了把利益管理与管理的利益问题大体等同使用，以及对国内外相关研究成果的阐述分析之外，主要使用上面所指出的"管理中的……问题"或"管理的……方面"、"管理的……维度"这样的表达方式，在个别情况下，使用"……管理"，如"价值管理"、"价值观管理"等。

另外，考虑到人们对价值概念和价值领域的理解经常存在不同，这里，需要对除了上面所说的管理中的价值问题以外的其他四个方面的问题是否也是价值性质的，做出明确说明。第一，就管理中的情感问题来看，无论是在微观层次的共同体即各种组织的管理中，还是在宏观层次的共同体即整个国家的管理中，对于情感状态的建构都极为重要，因而，人们所追求所实现的不同情感状态就成为不同的情感价值，这就是说，建构情感价值是管理的一项根本任务。第二，就管理中的理性问题来说，任何层次的共同体的管理都需要建构理性的制度、政策以及各主体之间的理性关系，因而理性也能够成为需要建构的重要价值。第三，就管理中的利益问题来说，如果在20世纪以来西方所讨论的价值论的意义上理解价值的话，那么，利益也是一种价值，因而对利益的管理也是一种对价值的管理。第四，就管理中的价值观问题来看，价值观作为对价值的观点，更是与价值直接相关；处理价值观问题，在本质上关系到处理价值问题。由此，完全可以把管理的这四大方面的问题都纳入管理中的价值问题之中。

然而，虽然本书的研究范围是现代管理的上述五大方面的突出问题，但正如本导论开头一段所指出的，本书并不探讨这五大方面中的所有突出问题，而是这些方面中最迫切、最具本质意义的重大问题。从本书的六章所讨论的重大问题可以看出，对所有这些重大问题都直接使用价值概念并不方便，因此，除了"组织生活基本价值的正确处理"和"建构共同体生活的情感价值"两章以外，对于其他四章所探讨的问题，都没有直接称之为管理的价值问题。

应该指出，从现代管理学和管理哲学研究的历史来看，有的思想家从管理学的角度，有的思想家从哲学的角度，分别对上述五大方面中的某些重要问题进行了有相当深度的探讨，取得了许多有启发意义的成果，这无疑是我们进一步开展研究的重要前提。同时，也可以清楚地看到，这些研究还存在着诸多有待深入的地方。一是绝大多数研究来自管理学领域，从哲学的高度所进行的研究较少，因而事实描述、分类、统计等方面的实证研究比较突出，没有高度自觉和系统地阐明上述五个维度中的诸多重大问题的实质和深层内涵，如对管理的情感方面的情感价值建构问题、管理的价值观方面的不同主体的价值观之间的关系问题，除了霍金森、科克比等少数管理哲学家所做的研究比较深入以外，其他研究大多缺乏哲学的视野。二是即使自觉从哲学的角度进行研究，在一些重要方面，也还没有达到研究对象所需要的应有深度。例如，对于管理的价值方面的组织价值与个人价值的矛盾问题，管理的价值观方面的组织价值观中针对环境维度的建构问题，虽然在霍金森、科克比等人的理论中都有讨论，但对于这些问题的社会存在论本质和历史性特点等基础性要件，所做的自觉讨论比较少，还远不够深入。三是无论是管理学的研究，还是管理哲学的研究，都还没有把上述五大方面中存在的主要重大问题综合起来，一并提升为管理哲学需要研究的重大问题，对它们同时进行系统的哲学研究。因此，国内外研究中这些方面的不足，应是本书成果的重要意义所在。下面将从现代管理实践和管理理论相统一的角度，具体说明本书把现代管理的上述五大方面的问题判定为管理哲学需要研究的重大现实问题的理由或根据所在，以及本书将要探讨这些问题中的哪些重大现实问题。

一　管理中的价值问题

价值指的是对一定主体的意义存在。由于价值产生于也仅仅产生于人类的社会生活，因而价值的确是属人类的。一般非生命的物质和植物都不会生成价值。人类之外的动物虽然有感觉能力和初级的情绪活动，但由于没有理性认知能力、高级情感活动、意志选择能力，所以，也不会形成真正意义上的价值。由于人类是社会性质的存在者，具有自觉的精神能力和实践能力，因而必然会不断生成所需要的意义存在，不断认知和创造所需要的意义存在。因此，价值是一定主体的理性认知、情感追求、意志选择的结果，是人们观念和实践相互作用的结果，是人们社会交往、社会合作活动的结果，它既包含了一定主体的主观要求，也包含了相关对象的客观要求。因此，价值既是具有主体性的客观性存在，也是具有客观性的主体性存在。在现代社会中，可以把价值分为经济性质的价值、"政治—社会"性质的价值。经济增长、经济效益、经济效率、收入和财产是经济价值；权利、义务、自由、平等、民主、和谐、秩序、稳定是"政治—社会"价值。当然，也可以根据社会生活的构成领域，把价值分为经济价值、政治价值、伦理价值、宗教价值、审美价值等。

无论对价值怎样进行分类，对于一个组织或社会的现实生活特别是管理实践来说，都存在着确立根本价值目标、协调价值关系、建立价值手段、处理价值冲突等方面的问题。也就是说，一个组织或社会，在本质上是人们进行各种价值活动、实现各种价值目标的体系，是各种价值认知、价值实践相互作用、相互制约、相互促进的统一体。20世纪以来，由于市场经济和民主政治在全球范围内的迅速扩展，由于不同民族文化之间的交流和碰撞日益频繁，由于频发的经济危机对人们物质和精神生活的深刻影响，由于残酷的两次世界大战对人类生命尊严的严重践踏和人类秩序的严峻挑战，导致无论是在社会生活中还是在各种组织生活中，价值认知和价值实践都发生了重大变化，呈现出许多前所未有的新特点，产生了深刻复杂的价值碰撞和冲突，使得如何处理价值事宜成为社会和组织生活的关键任务。在社会层次上，社会发展、个体成长、正义、和谐、安定、竞争与合作、效率与公平、自由与平等、权利与义务等，成为各国政府必须十分认真对待和处理的价值问题。在组织层次上，组织目标与个体目标的矛盾、组织统一与个体自主的矛盾、工具理性与价值理性的矛盾，成为组织管理者必须有效和妥善处理的突出价值矛盾。

社会生活和组织生活中所产生的这些尖锐的价值问题，也必然反映到人们的思想观念之中，成为诸多学科研究领域的一个热点和焦点问题。这在经济学、分析哲学、政治哲学、伦理学、管理思想等领域尤其明显。自然，这些领域对于价值问题的研究并非是同等自觉的，而且在研究的角度、在致力于解决价值问题的方式方面，也因学科领域的不同而存在重要不同。

在西方经济学领域，从20世纪20年代开始一直到90年代，主流学说是论证个人自由绝对至上的自由主义经济学。米塞斯、哈耶克、弗里德曼、布坎南是这种经济学的主要代表。他们坚持认为，个人自由是现代社会特别是经济生活中的最高价值，自主自决、自我选择既是实现经济效率和经济增长的最有效方式，更是个体不可剥夺的权利，而在市场统一规则下进行竞争所出现的收入和财富的巨大差距，是自然合理的，根本不存在正义不正义的问题。在 20 世纪 20 年代到 30 年代，米塞斯、哈耶克、罗宾斯等经济学家从只有以私有制为基础的自由市场才能带来效率这一立场出发，反驳社会主义计划体制，认为计划体制不可能正确地进行经济计算，因而不可能有效率地配置资源，由此引发了与泰勒、兰格、特纳、迪金森等主张社会主义计划体制合理性的经济学家之间的激烈争论。深入思考这一争论可以发现，其背后所隐含的实质价值取向，实际上是"个人自由及其效率"与"成员平等及其效率"这两组价值主张之间的对立。与极端自由主义者的主张相反，社会主义计划体制的拥护者认为，计划体制不仅能够对生产什么、生产多少、收入分配、消费状况做出正确计算，从而实现资源配置和经济效率的最大化，而且能够实现社会主义所要求的经济平等，实现全体公民的共同福利。① 这一尖锐争论所自觉不自觉指向的经济自由、经济平等、经济效率这些价值问题，随着此后经济学和经济实践的不断发展，到今天已经成为各国经济生活中比较明确的基本价值问题了。

如果说经济学领域中对价值问题的研究和争论还不够明确自觉和深入本质的话，那么，在 20 世纪以来的哲学领域中，则十分明确地把价值问题作为自己研究的主要问题之一了。这在 20 世纪上半叶艾耶尔和史蒂文森的分析哲学，20 世纪 70 年代以后罗尔斯、麦金太尔、桑德尔等人的政治哲学或伦理学研究中表现得特别明显。

在艾耶尔和史蒂文森的分析哲学中，对价值问题的研究是以对价值判断的性质的分析而出现的。艾耶尔通过对人们在生活中对各种事情所做的好坏、善恶、美丑等判断语句的分析提出，包括道德判断和审美判断在内的所谓价值判断，都不是关

---

① 对于这场大争论的详细阐述和分析，参见余文烈等《市场社会主义：历史、理论与模式》，经济日报出版社 2008 年版，第 106—126 页。

于事实的判断，而是人们的纯粹情感的表达，因而，不可能有关于这些判断真实与否的标准，即它们并无真假可言。例如，节俭是一种美德，浪费是一种罪恶，偷钱是错误的，这个东西是美的，那个东西是丑的，等等，都是如此。① 由于艾耶尔在这一问题上的情感主义观点的彻底性，他的观点被人们称作是"价值问题上的极端情感主义"或"伦理学的极端情感主义"。可以看出，艾耶尔的观点在实质上绝不只是对价值判断做出了一种挑战性的情感主义分析，而是极其尖锐地提出了价值之为价值的决定因素问题。也就是说，他认为价值是由情感决定的，价值中根本不存在对事实的理性认知成分。笔者认为，他的这种观点是片面的，难以得到事实证据的支持。因为，人类生存发展的现实表明，价值问题绝不仅仅是情感问题，价值判断也绝不仅仅是情感表达，而是包含了理性认知与情感态度在内的复杂统一体。也正是由于这一原因，史蒂文森对艾耶尔的极端观点做出了修正和完善。史蒂文森从对语言的描述用法和能动用法、语言的描述意义和情感意义的分析出发，力图全面揭示价值问题或道德问题的本质。一方面，他认为道德问题在本质上是（情感）态度问题，态度上的分歧与一致是道德的本质特征，把道德问题与科学问题区别开来的主要因素是态度因素；另一方面，道德问题几乎处处涉及对于事情的描述和解释，即对于事情的认知维度的"信念"因素。因此，态度与信念存在着密切关系，信念通常引导着态度，信念的改变经常会导致态度的改变。这意味着，研究道德分歧或道德争论，必须注意其中存在的二元性质。② 无疑，史蒂文森的观点比艾耶

---

① ［英］A. J. 艾耶尔：《语言、真理与逻辑》，尹大贻译，上海译文出版社1981年版，第21、123、128页。

② ［美］查尔斯·史蒂文森：《伦理学与语言》，姚新中、秦志华等译，中国社会科学出版社1989年版，第8、16、18、22、24页。

尔的观点更加合理。然而，他关于道德问题和道德判断的这种解释，在观点上显然是非自洽的，存在着自身无法解释的前后矛盾。

不过，艾耶尔、史蒂文森等人对价值或道德问题的情感主义分析，虽然存在着以偏概全的缺陷，但的确有值得我们认真思考的意义。其一，这种观点从情感角度表明了价值问题的属人类性质。价值不是在人类之外、与人类无关的自然事物，而是人类社会生活过程的一种主要内容。其二，这种观点间接地表明了价值问题的复杂性。所谓价值判断不过是一种情感表达，在实质上至少间接表明，即使在人们的情感维度上，"价值事实"和价值判断也是依赖于人们的生活情境而存在的，是随着人们的生活情境的改变而改变的。

可以看到，艾耶尔、史蒂文森对于价值问题的分析，主要是一种情感心理和语言意义上的分析，而不是从管理哲学角度的分析。而进入20世纪70年代以后，在政治哲学或"政治—伦理"研究获得新的复兴的进程中，价值问题再次成为探究和争论的热点问题，其中，如何从制度上安排各种基本价值，成为人们争论的核心。罗尔斯在1971年出版的《正义论》以及此后30年内所出版的《政治自由主义》、《作为公平的正义——正义新论》等重要著作中，以实现社会正义为研究主旨，从社会的基本结构即主要制度安排上明确把自由与权利、收入与财富、权力与机会、自尊的社会基础等作为制度安排所要处理的基本的社会价值或基本的善，并在近代以来的政治和伦理思想史上再次极其突出地以理性主义为基点，提出了个人自由优先、兼顾平等的基本价值安排新思路。他把自己所提出的正义的两个原则作为更加一般的正义观的一个实例，明确提出："所有社会价值（social values）——自由与机会、收入与财富、自尊的社会基础——都要平等地分配，除非对其中的一种价值或所有价值的不平等分配合乎每一个人的利益。"① 这明白无误地表明，他是把价值安排问题作为社会生活的核心问题来看待的。

由于罗尔斯强调个人权利和个人自由对社会合作和社会平等的优先性，所以，在他的正义理论发表之后，逐渐引发了以麦金太尔、桑德尔、沃尔泽等人为代表的共同体主义者的尖锐批判。这些共同体主义者继承了亚里士多德关于人类本性的目的论观点，认为社会共同体的善从根本上规定了正义和个人权利，个人自由不可能离开社会共同体的善和共同体的历史而存在，或者说不可能离开共同体及其善的观念和实践追求而得到说明，因此，社会的各种基本价值的分配，必须以促进社会团结和社会合作、培养好的公民、培养公民的好品质即美德为根本目的，这也就决定了必须尽可能以实质的平等作为各种基本价值的分配原则。桑德尔尖锐地指出，罗尔斯所提出的中立于各种道德与宗教问题的正义论是无法成立的："正义和权利不可能脱离共同体，不可能脱离各种道德和宗教问题的观念。"② 麦金太尔则认为，罗尔斯和诺齐克的各种观点都排除了有关人类共同体的任何解说，都没有为共同体所规定的"应得"留出核心地位或任何地位，而"共同体的首要纽带乃是对人来说的善和对共同体来说的善有一种共同理解，并且在那里，个体通过参照这两种善而确认自己的基本利益"③。

如果假定对基本价值的主要制度安排与对基本价值的管理是两个不同层次和两种不同的事情的话，那么，罗尔斯、麦金

---

① ［美］约翰·罗尔斯：《正义论》（修订版），何怀宏、何包钢、廖申白译，中国社会科学出版社 2009 年版，第 48 页。

② ［美］迈克尔·桑德尔：《公正：该如何做是好》，朱慧玲译，中信出版社 2011 年版，第 295 页。

③ Alasdair MacIntyre, *After Virtue: A Study in Moral Theory*, Third edition, Notre Dame: University of Notre Dame Press, 2007, p. 250.

太尔、桑德尔、沃尔泽等哲学家所讨论的主要问题和所进行的争论，就主要是关于如何安排社会经济政治的制度框架和伦理引导的问题，而不是关于如何管理社会的经济政治生活的问题。尽管如此，罗尔斯、麦金太尔、桑德尔、沃尔泽的观点和论证，已经或多或少地涉及了对基本价值的管理问题。这在罗尔斯对储蓄原则、馈赠和遗产的税收政策、公共健康和医疗关护政策、教会管理的讨论中，在桑德尔对市场雇用、价格欺诈、军事服务制度的讨论中，在沃尔泽对公共职务、公共卫生、医疗保健、学校的制度、慈善事业的讨论中，表现得比较明显。之所以如此，归根到底是由于社会生活运转的需要。实际上，一方面，对于基本价值的主要制度安排尽管并不能够涵盖社会生活的所有具体方面，但却为这些具体方面的管理限定了方向；另一方面，对于基本价值的主要制度安排，总是需要落实到具体的政策制定和政策实施过程，总是需要具体的调节过程，一句话，总是需要具体的管理制度、管理方式、管理过程。

与20世纪以来的政治哲学和伦理学领域对于价值问题的讨论重在各种基本价值的制度安排方式和伦理引导方式不同，这一历史时期的管理哲学和管理学研究过程，则逐渐把价值问题理解为组织管理的本质问题，理解为组织生活的根本问题，而且，对管理中的价值问题和价值观问题的研究是明确关联在一起的。无论是在当代加拿大管理哲学家霍金森、丹麦管理哲学家科克比的抽象理论中，还是在当代加拿大管理学家多伦和西班牙管理学家加西亚的实证研究中，都直接涉及对管理中的价值问题和价值观问题的一体讨论。说到底，这是由于价值和价值观本来就密不可分。这一点在之后章节中有详细讨论，这里先直接进入对于管理中的价值问题的说明。

20世纪初，韦伯在其所建构的至今仍然有着重要影响的科层制理论中，提出了价值合理性与目的合理性问题，把价值合理性界定为对某种信仰、价值的不计利害、不计后果的追求，把目的合理性界定为为了达到功利目的而对有效手段的选择，而且，他也已经初步觉察到了当时科层制中存在的目的合理性绝对支配价值合理性的严重弊端，包括科层制中效率压倒一切、人成为物质性的工具、等级森严、人情冷漠、规章至上、文牍主义等一系列突出问题。

20 世纪 20 年代，英国管理思想和管理实践家奥利弗·谢尔登在《管理哲学》这一管理哲学的开山著作中，把管理看作是对具有人文性质和社会性质的社会成员的管理，看作是既包含科学要求又包含艺术要求的管理，并由此出发，深刻阐明了工业管理的根本目的——实现工人的人性要求和社会的共同福祉，深入论证了工业管理的基本原则——人高于物、人文高于科学、承担社会责任的原则，指出了工业公平与公开、工厂内部的友谊与合作、工人的自我意识和个性发挥等伦理价值在社会共同福祉中的重要地位。① 尽管谢尔登并没有使用管理中的价值问题或管理的价值方面、价值维度这样的概念，但显然，他的理论在实质上是这方面研究的一个标志性成果。

的确，20 世纪初至 60 年代的管理研究还没有高度清醒地专门探讨管理中的价值问题，但是，在 20 世纪 70 年代以后，这一点则逐渐成为一个不争的事实。最为著名的是加拿大管理哲学家霍金森所进行的深入研究。他先后在 1978 年出版的《走向管理的哲学》、1983 年出版的《领导哲学》、1996 年出版的《管理哲学——管理生活中的价值观和动机》三本著作中，对于管理中的价值和价值观问题做了鞭辟入里的分析，明确阐发了组织实体、管理决策、决策实施的价值和价值观本

---

① Oliver Sheldon, *The Philosophy of Management*, New York：Sir Isaac Pitman & Sons, Ltd., 1923, pp. 32, 68-79, 71.

质，提出了一系列富有创见的观点：组织作为以人们的各种目的和各种过程为必要条件的实体，绝不是一种价值中立的综合体，而是承载着各种价值的综合体；组织生活中的元价值是持存、成长、效率和效用；管理不仅是一种关系到事实的活动，更是一种关系到价值的活动、一种渗透着各种价值观的活动；管理领域是由文化的、亚文化的、正式规范的、群体的以及个人的价值取向和价值功能构成，其中渗透着好与坏、对与错、利与弊、效率与效果等方面的价值观念；管理工作要富有成效，就必须对事实与价值有比较充分的了解，努力把价值与事实有机结合起来；管理的核心任务是处理组织价值与个人价值之间的关系。① 正如他所说："管理之艺术形式的真正实质是价值。……一般说来，各种价值的浮现，通过合作行动对各种价值的实现，在管理过程中对价值冲突的解决，组织的政治舞台上的价值争论与价值遏制——所有这些，都是每日每时管理所经历的一部分。"②

从以上的论述可以看出，管理中的价值问题是现代管理重大现实问题的一大方面。这一方面，即使仅仅限于组织管理层次，也是迫切需要管理哲学去深入研究的，更不用说社会或国家管理层次了。当然，在管理中的价值问题中存在着许多重大问题，本书主要讨论了当今管理实践中最具一般意义的"价值管理"问题：组织生活基本价值的处理问题。探讨的过程是，首先概括组织生活中存在的各种基本价值，然后说明对于各种基本价值进行分别处理和系统处理的正确原则，以及处理各种价值冲突的正义原则。

---

① 参见 Christopher Hodgkingson, *Administrative Philosophy—The Values and Motives in Administrative Life*, Oxford: Elsevier Science, 1996, pp. 10, 125, 140。

② Christopher Hodgkingson, *The Philosophy of Leadership*, Oxford: Basil Blackwell, 1983, p. 5.

二　管理中的情感问题

管理中的情感问题，同样是现代管理重大现实问题的一大方面。对于这一方面，在当今的许多西方管理学研究者和中国传统管理研究者中，是用"情感管理"这一概念来命名的。对于哲学工作者来说，也许感觉"情感管理"这一概念难以成立，因为，哲学工作者一般认为，人们的精神生活以及其中的情感、意志、认知，具有突出的个体自我特质和活动模式，很难谈得上对它们进行管理。不过，如果同意人总是组织性、社会性的存在者，是共同生活的存在者，那么，对于组织的管理或社会的管理来说，所谓管理人，就必定包括对人的精神生活及其情感、意志、认知等构成要素的处理。由此，国内外的管理学研究者提出情感管理概念也就不足为奇了。本书仅对国外和国内关于管理中的情感问题的研究状况做一陈述和讨论。

就国外的研究来说，1983 年，美国情感社会学家阿莉·拉塞尔·霍克希尔德（Arlie Russell Hochschild）出版了《被管理的心灵——人的情感的商业化》一书。在此书中，她指出了情感的社会和文化性质，认为人们总是依据扎根于文化之中的情感规则（feeling rules）评价感情和情境之间是否适合，人们也正是根据情感规则，努力管理自己的情感（manage feelings）。由此，霍克希尔德提出了"情感劳动"概念，即努力从外表上和实际地形成对于工作的正确情感和引发他人的正确情感，同时，她也分析了社会生活特别是商业中经常发生的种种非真实情感这种异化现象。①

自此之后，也许是受到霍克希尔德的创造性研究的影响，在管理学、企业伦理等研究领域，也越来越关注情感在组织生活或社会行为中的作用和意义，越来越强调正确处理人们的情感问题的重要性，最终导致了"情感管理"、"管理人们的情感"、"对情感进行管理"等概念的日益广泛使用，这就是英文研究文献中时常出现的"managing feelings"、"feeling management"、"management of emotions"、"emotion management"、"managing emotions"等概念。

无论是称作"管理中的情感问题"，还是称作"情感管理"问题，就国外研究所指向的具体方面来看，按照研究文献的大体时间顺序，可以概括为以下四个方面的问题。

一是情感在组织决策中的作用。如奈杰尔·霍华德（Nigel Howard）在 1993 年发表的《情感在多种组织的决策中的作用》一文，提出情感能够在组织层次上形成，这对于组织层次的决策具有战略意义，就像个人情感对于个人决策具有战略意义一样。②

二是工作场所或公共场合中的人际情感处理问题。斯潘塞·E. 卡希尔和罗宾·埃格尔斯顿（Spencer E. Cahill& Robin Eggleston）通过考察和访谈公共场合轮椅使用者的独特情感经验，指出了人与人之间的情感处理在社会交往层次上的普遍性和重要性，表明了当代公共生活的一般特征和情感处理的经常

---

① Arlie Russell Hochschild, *The Managed Heart: The Commercialization of Human Feeling*, Berkeley and Los Angeles: The University of California Press, 2003, pp. 17, 19–20, 21, 36–37.

② Nigel Howard, "The Role of Emotions in Multi‑Organizational Decision‑Making", *The Journal of the Operational Research Society*, Vol. 44, No. 6, 1993.

性的人际特征;① 佩志·A. 索特斯（Peggy A. Thoits）则描述了人际情感处理的若干技术，指出了群体层次上的制度规定、刺激、安慰等技术能够直接导致个人情感控制力的丧失，并且有时能够直接影响群体的团结。②

三是组织情境中情感的作用。《组织行为杂志》2000 年第 2 期以"组织中的情感"为专题，发表了 6 篇论文，专门探讨了这一问题。其中有三个作者的研究直接或间接涉及组织生活中的情感处理问题。辛西娅·D. 费歇尔（Cynthia D. Fisher）探讨了情感与工作满意之间的关系，提出尽管情感与工作满意有中度相关性，但二者并不是一回事，它们之间存在的一种关系是，改善工作时的心境和情感，的确能够获得更好的工作态度；为了准确测度情感与工作满意之间的关系，有必要开发测度工作情感、工作认知、总体工作评价的新方法。③ 理查德·赛维兹拉和泽格·K. 夸恩（Richard Saavedra & Soeg K. Kwun）研究了工作特点与情感状态的关系，发现工作特点在引起愉快情感的因素中占 19%，在引起不愉快情感的因素中占 11%，而工作的重要性、独立性以及技艺的多样性同愉快情感呈正相关，工作的单一性、反复性与不愉快情感相关。④ 克里斯汀·M. 李维斯（Kristi M. Levis）则通过实验室模拟研究，探讨了领导者的负面情感表现与下属的情感之间的关系，发现领导者

① Spencer E. Cahill, Robin Eggleston, "Managing Emotions in Public: The Case of Wheelchair Users", Social Psychology Quarterly, Vol. 57, No. 4, 1994.

② Peggy A. Thoits, "Managing the Emotions of Others", Symbolic Interaction, Vol. 19, No. 2, 1996.

③ Cynthia D. Fisher, "Mood and Emotions while Working: Missing Pieces of Job Satisfaction?" Journal of Organizational Behavior, Vol. 21, No. 2, Special Issue: Emotions in Organization, 2000.

④ Richard Saavedra and Soeg K. Kwun, "Affective States in Job Characteristics Theory", Journal of Organizational Behavior, Vol. 21, No. 2, Special Issue: Emotions in Organization, 2000.

的情感状态对于下属的情感、工作表现和下属对领导者的情感状态的感知具有重大影响，因此，领导者正确认识自身的情感表现、感情反应和下属的动机形成、工作表现之间的关系，对于认识工作场所中情感和情感表现的作用，采取正确的方式引导和影响下属的情感表现，改善组织状况具有极大的益处。[①]

四是管理者和员工的情感情绪的伦理意义。如约特姆·卢里（Yotam Lurie）在 2004 年发表的《通过情感而使企业人性化》的论文中提出，在企业伦理学中还没有引起对情感的足够重视，他的论文指出了情感在人们的判断和态度中的正面作用，并且表明，管理者和雇员的情感和感情，对于管理者和他们所管理的组织来说，能够成为积极的力量；而对于企业管理者来说，"拥有情感、感情和情绪，是一种重要的伦理资产，在使管理人性化方面是关键性的"[②]。

就国内研究来看，对于"管理中的情感问题"的研究，是在国内传统文化研究、社会科学的本土化研究、中国古代管理哲学研究、"中国式管理"研究逐次推进并综合作用所导致的一个结果。在这一过程中，不少学者也基于中国文化重视情感的传统，明确提出了"情感管理"概念，专门进行"情感管理"研究。

从 20 世纪 70 年代中期开始，包括杨国枢、文崇一、金耀基、杨中芳、黄光国等在内的一批港台研究者，开始明确致力于社会科学及行为科学的本土化研究，其后也有不少内地学者加入其中。20 世纪 80 年代以后，我国学者对于传统文化的研

---

① Kristi M. Levis, "When Leaders Display Emotions: How Followers Respond to Negative Emotional Expression of the Male and Female Leaders", *Journal of Organizational Behavior*, Vol. 21, No. 2, Special Issue: Emotions in Organization , 2000.

② Yotam Lurie, "Humanizing Business through Emotions: On the Role of Emotions in Ethics", *Journal of Business Ethics*, Vol. 49, No. 1, 2004.

究热情也逐渐高涨，取得了一批有深度、有重要影响的研究成果。冯友兰、张岱年、季羡林、李泽厚等是这方面的主要代表人物。这些研究，集中探讨了中国文化的内涵和特质、中国人的性格和心理结构、儒家道家佛家法家的本质特点和基本价值取向等问题，尤其是上面提到的港台学者，在中国文化的研究中提炼出了"人情"、"面子"、"关系"、"报恩"等主导要素。① 而其中对于"人情"和"面子"的研究，极其鲜明地揭示了情感因素在中国文化中所具有的与理智因素同样重要的根基地位。同时，有些研究者也分析了当代华人家族企业所具有的突出的人情主义特征，指出了儒家的人情观念以及法家的规则观念在家族企业实现内部整合和外部适应过程中的作用，以及它们对于形成企业生产力的正面作用和问题弊端所在。②

在对传统文化研究的过程中，一些学者开始自觉关注和挖掘中国古代哲学中的管理哲学思想。以曾仕强 1983 年在台北出版的《中国管理哲学》为先导，以及随后成中英、葛荣晋等前辈学者的进一步研究，共同开创了中国古代管理哲学研究的先河。90 年代中期，黎红雷等中年学者加入其中，继续阐发儒家、道家、法家、兵家学说中的管理哲学思想。在这一过程中，以曾仕强为代表的一些学者，还明确提出了"中国式管理"的概念，并最终引发了中国式企业管理研究的兴起。正是在国内传统文化研究和西方管理学研究的影响下，在中国古代

---

① 黄光国：《儒家关系主义：文化反思与典范重建》，北京大学出版社 2006 年版，第 3—30、60—108 页；杨中芳：《如何理解中国人》，重庆大学出版社 2009 年版，第 385—407 页；杨国枢主编：《中国人的心理》，中国人民大学出版社 2012 年版，第 60—95、121—301 页；翟学伟：《中国人的脸面观——形式主义的心理动因与社会互动》，北京大学出版社 2011 年版，第 107—180、267—300、321—340 页。

② 参见郑伯埙、黄敏萍《华人企业组织中的领导》，载杨国枢、黄光国、杨中芳主编《华人本土心理学》，重庆大学出版社 2008 年版，第 723—760 页；黄光国《华人的企业文化与生产力》，《应用心理学研究》1999 年第 1 期。

管理哲学思想和中国式管理研究的过程中，曾仕强、葛荣晋等人，以演讲、论文、著作等形式，或者独立提出"中国式情感管理"、"情绪管理"概念，或者直接采用西方的情感管理概念，开始了中国特点的情感管理的研究。① 值得一提的是，在宣传和推广中国式情感管理方面，曾仕强是最重要的代表人物。

纵观国内外对"管理中的情感问题"或"情感管理"问题的研究，虽然明确指出了管理中情感的重要性，并对组织中情感的产生和作用、组织中情感处理的必要性、人际情感关系的处理技术、情感劳动的有效性、如何把中国传统文化的情感观运用于企业管理、华人家族企业中的人情主义弊端等一系列具体问题进行了深入探讨，但对于组织生活中如何处理情感活动的一般规律的探讨，还没有达到问题所要求的层次，特别是，多数研究主要把"情感管理"看作是管理员工的一种手段和从属于组织或共同体目的的一种工具，而对管理所涉及的情感价值深层问题的关注和探究十分有限，对共同体生活的情感价值建构的自觉系统的哲学探讨也非常少见。例如，对组织生活的正向情感状态对于组织成员的生存发展的意义问题，对组织和个人之间、管理者与非管理者之间情感的良好相互作用关系的建构问题，在国内外研究中都还比较薄弱，探讨的深度也远远不够。

从现实的角度看，"管理中的情感问题"的出现，归根到底是由现代社会生活和组织生活的本质特征、现代社会管理和

---

① 这些学者的相关代表性成果有：曾仕强：《中国管理哲学》，台北东大图书公司 1983 年版；《现代化的中国式管理》，台北经济日报出版社 1987 年版；《人性管理》，东方出版社 2006 年版；成中英：《C 理论：易经管理哲学》，台北东大书局 1995 年版；黎红雷：《儒家管理哲学》，广东高等教育出版社 1997 年版；葛荣晋：《中国管理哲学导论》，中国人民大学出版社 2007 年版。

组织管理实践的本质特征所决定的。无疑，在人类社会以往历史的任何阶段，情感总是人们精神生活的重要构成部分，在历史上各种类型组织中生活的人们，也总会产生这样那样的情感问题。然而，现代组织从根本上不同于以往的各种组织。资本经济关系的逐利本质、市场体制的竞争逻辑、科技手段的支配力量，致使工具理性成为大多数现代组织管理的主导手段，这最终导致了对人们情感的漠视、挤压、扭曲，造成了人们情感生活的严重异化，引发了各种主体情感之间的尖锐矛盾。在成员个体维度上的情感失常、情感压抑，在个体之间关系维度上的情感失信、情感不平等，在个体和组织之间关系维度上的个体情感与组织情感的冲突碰撞，在所有主体层次上经常发生的情感与理性的矛盾、功利情感与道德情感的矛盾，都严重影响着所有主体的健康成长，严重影响着各个层次的善的目标的顺利实现。也就是说，现代组织或现代社会的管理实践，迫切要求对情感问题进行深入研究，迫切要求建构起既合乎科学效率又合乎人文精神的情感关系模式，实现共同体生活所需要的情感价值。

正是基于以上思考，笔者认为，"管理中的情感问题"是需要管理哲学认真深入研究的重大现实问题。本书是从共同体生活所需要的情感价值的角度进行探讨的。具体来说，就是以当今中外共同体生活中存在的突出的情感问题作为直接观察对象，以对国内外研究成果的哲学反思作为发现问题和研究问题的根本方式，以各种形式的共同体为实体对象，集中探讨了共同体生活的情感价值建构问题。

三　管理中的理性问题

人类是理性存在者。从长远来看，在人类社会实践的各主要领域中，不管人们是否自觉意识到，理性都起着根本的引导作用，而且，这种作用是有着各种内在规律的过程，包含着各种各样的关系和矛盾。管理是任何类型的共同体（社会和组织）实现正常持存和发展所必须进行的具有灵魂意义的实践活动，理性在其中同样有着自身的不以人们的意志为转移的运动过程。这意味着，要使管理获得成功，必须正确认识理性在管理中的存在方式、活动规律，并由此正确建构理性在管理中发挥作用的形式。

无疑，从诞生之日起，人类就一直努力以理性为引导来管理社会及其组织。柏拉图和亚里士多德的理性主义城邦治理理论，就是在古希腊社会条件下对于理性在国家治理或管理中的必要性、基本作用的思考。自从人类进入近代以来，随着越来越多的国家采用市场经济体制而带来了整个社会生活的激烈竞争，随着社会成员主体自觉意识和利益意识的不断觉醒，使得无论是对一个社会整体的管理，还是对社会中经济、政治、行政、教育、文化等领域的各种微观组织的管理，都变得十分复杂和棘手，因而空前地凸显了管理中的理性问题，把理性在管理中作用的规律特点和不同形式日益明显地呈现出来。

也正是由于上述原因，西方近代以来的经济理论、社会理论、政治理论、管理理论，对管理中的理性问题，包括理性在经济管理中的作用、在社会实践中的地位、对国家治理的意义、管理中的理性和价值问题等，分别进行了有实质意义的探讨。

在经济理论方面，从近代到当代的经济学家们，主要探讨了理性在经济管理中的作用问题。近代斯密和李嘉图的古典经济学自由主义首先探讨了经济人的理性问题，提出了资本主体的理性能够带来自身利益和社会利益的最大化这一"理性经济人"理论。现代马歇尔的有所修正的自由主义，当代以弗里德曼、哈耶克、布坎南等人为代表的新自由主义，则坚持和进一步阐明、发展了这种理论。这一经济自由主义理论，在实质上是极端形式的"经济目的合理性"理论，其主要贡献是认识到了理性在手段维度上的重要作用。

在社会理论方面，近代以来，最突出的是马克思、韦伯、哈贝马斯三位思想家的理论。他们的理论主要是对理性认知与社会实践的关系进行深刻阐明。马克思的历史唯物主义中关于精神认知与物质生活的关系、理论与实践的关系的理论，包含了对理性认知在社会运动和发展中具有重要作用的深刻思想。马克思批判了黑格尔的理性观念是社会生活的本质的观点，提出包括理性观念在内的精神认识归根到底不过是社会物质生活的反映，从根本上是被社会物质生活所决定的过程。同时，他也明确指出了人们的理性能力能够正确地揭示社会物质生活的规律特别是物质实践的规律，因而能够对社会物质生活产生巨大的反作用，即只要形成正确深刻的理论并掌握群众，就会变为巨大的物质力量和实践力量。可以看出，马克思的这一观点，以及关于整个社会的生产力与生产关系、经济基础与上层建筑的关系的理论，正确呈现了理性认知、社会实践、客观规律之间的复杂关系，也在根本上明确了理性在国家管理或国家治理中的作用定位，因而对于我国当前所进行的国家治理体系和治理能力的改革和现代化建设，具有重大指导意义。韦伯的社会理论明确提出和划分了人们社会行为中理性所追求的两种实践形式——目的合理性和价值合理性，他所提出和总体肯定的层级制理论，作为对目的合理性充分阐发的组织理论，在本质上是推崇科学技术理性的理论；同时，他也在一定程度上看到了层级制中目的合理性对价值合理性的严重损害。这种技术理性实践理论，对于后来的管理研究者探讨组织和社会行为的管理，产生了长远影响。哈贝马斯的社会行为理论，同样坚持理性在社会行为中的关键作用，一方面借鉴了韦伯的分析思路，另一方面则用交往合理性替代价值合理性的概念地位，分析了以交往合理性为基础的交互主体性建构及其对于人们社会共存的本质意义。这一交往合理性观点，包括他后来提出的商谈伦理，指出了理性在实践中发挥作用的又一重要形式，对于我们研究社会管理或国家管理提供了极富价值的理性视角。

在政治理论方面，近代以来的众多思想家，重点思考了理性对国家治理的本质意义问题。近代的政治哲学家霍布斯、洛克、卢梭以社会契约的方式提出的国家理论，尽管对于理性的理解存在差别，但都把理性理解为人们建立国家的前提，认为理性在国家治理中具有根本作用。黑格尔以"绝对"为本体的国家理论，赋予理性在国家中以灵魂地位，认为国家是理性的充分实现，国家治理的各个领域，必须坚持理性的根本要求。这实际上是从宇宙整体论的角度表明了理性在管理中的根本作用。现代的自由主义者罗尔斯、诺齐克和共同体主义者麦金太尔、桑德尔，虽然在正义与善问题上发生了尖锐争论，但他们在理性在国家治理中的作用问题上是基本一致的，如罗尔斯以社会契约论为出发点坚持理性在社会制度正义安排方面的决定作用，桑德尔则强调人们的理性的共同思考对确定共同善生活的根本意义。这就是说，双方在实质上都认为，必须以理性的原则和方式治理国家。这就从哲学上在新的理论框架下大大丰富了对理性在管理或治理中的作用的探讨。

在管理理论方面，由于管理学在现代开始不久即 1911 年才正式产生，所以对管理中的理性问题的思考也主要从现代开始。从所思考内容的实质来看，现代以来的管理理论主要集中在管理中的理性和价值问题上。从泰勒的科学管理理论，到法约尔的一般管理和工业管理理论，虽然很少使用理性概念，但却鲜明地体现了近代以来科学理性精神的影响。谢尔登的《管理哲学》第一次对管理的科学与艺术、科学维度和伦理维度进行了富有深刻启发意义的区分，实际上看到了科学理性与人文价值的差别和矛盾。而稍后的福列特的企业管理辩证法理论，则对管理进行了广义科学意义上的理性分析，从这一角度间接地表明了理性能够揭示管理的规律。巴纳德的组织理论既认识到了价值问题对于组织管理的深刻影响，也认识到了理性在组织管理中的基本指引作用。西蒙的管理行为理论所提出的"有限理性决策"观点尽管对斯密和李嘉图的理性经济人假设提出了批判，尽管他对理性的有限性的分析缺少足够的哲学视野，但毕竟指出了理性的有限性问题，而且也非自觉地隐含了对理性与管理决策的事实维度、价值维度的关系的看法，这对于我们进一步思考理性在决策和实施决策中的作用，也有重要意义。而到了霍金森、科克比的管理哲学，不仅深入分析了理性在管理中的工具作用，如理性在实现效率方面的作用，而且指出了理性对管理中的价值问题能够形成相对正确的认知。这无疑是对理性作用研究的重要发展。

　　总之，上述各个学科的理论，从不同的领域、不同的角度对管理中的理性问题进行了广阔和有深度的探讨，比较充分地揭示了理性对管理的方向指引意义，指出了理性在管理中的发生作用的不同形式，也在很大程度上揭示了理性的社会存在论本质。

　　与此同时，深入思考这些研究可以发现，不同学科对于管理中的理性问题的探讨，是基于自身学科的视野而涉及的，由于出发点和立场不同，研究的角度不同，研究方法存在明显差异，所思考的重点也各不相同，而且，到目前为止还未形成对各种研究成果的统一整合与提升，还未对管理中的理性问题进行专门性质的系统考察，即使是对这一问题做了较多探讨的管理哲学领域也是如此。正是由于这一原因，在对这一问题的主要维度的探讨上，还存在着诸多不充分之处和有待深化的方面。

由此也可以看出，这些学科所探讨的管理的理性方面的上述诸多问题，大多数可以概括为一个问题，这就是"正确认识和建构理性在管理中的作用"问题。为了避免面面俱到，本书不去一一研究上述各个问题，而是集中到"正确认识和建构理性在管理中的作用"这一问题上。实际上，这一问题是管理中的诸多理性问题中的核心问题，它或者贯穿于管理的其他理性问题之中，或者是管理的其他理性问题的基础。因此，只要充分阐明了这一问题，就能够对其他问题做出有效说明。

"正确认识和建构理性在管理中的作用"问题包括许多维度，主要有：管理为何在根本上需要以理性为引导，在管理中发生作用的理性是仅仅来自管理者还是来自多层次的主体，理性在管理中作用的基本特点究竟如何，理性在管理中作用的过程到底怎样，管理者的理性与非管理者的理性之间存在什么样的相互作用，如何建构管理者与非管理者的交互理性等。

四　管理中的利益问题

这里所说的管理中的利益问题，指的就是利益管理问题。如果说，人们对于谈论价值能够进行管理这一点可以勉强接受，而对于价值观、情感能够进行管理存在明显疑问的话，那么，谈到对于利益进行管理，则一般是明确肯定的。因为在近代以来的人类社会生活中，无论是在社会层次还是在组织层次，都在进行着实实在在的利益管理，都把利益作为最关键、最具影响的事情来对待。由于利益不仅有物质利益，而且有精神利益以及兼具物质利益和精神利益的权力利益等，所以利益管理也就包括了对于所有这些利益种类的管理。

从近代开始，人类社会发生了深刻的社会历史变革。资本主义经济的产生和急剧增长，三次重大科技革命的先后发生，市场经济体制在西方国家的建立和在世界范围内的不断扩展，不仅创造出空前巨大的物质利益总量，而且深刻改变了以往的物质利益关系，建构起各种主体空前强烈地重视和追逐物质利益的复杂关系格局，极大地凸显了物质利益在社会生活中的头等重要性和对于人们生存发展的深刻影响。经济关系和物质利益关系的变革过程，也有力推动了政治生活中各种政治主体的形成，空前强烈地催生了人们对于民主政治的迫切需要，因而无形中极大地推动了人们对政治权力的关注和追求，使得权力也成为一种极其重要的利益。

因此，在当今人类社会，利益实践成为人们共同生活的一种最深刻实践，利益关系成为人们生活的一种最深刻关系，利益冲突成为人们生活的一种最尖锐冲突。可以说，利益是现代人类社会的一种普照的光。因此，在当今社会和各种组织管理中，利益管理成为最重要、最复杂的管理活动之一。

就当今社会层次的管理实践来说，几乎所有国家的政府，都把利益管理作为关系到社会整体健康发展、关系到社会和谐稳定、关系到人民幸福安康的最重要任务之一。社会层次的利益管理包括对经济物质利益、政治利益、精神文化利益、社会利益、自然利益的管理。其中，最根本的无疑是对物质利益的创造和分配的管理。究竟由哪些主体、以什么样的方式即什么样的制度创造物质利益，以什么样的制度分配物质利益，以什么样的原则调节和解决可能出现的物质利益问题和矛盾等，是各个国家的政府都必须认真面对、正确加以处理的问题。事实已经多次证明，凡是这方面做得好的政府，社会就顺利运行、繁荣发展，相反，社会就处于躁动和冲突之中。2008年由美国发端的房地产次贷危机和金融危机，无疑有很多深层的复杂原因，但一个不容忽视的直接原因显然是，美国政府对于金融等领域中从业者的利益获得和分配方面的管理制度存在严重缺陷，使得这些领域的从业者特别是那些高管阶层攫取了大量物质利益。

就当今组织层次的管理实践来说，在凡是实行市场经济体制的国家中，由于市场经济的突出利益取向的影响，可以说，绝大多数类型的组织都不得不把利益管理放到头等重要的位置。首先，作为市场主体的企业这种经济类型的组织，由于本身是以实现物质利益为主导的组织，所以，无论是企业内部还是企业与外部的关系，都无时不处于物质利益的管理过程之中。在内部，管理者必须处理企业整体与成员个人之间、所有成员之间、管理者与非管理者之间的物质利益关系；在与外部的关系中，管理者必须处理企业与外部股东、客户、政府、社区、自然环境之间的利益关系。这也就是为什么自从 20 世纪 80 年代以来，企业研究领域会形成"利益相关者理论"并且能够大行其道的根本原因。其次，在其他多数非经济型的组织中，除了物质利益的管理同样十分突出以外，精神利益的管理也变得日益重要，成为关系到这些组织能否调动成员的主体性、能否实现组织正常成长的关键事宜。例如，即使在我国的公立大学中，除了在教师和行政人员之间、不同层级的人员之间如何进行物质利益分配成为大学内部利益管理的一项重要工作之外，在如何设定和进行职称评定、岗位升级方面，也经常是学校领导者管理工作的一个棘手难题。因为对于大学的教职工来说，职称和升级的荣誉利益经常比由此所能获得的物质利益更加重要，在影响他们的积极性和创造性方面也经常更加突出。

简言之，利益管理在现代管理实践中的重要性是不证自明的。关键是如何做才能对利益进行正确管理。这正是近现代以来在管理学、经济学、哲学等研究领域中累积了大量关于利益管理研究成果的一个根本原因所在。考虑到研究文献的巨大数量，这里不去详细论述各个领域中的研究成果，而是概括和分析上述三个学科领域中存在的主要研究路径。如果以对组织层次的利益管理研究为划分基础，那么，在管理学、经济学、哲学领域中各自的研究路径可以概括如下。

在现代管理学中，有两种研究路径最为突出。一种是以人性假设为出发点的研究路径。这又因对人性的认知假设不同而存在多种不同思路。大体上可以分为三种思路：第一种思路主要把人看作是追求物质利益的人，认为组织在实现组织整体的物质利益的最大化的同时，也要尽可能地满足个人的物质利益需求。这主要以科学管理的创始人泰勒为代表。第二种思路把人性基本看作是负面的，即认为人具有自私、贪婪、懒惰的倾向，这使得人们经常为了达到个人利益而置组织利益于不顾，或者忘记和抛掉组织利益，因此，组织必须持久地与这种过度的个人利益倾向做斗争。这主要以一般管理的创始人法约尔为代表。第三种思路是把人性看作是正面的或中性的，认为人并非天生自私懒惰，也并非天生就是仅仅追求自己的利益，关键是看组织或社会所提供的条件如何；由此，对于组织生活中的利益管理来说，关键是要寻找和创造在实现组织利益的同时也能够实现个人利益的条件和方式，把双方利益目标的实现融合起来。这主要以福列特和麦格雷戈为代表。

现代管理学中的第二种研究路径是以对组织内部是一个整体、组织与外部是一个整体的认识为出发点，认为凡是与组织相关的内外所有利益主体，都必须被纳入组织的利益管理之中，都必须按照其对组织的贡献程度获得相应利益，实现他们之间利益关系的平衡。这是一种强调兼顾和平衡相关各方利益的管理理论，主要是弗里曼等企业研究学者所提出的"利益相关者理论"的观点，同时，这种理论在关于各种其他性质的组织的利益管理研究中也导致了许多衍生形式。

在近代以来的经济学领域中，由学科的对象和特点所决定，对于利益的研究主要集中在经济维度的利益或经济利益上。在这样的研究中也有两种比较典型的研究路径。一种研究路径是以"市场万能论"为前提预设，认为市场所自发进行的经济利益的创造是最有效率的，市场所自发进行的经济利益分配是天然合理的，因此，真正的利益管理就是建立绝对自由的市场体制，任何对于利益的其他管理特别是对于利益的其他分配调整，都违反了市场的自由本性，因而都是不合理的。这种理论主要以斯密、哈耶克为代表。第二种研究路径是从组织的性质和职能出发，认为组织的性质和职能决定了它只能进行自身内部的利益管理。例如，就企业这种组织来说，它是经济性质的组织，它的职能就是赢利，因而，它在履行交纳税收这种法定的经济义务之后，就只有内部的利益创造和分配问题了，不再有与外部的任何利益关系问题，因此，企业有权利决定自己的利益管理方式。这种理论主要以弗里德曼为代表。

在哲学特别是政治哲学、伦理学以及管理哲学研究领域，对于利益的讨论主要是从基本制度安排的角度进行的，但也涉及对于利益的管理问题，包括利益创造的管理机制、利益分配的政策导向等。在研究路径上，可以按照政治哲学或伦理学的划分，分为功利主义、自由主义、共同体主义三种。考虑到将在"利益的正义管理"一章中详细讨论这三种研究路径的主要观点，这里只是简单指出它们各自的实质特点。以边沁、密尔等人为代表的功利主义，以实现整个社会的利益（功利）最大化为目的而设计利益管理的制度和政策。以罗尔斯、诺齐克为代表的自由主义，以保证个人平等的自由权利优先以及个体利益的实现作为利益管理的主要出发点。而以桑德尔、麦金太尔、沃尔泽等为代表的政治共同体主义，以及管理哲学领域中以谢尔登、福列特为代表的社会共同体理论，则以实现社会共同体整体的目的——至善、公民的幸福生活——作为利益管理的基点。

上述各个领域的思想家的探讨从理论上充分表明，利益是现代社会最难以管理的现实问题之一。在一个特定的社会中，理论研究者们在谁应该得到利益、得到哪些利益、得到多少利益、应该以什么样的原则和方式分配利益以及在管理者与非管理者之间如何分配利益等问题上，总是存在不同意见，也经常不可避免地发生理论上的争论。

从上面的阐述也可以看出，现代管理中的问题或利益管理问题，是需要从哲学上进行分析的现代管理的重大现实问题的一个方面。也可以看出，在利益管理中，正义问题是一个根本问题。怎样对利益进行管理才是正义的，什么是利益管理的正义标准，如何建立利益活动的正义内容结构和过程结构，在最重要的利益——物质利益方面，怎样才能做到公平管理，都需要做出深入分析。考虑到一旦确定了利益管理的一般正义原则，就可以直接运用物质利益管理，因此，本书主要从一般性的角度探讨了利益的正义管理问题。

五　管理中的价值观问题

现代管理实践所凸显的重大现实问题的另一个大的维度，即管理中的价值观问题，或者用当今国内外研究者所使用的简明概念说，就是所谓"价值观管理"问题。考虑到人们在"价值观"概念以及"价值"概念的使用上经常存在模糊和分歧，这里首先对价值观概念以及它与价值概念之间的关系做出说明。

价值观是人们对价值的观点。中文所说的"价值观"，是对英文中通常使用的"values"的翻译，而与"价值"概念相对应的英文，在指称一种价值时，用的是"value"。一般来说，人们对价值的来源、本质、特征、作用、变化规律等问题的观点，构成价值观的基本内容。价值观是人们判断事物有无价值及价值大小的基本尺度。它是一种价值取向、价值追求，也是一种价值态度和价值准则。价值观具有突出的主观或主体特征，其中，偏好、爱好、习惯、思维定式、生活方式等，是最突出的影响要素。

价值观与价值密不可分。任何一种价值观，总是包含了对某种或某些价值的观点，包含了价值观主体的某种价值偏好。在社会生活中，人们的正义观、公平观、权利观、义务观、自由观、平等观、民主观，尽管总是存在着这样那样的不同，但它们作为人们社会生活的主要价值观，一般都把正义、公平、权利、义务、自由、平等、民主看作社会生活的重要价值，并且力求实现这些价值。例如，当人们把集体主义价值观作为主导的价值观时，认可的是集体的价值高于个人的价值，集体利益价值高于个人利益价值，社会共存价值高于个人自由价值，并力求尽可能充分地实现集体利益和社会共存这种性质的价值。

反过来说，价值也不能够离开价值观而单独存在。当人们讨论正义（公正）、公平、权利、义务、自由、平等、民主这些重要价值时，已经预设了它们都是价值，已经自觉不自觉地从自己对于价值的本质的看法出发，建立了关于什么是正义、什么是公平、什么是权利、什么是义务、什么是自由、什么是平等、什么是民主的价值判断。正如桑德尔在反驳自由主义时所深刻指出的："公正不可避免地具有判断性。……公正不仅包括正当地分配事物，它还指涉正确地评价事物。"[①] 他认为，自由主义所提出的通过保障选择的自由就能形成一个正义社会的观点，是不能成立的；为了形成一个正义社会，人们不得不共同论证良善生活的意义，不得不创造一种公共文化以容纳那些不可避免地产生的各种分歧。[②] 在这一点上，桑德尔的观点是极其深刻、极其有力的。

实际上，当罗尔斯提出所有社会价值——自由和机会、收入和财富、自尊的社会基础——都要平等地分配时，[③] 显然他已经认定那些对象都是价值，或者说都是基本的善，已经预设了他对什么事情是价值、什么事情是善的前提性观点。

由此也可以得出，价值观与价值也是不同的存在。价值观作为观念性的东西，可能是正确的，也可能是错误的。当人们说价值观无对错时，只是强调了价值观的偏好意义，而没有对其整个内容本质做出分析。同时，尽管任何价值观，包括错误的价值观，都有其客观根源，但它首先是一种观念性的存在、一种观念追求，它既可能已经被实现，也可能没有被实现。

而价值的情况则有所不同。当人们讨论社会生活或组织生活的价值时，这些价值或者已经是客观存在的价值事实，或者是正在被人们或社会努力追求和实现的价值对象，或者是需要人们或社会去努力追求和实现的价值目标。

因此，价值观和价值的关系是十分复杂的。概括起来，可以做出以下三个方面的说明。第一，价值观以观念性的方式，

---

① ［美］迈克尔·桑德尔：《公正：该如何做是好》，朱慧玲译，中信出版社2011年版，第309页。

② 同上。

③ ［美］约翰·罗尔斯：《正义论》（修订版），何怀宏、何包钢、廖申白译，中国社会科学出版社2009年版，第48页。

包含了对某种或某些价值的肯定或否认，价值观所认可的价值，既可能已经实现或正在实现，也可能只是一种观念诉求。所以，不能说价值观就是价值，而只能说价值观包含了对于价值的判断在内。第二，现实存在的各种价值，以及人们正在努力实现的各种价值，总是以某种主体对这些价值的观点为认知前提。一个社会或组织，总是努力把自身价值观所认定的那些肯定性价值变为现实。第三，价值观与现实价值之间是一种观念与现实、理论与实践的关系，这种关系是相互依赖、相互作用、相互生成的过程。价值观只能在价值实践中产生，而现实的价值则是它所对应的价值观的客观化。一方面，人们只有在自己价值实践的历史运动中，才会不断生成各种价值观，引发各种价值观的历史性变化；另一方面，人们只有在自觉或不自觉的价值观的引导下，才会形成自己的价值实践，才会创造出各种现实的价值。

就管理来说，管理中的价值观问题与价值问题虽然密切相关、不可分割，但毕竟是两个不同的方面，前者主要是对价值观这种思想观念的处理问题，后者主要是对"价值事实"的处理问题。下面将首先讨论，在现代管理思想史上，如何逐渐把管理中的价值观问题看成是管理的一个重要问题甚至命名为价值观管理的。

自从20世纪30年代以来，西方管理理论研究经历了从一开始关注组织生活管理所遇到的价值观问题，到逐渐深入探讨组织生活管理中的价值观问题，最后到把价值观问题作为组织文化和管理研究的核心问题并命名为"价值观管理"的历史过程。在这一历史过程中，有不少思想家对组织生活的价值观问题进行了不同角度和富有启发的思考。本书大体按照时间顺序，从管理学和管理哲学两个领域中选择六位思想家即梅奥、巴纳德、霍金森、科克比、多伦、加西亚，指出他们在这一问题上所做出的重要贡献，表明价值观问题在当今管理中的突出重要性。

　　美国人际关系学家、行为科学家梅奥，在 1933 年出版的《工业文明的社会问题》和 1945 年出版的《工业文明的社会问题》中，自觉不自觉地捕捉到了安全、稳定、相互关爱、相互扶持、社会合作等方面的价值对于组织生活的极端重要性。他提出，对于任何一种社会群体来说，不论处于哪一种文化水平上，在管理上都必定反复出现两个方面的问题，这就是，"在物质的和经济需要上得到满足，整个组织中的自发合作得到维持"①。他认为，无疑这两者都很重要，必须同时实现，但在古代原始部落社会以及工业和科学快速发展、社会急剧变动的现代社会，后者比前者更加重要，人们对于合作、安全、稳定的要求经常很容易超过他们对个人经济利益的思考。由此，他认为，古典经济学把人仅仅看作是追求经济利益的"经济人假设"，是不合实际的、片面的。

　　1938 年，美国管理实践家和管理思想家巴纳德出版了《管理人员的职能》这一对于现代组织研究来说具有里程碑意义的著作。② 在这一著作中，他从社会整体和社会的价值观出发来分析组织生活，构建起一种包括如何实现组织要素正常运转、如何处理效果和效率的关系、如何处理正式组织与非正式组织的关系、管理者有哪些职能等问题在内的系统深入的组织理论，深刻认识到了组织管理中组织发展与个人发展、组织人格与个体人格之间在通常情况下的实质不同，以及组织发展和

―――――

　　①　［美］梅欧：《工业文明的社会问题》，费孝通译，商务印书馆 1964 年版，第 24 页。并参见第 50、57、68、87 页。

　　②　巴纳德的 The Functions of the Executive 一书，国内通常翻译为《经理人员的职能》。通观全书，巴纳德所说的 Executive，包括了企业、政府、学校、军队、宗教团体、各种社会组织中的管理者，因此，把此书翻译为《管理人员的职能》应该更加恰当。

组织人格对个人发展和个体人格的经常性压制，深刻分析了人们的组织行为在本质上所包含的各种价值信念之间的矛盾，如关于自由的信念与关于规律的信念之间的矛盾、关于选择的信念与被制约的信念之间的矛盾、关于独立的信念和关于从属的信念之间的矛盾，等等，明确指出了信念、理想、态度、行为准则等道德和价值观因素对组织中个人行为的重要影响。"到底什么有利于个人的最终利益、什么有利于公共利益的感觉，都必须由个人以外的条件决定。这些就是社会的、伦理的、宗教的价值观。"① 尽管巴纳德还没有明确使用"管理中的价值观问题"或"管理的价值观维度"概念，但显然，他的论述已经包含了这一问题的诸多重要方面。

霍金森第一次明确、系统、深入地分析了管理中的价值观问题。他在 1978—1996 年先后出版的《走向管理的哲学》、《领导哲学》、《管理哲学——管理生活中的价值观和动机》中，从现代组织的性质、管理过程的决策特点等方面，阐明了价值观问题是管理过程的一个基本问题。其一，他指出，现代组织本身的性质决定了它在本质上必然带有从组织利益出发的一系列命令式的价值观念，包括认为任何对于个人而言的好的东西都只能来自于组织，个体的福利依赖于集体的努力，所有行为必须增强组织的健康，以及管理者必须坚持以合理性原则为主导即坚持追求效率和效果的最大化，必须首先忠诚于组织、以服务于组织为天职，必须实行实用主义，讲究策略和关注短期效益。② 其二，他提出，如果把管理主要理解为决策过

---

① ［美］C. I. 巴纳德：《经理人员的职能》，孙耀君等译，中国社会科学出版社 1997 年版，第 8、71、202—203、229—231 页。

② Christopher Hodgkingson, *The Philosophy of Leadership*, *Christopher Hodgkingson*, *Administrative Philosophy—The Values and Motives in Administrative Life*, Oxford：Elsevier Science, 1996, p. 138.

程，那么，要做到决策过程毫无"价值观偏见"是不可能的。"政策制定过程不存在白板状态。政策制定者们总是带着先入之见和先在倾向来进行决策。没有偏见就像科学客观性一样，只是一种神话。任何决策都包含价值成分，任何决策者都是一种价值综合体的象征。"① 其三，他还对管理中的价值判断的依据即价值观范式进行了层级分析，提出了偏爱型、舆论型、结果型、原则型四种从低层次到高层次的价值观，认为只有在管理中弄清所依据的价值观范式，才能不至于犯下同质性的错误，才能做出合理的决策，获得管理的成功。②

可以看出，霍金森所做的分析，突出了管理中价值观问题的头等重要性，清楚地指明了管理的一个主要任务是处理各种各样的价值观问题，是辨别、分析、实施、调整、建构不同性质和不同层次的价值观的过程。

当代丹麦管理哲学家奥勒·科克比，在1998年出版的《管理哲学——一种彻底规范的视角》一书中，进一步突出强调和研究了管理中包括伦理道德在内的价值观规范维度。他认为，如果要对管理进行彻底而完整的分析，突破其他具体学科领域可能具有的分析的任意性，就必须采用彻底规范的视角。"本书采取一种明确的立场：任何关于管理现象的反思，任何关于管理主题的元讨论，都必须是彻底规范性的。"③ 而这一视角的主要内容就是，在管理中，只存在规范的标准，不存在其他标准，也就是说，任何经济的、技术的或社会的视角，都能够被还原为价值观。就管理者的行为来说，不管管理者自己

---

① Christopher Hodgkingson, *The Philosophy of Leadership*, Oxford: Basil Blackwell, 1983, p. 8.

② ［加拿大］克里斯托弗·霍金森：《领导哲学》，刘林平、万向东、张龙跃译，王守昌校，云南人民出版社1987年版，第33—39页。

③ Ole Fogh Kirkeby, *Management Philosophy—A Radical - Normative Perspective*, Berlin: Springger-Verlag, 2000, p. 7.

是否意识到，都必定存在着一种隐含的规范，包括关于善与恶
的规范在内。值得我们深入思考的是，科克比还把制约和影响
组织与利益相关者的既定的社会规范即社会的价值观、道德标
准看作是不完善的、动态变化中的存在，看作是由不同生活世
界、不同文化条件所规定的存在，因而对于管理者来说，需要
寻找和获得比既定的社会的价值观、道德标准更加根本的尺
度，它是人类社会生活的源泉所在，是引导人们实现自身的本
真性存在、获得真正自由的灯塔，这一根本尺度并不存在于人
们之外，而是就隐匿于所有人之中，是人们在一定条件下可以
感受到的东西。当管理者找到和按照这种根本的尺度去行动
时，他很有可能需要冲破原有的价值观、道德标准等规范，甚
至需要超越原有的伦理承诺。管理活动只有从这种根本尺度出
发，才是真正彻底规范性质的。①

　　由于科克比借用了现象学的研究范式，他所提出的关于管理
的彻底规范的思想，无疑十分抽象，但非常明确，是对管理所涉
及的价值观问题的探讨。归根到底，他所说的彻底的规范，就是
人们的良知层次价值观的东西，或者说，它就是良知的要求。无
论如何，可以毫无疑问地断定，科克比深入揭示了组织生活的价
值观性质，揭示了探寻价值观、分析价值观、选择价值观在管理
中的根本地位。

　　霍金森和科克比的理论是深刻的。不过，他们并没有命名价
值观管理这一概念。这也许是因为作为管理哲学家，他们对于创
造一种新的概念总是持一种比较严谨和审慎的态度。与这些管理
哲学家不同，管理学家则似乎更加勇于提出和使用新概念。自从
20 世纪 80 年代以来，西方越来越多的管理学家开始使用我们国
内翻译为"价值观管理"的概念，这包括多种表达：第一种是西

---

　　① Ole Fogh Kirkeby, *Management Philosophy—A Radical - Normative Perspective*, Berlin: Springger-Verlag, 2000, pp. 68-70.

方多数研究者所使用的"management by values"（通过价值观而进行管理，英文缩写为 MBV）；第二种是有些研究者所使用的"values-based management"（基于价值观的管理）；第三种是某些研究者使用的"values-driven management"（以价值观为驱动的管理）；第四种是当今个别研究者使用的"managing values"（管理价值观或价值观管理）。① 无疑，仅仅从字面上看，把上述前面三个英文概念都翻译为"价值观管理"是不够准确的，正如从字面上看，把"management by instructions"翻译为"指令管理"、把"management by objectives"翻译为"目标管理"都是不够准确的一样。因为无论是"通过价值观而进行管理"，还是"基于价值观的管理"、"以价值观为驱动的管理"，所表达的都不是价值观管理——对价值观进行管理。不过，从所研究的内容来看，由于英文文献中所使用的这些概念，讨论的是管理者如何确立包括企业的目的、使命和愿景在内的价值观体系，如何使组织形成方向正确、整体统一的价值观，如何从价值观上激励员工，如何处理组织内部成员之间的价值观冲突、组织价值观与外部利益相关者的价值观之间的冲突，如何协调管理者和非管理者之间的价值观差异或碰撞，以及如何创建以价值观为核心的组织文化，如此等等，这些管理活动的确都是围绕价值观所进行的，的确表明了管理的一个重要方面是处理价值观问题，由此，把上述英文概念统一翻译为"价值观管理"在实质上也有恰当之处。

本书不打算详细追溯上述概念的演变过程，而是直接介绍和分析西蒙·多伦和萨尔瓦多·加西亚这两位管理学家所共同进行的对于"价值观管理"的研究，以表明价值观问题在当今管理中的重要性。2006 年，多伦和加西亚在各自以往对于价值观管理研

---

① ［加拿大］西蒙·多伦、［西班牙］萨尔瓦多·加西亚：《价值观管理——21世纪企业生存之道》，李超平译，董克用校，中国人民大学出版社 2009 年版，第 4、6、15—17 页。

究的基础上，共同出版了《价值观管理——21 世纪企业生存之道》(*Management by Values*: *A Corporate Guide to Living*, *Being A-live*, *Making a Living in the 21st Century*)，从理论和实践两个方面集中探讨了价值观管理，包括价值观管理的演变、本质、内涵、意义、实施方式等。他们认为，20 世纪以来组织生活及其环境的日益增加的复杂性、不确定性和迅速变化，推动了组织管理的演变，从盛行于 20 世纪初期的"指令性管理"(MBI)，到 20 世纪 60 年代的"目标管理"(MBO)，再到当今的价值观管理(MBV)开始浮现。他们明确提出，价值观管理在理论上是一种管理哲学，在本质上是一种新的人文主义，它所引发的文化重塑与 20 世纪中期以来盛行的组织发展理论中的人文主义关怀不谋而合。在实践上，价值观管理是一种管理实践，它将伦理和社会生态原则融入企业的战略领导和管理活动之中，这不仅对企业实现长期生存发展至关重要，而且有利于社会的繁荣和进步。他们还富有启发地把价值观分为三个维度，分别论述了对于它们的正确管理：一是"伦理—社会"维度的价值观，它是关于人们在群体、人际关系中如何立身行事的一些理念，包括对诚实、和谐、尊重、真诚、合作等方面的看法，对于这一维度的价值观进行管理的原则，是明确、一贯、持久；二是"经济—实用"维度的价值观，它是组织实现自身有效生存方面的价值观，包括对效率、绩效标准、纪律等方面的看法，对于这一维度的价值观进行管理的原则，是事尽其效、物尽其用；三是"情感—发展"维度的价值观，这是关于个体信任、自由、幸福方面的价值观，包括对自由、幸福、创造性、自我实现等方面的看法，对于这一维度的价值观进行管理的原则，是为个体的自我实现提供动力。他们进一步强调指出，领导者的工作就是在这三个维度上创建组织成员能够共享的价值观，并且对这三个维度的价值观不断进行协同，把它们有机结合在一起，由此指导各层次、各部门员工的工作。在实施方式上，他们把实施价值观管理分为依次递进的四个阶段：提炼和构建核心价值观；将核心价值观转变为行动目标、工作任务、工作过程；依据价值观而制定和实施人力资源政策；监督、检查和评估价值观实施的效果和问题。①

综观多伦和加西亚对于价值观管理的论述可以看出，他们试图把理论分析和实证研究结合起来，既力求揭示价值观管理的人文特征，又力求阐明价值观管理的实践可行性。从总体上看，他们对前者的讨论弱于他们对后者的讨论，尤其是他们对于价值观管理的非工具意义认识不足，因而主要把价值观管理看作一种战略领导工具。"我们真正需要的是一种战略领导工具，通过在组织成员身上的实践应用来挖掘市场潜力，而价值观管理正是这样一种工具。"② 尽管如此，他们对于管理中价值观维度的突出强调和系统研究，还是有着值得充分肯定和借鉴的重要意义。

从实践的角度看，现代管理思想家们之所以把价值观问题看作管理的一个重要方面，归根到底是由现代社会生活的现实和管理实践所决定的。在高度生存竞争、复杂多变、价值选择空前多样的现代条件下，在从社会、国家到企业、教育组织、文化组织等各种层次的共同体中，各种主体的价值观的建构、选择、实施也必然成为一个突出的问题。无论是管理者还是非管理者，无论是共同体整体还是成员个人，都必定会形成自身特点的价值观，必定承载着特定的价值观取向，必定具有自身的特定价值评价尺度，因而，它们的价值观在共同体生活中的共存，在一定条件下经常不可避免地会发生碰撞和冲突。

考察现代社会的企业组织、事业组织、行政组织这些主要类

---

① ［加拿大］西蒙·多伦、［西班牙］萨尔瓦多·加西亚：《价值观管理——21世纪企业生存之道》，李超平译，董克用校，中国人民大学出版社2009年版，前言第13页，正文第4、15、28—34、149—150、174—187页。

② 同上书，前言第12—13页。

型的组织可以明显看到，在各个维度上都存在着突出的价值观问题和矛盾，因此，对于这些价值观问题和矛盾的处理，是这些组织的管理实践的一个至关重要的任务。在不同的价值观主体的维度上，管理者的价值观与非管理者的价值观之间、组织价值观与个人价值观之间、组织价值观与社会价值观之间，由于相互对应的两个主体的成长历史不同、思维模式不同、目标追求不同，因而双方在价值观上总会产生这样那样的相互不一致、相互错位、相互碰撞等问题。在每一主体或不同主体的存在过程维度上，现代维度的价值观与传统维度的价值观之间、代表未来趋势的价值观与代表现存状况的价值观之间，也会在一定条件下相互抵牾、相互摩擦、相互冲突。在内容性质的维度上，功利性的价值观与非功利的价值观之间、科学维度的价值观与人文维度的价值观之间、工具价值观与终极价值观之间，也会时常相互阻碍、相互对立、相互损害。从当前企业组织、事业组织、行政组织的价值观矛盾状况看，组织统一价值观与个人自主价值观的关系、功利价值观与人文价值观的关系、组织的长期利益观与短期利益观的关系、组织的价值观对外部环境的关系，是这三类组织中所面临的最突出的价值观问题，是这三类组织的管理中必须有效处理和解决的最关键的价值观问题。

在管理中正确处理"价值观问题"的直接目的，如同处理价值问题、利益问题、情感问题的目的一样，是明确的，这就是充分调动包括非管理者和管理者在内的全体组织成员的积极性，把全体组织成员凝结为一个齐心协力、团结合作的有力整体，实现组织整体和组织成员的健康发展。

就本书的研究指向来说，笔者将立足于当今国内外管理的现实和研究状况，主要探讨实现个人价值观与组织价值观之间的一致问题，组织价值观中针对环境维度的正确建构问题。

概括以上对现代管理的五大方面重大现实问题的论述和本书

对具体研究内容的选择，除了在管理的价值观方面讨论两个重大现实问题以外，对于其他四大方面，都将分别讨论一个重大现实问题。这样，本书所要讨论的现代管理的重大现实问题总共有六个。加上导论和结束语，本书的整体内容由八个部分构成。导论：对研究问题的设定；第一章：组织生活基本价值的正确处理；第二章：建构共同体生活的情感价值；第三章：正确认识和建构理性在管理中的作用；第四章：利益的正义管理；第五章：实现个人价值观与组织价值观之间的合理一致；第六章：组织的环境价值观的合理建构；结束语：意义及展望。

如本导论开头说，本书的探讨并不致力于去建构逐次推演的逻辑体系，因而，笔者暂时也不打算去探讨这六章的内容之间的内在关系，而是尽可能对每一问题所涉及的重要方面进行深入讨论，尽可能获得富有探索价值的视野、思路、观点和结论，为人们对管理哲学进行更加深入的研究提供某种激励。

第一章

组织生活基本价值的正确处理

从价值的角度看，组织生活在根本上是价值性质的。组织管理作为对组织整体和对人的管理，所处理的归根到底是各种价值及其关系问题。因为组织是人的结合体，是社会的基本单元，它本身就是各种价值目的的承担者，存在着各种各样的价值及其关系，而从过程上看，组织的存在过程主要是探求、创造和实现各种价值的过程，是确立价值方向、制定价值目标、确定价值手段去实现价值目标的过程，是建构、调整、改变各种价值关系、分配各种价值资源的过程。

在现代社会，由于人文精神与科学理性的矛盾、个人权利与组织控制的矛盾、自由个性与效率逻辑的矛盾日益凸显，组织生活的价值问题日益凸显，价值矛盾日益增多，因而迫切要求对它们做出正确认识和正当有效的处理，这主要就是要求人们弄清组织生活的各种基本价值、它们的性质、它们所应有的地位，建构起它们之间的合理关系，正确处理它们之间已经或可能发生的各种矛盾。这也是本章专门探讨组织生活基本价值的正确处理的必要性和意义所在。

本章将首先确定组织生活中究竟存在哪些基本价值，然后依次讨论对这些基本价值体系的正确建构，对可能发生的价值冲突的正确处理，对三组基本价值的关系的正确处理。

一　组织生活中存在的基本价值

为了充分探讨当今组织生活中价值的正确处理这一问题，有必要首先弄清在组织生活中究竟存在哪些基本价值。无疑，这可以从不同角度出发来进行思考。但笔者认为，从组织整体、组织内部关系（包括组织与个人的关系、组织内部成员之间的关系）、组织与环境之间的关系来进行分析，能够得到比较全面、比较充分、比较合理的结论。下面将分别从这些方面进行讨论。

1. 组织整体维度所要求的基本价值

组织整体维度上的基本价值，是由组织的一般性质所要求的那些价值。从组织之为组织的一般性质来看，所有组织都是一种由具有生存发展需要的人们所组成的共同体，而共同体的一个本质要求是统一。同时，由于内部各种需要和外部环境的压力等原因，共同体也必须不断实现成长或发展。因此，组织统一与组织成长，是组织生活的两个主要价值或元价值。围绕这两个元价值的实现，需要一系列过程价值或手段价值，包括组织秩序、组织稳定、组织效果、组织效率、组织正义等。组织生活的元价值和过程价值，构成了组织整体维度的基本价值。

首先，所有组织都是人们通过一定的方式而结合在一起、共同工作、共同前进的共同体，组织的这种共同体性质，决定了组织必须把组织统一作为组织生活的一个首要价值或元价值。组织统一，就是组织成员的统一目标、统一观念、统一制度、统一行动。从组织的产生来看，没有统一，也就没有组织的产生。从组织的现实存在来看，如果一个组织缺少有效的统一或失去了有效的统一，它就很难继续再存在下去。组织统一是组织得以存在的前提和保证，是组织正常运转的内在要件，是组织实现成长的前提和保证。

为了实现组织统一这一元价值，需要一系列的从属性的基本价值。其中，组织秩序和组织稳定最为重要。

组织秩序是实现组织统一的一个基本条件。组织秩序的形成，既涉及制度因素的作用，也涉及非制度因素如道德、信仰等方面的作用。制度因素在形成组织的统一运转和人们行为的统一步骤方面，一般起到主要作用，非制度因素则一般起到调节作用。无论如何，组织统一这一元价值的实现，要求以组织秩序这种价值为条件。

组织稳定也是组织统一所需要的一种重要价值。组织稳定指的是组织生活运行保持稳固安定的状态。这通常不仅要求组织具有常规的制度，而且要求组织在遇到特殊困难、紧急事件时能够及时有效地加以应对或解决。组织稳定在本质上是组织生活的一种安全要求，是实现组织统一的一种常态保证；没有组织稳定，也就谈不上实现组织的统一。我们知道，罗尔斯在社会层次上讨论了正义观念的稳定性及其相应的基本制度的稳定性问题。他之所以讨论这种稳定性问题，归根到底是因为稳定性的确是一个正义社会所具有的一个基本特征。[①] 尽管他讨论的是社会的稳定性而不是社会中各种具体组织的稳定性，而且他的讨论是在他所说的实施公平正义制度这一前提下进行的，因而与本书讨论组织稳定性的思路和角度不同，但他所提出的社会稳定性问题，对于分析组织的稳定性问题，显然具有重要的启发意义。

其次，所有组织都把成长或发展作为自己的根本目的。组织成长，指的是组织不断发展、不断在各方面都取得新成就的过程。

---

① ［美］约翰·罗尔斯：《正义论》（修订版），何怀宏、何包钢、廖申白译，中国社会科学出版社 2009 年版，第 392—396 页。另参见 ［美］约翰·罗尔斯《作为公平的正义——正义新论》，姚大志译，上海三联书店 2002 年版，第 304—305 页。

组织成长是组织性质的一个基本规定，因此，是组织生活的另一个基本价值，也是组织所追求的首要价值或元价值之一。因为组织只有实现不断成长，才能有效地生存下去，才能不断满足组织整体及组织成员的不断变化的需要。在当今社会，实现成长不仅是一个组织实现其他价值目标的前提，而且是一个组织与其他组织进行竞争的需要。观察当今各种性质的组织现实可以看出，无论是经济性质的组织，还是政治性质的组织，抑或文化性质、社团性质的组织；无论是新建立的组织，还是已经存在较长时间的组织；无论是不够成熟的组织，还是已经相当成熟的组织，都在不断努力致力于自身的成长。可以说，尽管许多组织的自觉成长努力最终没有取得成功，但它们并不是不去追求成长这一元价值，在一般情况下，它们并不是自愿止步不前。

为了实现组织的成长，也需要一系列从属的或手段维度上的基本价值。近代以来的企业组织和行政组织的历史表明，组织效果和组织效率对于组织成长的意义最重要。按照管理学的共识，组织效果与组织效率的区别在于，组织效果指的是做正确的事，或者是"做事的方向正确"；而组织效率则是正确地做事，或者说是"做事的过程正确"。组织效果是衡量组织所采取的手段对于实现组织成长目标的方向性作用的一种主要价值指标。组织所采取的手段完全合乎并完全实现了组织成长的目标，就是完全有效果的，否则，就是完全没有效果的；实现组织成长目标的程度越高，效果就越大。与组织效果不同，组织效率是衡量组织所采取的手段或过程的成本有效程度，组织所采取的手段成本越低，就越有效率，反之，就越没有效率。组织效果与组织效率的关联在于，只有合乎组织效果的组织效率才是最有意义的，只有具有组织效率的组织效果才是最可取的。

最后，为了实现组织的统一和成长这一对元价值，组织正义是最重要的过程价值或手段价值。由此来看，至少在这种意义上，组织正义并不是一种元价值，而是从属性的价值，是过程或手段维度上的价值。当今许多政治哲学研究者把正义看作是一个社会的最高价值，只是在一定意义上才是成立的，即在正义的实现意味着一个社会的统一、发展、公民幸福的实现的意义上。古希腊的柏拉图也正是在这种意义上思考和强调正义的。他认为，实现了正义——人们依照天生的能力不同而分工有序、各司其职而形成城邦的整体统一、健康繁荣，也就实现了城邦的至善，实现了全体公民的幸福。深入地分析可以看出，柏拉图的观点是存在问题的。历史事实证明，正义的主要内涵——城邦的分工有序、各司其职、整体统一、健康繁荣，并不是在任何情况下都等于公民的幸福，而是在一般情况下与公民的幸福相一致，或者说为实现公民幸福奠定了基础。

　　人们之所以对正义究竟是首要价值还是从属价值存在不同意见，有两个重要原因。一个是在柏拉图思路的意义上把正义等于社会或组织的整体统一、繁荣发展、成员幸福。如上所说，这一点显然需要进一步讨论。另一个可能的重要原因在于，人们所依据的究竟是社会或组织的一般存在情况，还是特殊情况。在一般情况下，正义是服务于一个社会或组织的整体统一、繁荣发展、成员幸福这些目标价值的，因而正义是作为过程价值或手段价值而存在的。而在特殊情况下，例如，在社会或组织陷入实质不正义或极不正义的状态下，社会成员改变不正义、实现正义就成了首要的价值目标。

　　在利益关系复杂、竞争激烈、价值观多元的现代背景下，建构和实现组织或社会的正义，必须主要通过制度。的确，制度是刚性的、带有强制性的约束。但显然，没有良好的制度，就很难建构和实现持续性的正义。罗尔斯正义论的根本合理性就在于，他把社会基本制度作为正义理论的主题。

　　应该指出，正义这一价值不仅是一个组织或社会的整体维度

上所需要的价值，而且是一个组织与其内部成员个体之间或一个
社会与其内部成员个体之间关系维度上所需要的价值，以及组织
或社会如何处理其内部成员之间关系维度上所需要的价值。因为
这些维度的正义状况，不仅直接关系到成员个体主体性的发挥，
因而关系到组织或社会的整体的善的实现，而且关系到成员个体
的成长前景和幸福的实现。

以上是对组织整体维度所要求的各种基本价值的思考和分
析。谈到这里，需要提醒注意的是，本书所讨论的是社会中各种
组织的基本价值，而不是整个社会生活的基本价值。组织层次的
各种基本价值与社会层次的各种基本价值，既有重合的部分，也
有不同的部分。组织作为社会中的微观单元，有些价值是社会价
值直接建构和直接渗透的结果，如当今多数民族中的各种组织对
效率这种价值的重视和追求，归根到底是由于这些民族建立了市
场经济体制，它所突出要求的效率价值，不仅直接成为经济型组
织——企业组织的压倒一切的价值，而且渗透到非经济型组织之
中，成为它们不得不去努力实现的重要价值。

同时，各种组织所追求、所实现的某些不同于社会价值的特
殊价值，也会影响到整个社会的价值体系或其中的某些部分的建
构。由于各种组织所建构的那些特殊价值的性质与存在方式不同，
各种组织的那些特殊价值对于整个社会的价值体系或其中某些价
值的实现，就具有或者促进、或者阻碍、或者中性的作用。也就
是说，组织生活的价值与整体社会的价值之间，一定是相互作用、
相互影响、相互制约的过程。应该说，在组织价值对于社会价值
的作用和影响问题上，我们过去重视得很不够，探讨得很不够。

组织整体维度的统一和成长这两个元价值，作为组织生活的
最高层次或终极层次的两个价值，不仅从根本上规定和制约着组
织整体维度上的其他价值，如组织秩序、组织稳定、组织效果、
组织效率、组织正义，而且从根本上规定和制约着组织生活内部

关系维度上的各种价值，规定和制约着组织与环境关系维度上的各种价值。

2. 组织内部关系维度所要求的基本价值

组织的内部关系，包括两个方面：组织与个人之间的关系、组织成员之间的关系。每一种关系都由于自身的性质而要求相应的某些基本价值。

在组织与个人的关系维度上，由于当今的组织与个人的关系一般是契约关系，同时，由于组织与个人都具有日益强烈的成长要求，因而在组织与个人的关系维度上，比较突出的基本价值有组织成长与个人成长、组织繁荣与个体幸福、组织秩序与个人自由、权利与义务等。考虑到在本章第三部分将专门讨论组织繁荣与个人幸福的关系、组织秩序与个人自由的关系，此处，主要讨论组织成长与个人成长、权利与义务这两对价值。

组织成长与个人成长，是组织与个人之间关系维度上的一对基本价值。前面已经讨论了组织成长，这里主要分析组织成长与个人成长的关系。个体成长，指的是个体实现自身的善的生活的过程，即实现个体的正确的精神价值要求和社会价值要求的过程，这是个体作为个体所要求的一种在目标、过程和结果上的终极性价值。

在组织生活中，组织成长与个人成长之间的关系是动态的、辩证的。一般来说，在组织生活的动态过程中，组织成长与个人成长这一对价值之间，既存在着相互一致、相互促进的关系，也存在着相互差别、相互碰撞的关系。组织成长可以为个体成长创造物质、精神、人际关系条件，促进个体实现自身的价值目标，达到完满的存在状态。反过来，个体自身成长的实现过程，可以激发个体为组织做贡献的能动性、创造性、热情、想象力、潜能，促进组织生活的繁荣。同时，组织成长并非时时都会有助于个体成长的实现。组织成长的实现不仅需要个体做出持之以恒的贡献，而且在组织遇到困难时，需要个体勇于克服困难、承担克服困难所可能付出的代价，这至少在当时无法支持个体形成自身的特殊的价值要求。反过来，个体成长的实现也并不总是在任何时候、任何情况下都有助于组织成长。个体成长所追求的各种特殊条件，对于以一般要求为准则的组织成长来说，经常既不是负相关，也不是正相关，而当组织需要以绝对的统一制度为运转手段时，个体所要求实现的成长更是难以合乎组织的要求。

权利与义务是组织与个人之间相互关联的一对价值。权利是一个主体依照某种规范而能够拥有或实际拥有的事物或事情，从价值的角度看，权利对一个主体来说是将要拥有或实际拥有的价值。义务是一个主体依照某种规范而应该尽或实际在尽的责任，从价值的角度看，义务对一个主体来说是应该付出或实际在付出的价值。权利与义务的关系本来就是孪生姊妹的关系。一个主体的权利是另一个对应主体的义务，一个主体的义务是另一个对应主体的权利；一个主体对于另一个主体所要求的权利，同时意味着一个主体对于另一个主体承担相应的义务，反过来也是如此。

就组织对个人的权利义务关系来看，组织对个人有要求个人按制度和职责而正常工作和努力贡献的权利，这种权利同时就是个人对组织应尽的义务。同时，组织也有对个人提供正常工作条件、对个人的贡献予以足够报偿的义务，这种义务就是个人的权利。由此，组织在要求个人服从组织指挥、听从组织命令、按组织规范而行动等方面，在为个人提供能够执行组织指挥、完成组织命令、按组织规范而行动的条件等方面，都不可不免地存在着上述义务与权利的双向关系。当然，从个人对组织的权利义务关系角度说，也是如此，只是以个人作为主体而已。

在现实中，组织与个人在权利与义务的关系上最常发生的问题是不平衡、不一致。一方面，个人或有意或无意地没有充分尽到对组织的义务的情况经常发生，也就是说，在这种情况下，组织没有从个人那里充分获得应得的权利。当然，由于组织在与个人关系中一般处于强势，因而，只要组织的管理者发现这种问题，就能够通过强制或非强制的方式加以解决。另一方面，更加普遍也更加突出的情况是，组织没有充分尽到对个人的义务，即个人没有从组织那里获得充分的权利，这种情况，由于个人力量的弱势状态，通常难以解决。

然而，由于权利与义务这一对价值是组织与个人之间正常契约关系的主要价值，因此，建构它们之间的平衡关系，无论是对于现代条件下组织的健康发展，还是对一个人的健康成长，都是不可缺少的条件。更加重要的是，它是组织与个人之间的一种恒常存在的、普遍的交往关系。在利益成为支配组织行为与个人行为的普照的光的今天，权利与义务这一对价值之间的关系状况，影响着组织利益与个人利益的实现，影响着它们之间的关系。

3. 组织内部成员之间关系维度的基本价值

组织内部成员之间关系维度的基本价值，其地位和作用是从属于组织整体的元价值的。当今社会的市场经济、民主政治、多样文化等社会条件，组织的统一和成长这两种元价值，人们的精神性和社会性要求等因素，共同决定了组织内部成员之间关系维度上的价值主要有成员平等、成员竞争、成员合作、成员共荣、相互诚信等。这里主要讨论前四个价值。

成员平等，这一自从近代以来先后在西方和其他众多民族中一再得到倡导也一再备受争议的价值，在今天不仅在越来越多的民族层次上得到认可和实施，而且在越来越多的组织层次上得到追求和践履。无疑，在不同的社会条件下，人们对平等的理解和评价存在着重要不同甚至尖锐对立，但在本质上，可以把成员平等这一价值理解为人们在生存发展的机会和职责、权利和义务、规则和条件等方面的相同或不存在实质差距。这里将不去讨论成员平等的实质，而是主要讨论成员平等的层次。

深入思考和分析众多民族和各种组织对于成员平等这一价值的理论思考和实践追寻，可以判定，成员平等至少包含以下三个层次。第一个层次是人格尊严的平等，这是最基础层次的平等。这主要是由每一个正常人都具有的共同的精神特征和他们的社会共存要求所规定的。人们都具有理性、情感、意志活动，这些活动的整体要求自主、向上、自由，这决定了人们在人格尊严方面要求平等。而人们的社会共存则要求和谐、愉悦、团结，这也要求人们在人格尊严方面的平等。第二个层次是社会成员资格或组织成员资格的平等，这主要是由人们的组织存在或社会共存所决定的。人们的组织存在或社会共存，要求每一成员具有同等的资格，要求没有一个成员在资格上是可以高人一等的。这方面的平等所要求的内容，主要是人们在最基本的机会和职责、权利和义务等方面的相同性，或者至少不存在实质差距。相反，这方面的不平等，则是人们在这些方面存在着巨大的不同。显然，这方面的不平等意味着一个组织或社会的合法性存在问题，意味着这个组织或社会终究会引起人们的质疑和反对。第三个层次是人们在生存发展所需要的基本条件上的平等，这主要是收入分配的平等。由于这一层次的平等是生活条件的实质相同或不存在贫富两极悬殊，因此，这一层次的平等，在当今社会是最难以实现的。同时可以看出，在这一层次的平等方面所出现的问题，也经常是最尖锐和最难以解决的问题。

成员竞争是市场经济体制所内涵、所要求的基本价值之一，这种价值必然渗透到社会生活的其他基本方面，渗透到各种组织的内部生活之中。因此，组织必然要求在组织内部成员之间形成竞争，建立他们之间进行竞争的制度和氛围。成员竞争这一价值在性质上是一种动力性的价值，它的主要作用是为组织发展提供强大的驱动力。它经常造成的问题是导致组织成员之间相互无情、相互冷淡甚至相互排斥。

成员合作，特别是管理者和非管理者之间的合作，是使得组织内部成员结合为一个行动整体的重要价值。只有在组织成员之间实现充分有效的合作，才会有组织的有效运转，才会有组织的健康成长。只有充分有效合作，才能激发出组织成员的无限集体智慧，建构出组织成员的巨大整体力量。

在现代组织的内部生活中，成员合作与成员竞争是一对相反相成的价值。只有竞争而没有合作，组织成员的活力和动力所形成的必然是各自为政、相互割据的局面，组织整体的健康发展不可能实现。反过来，只有合作而没有竞争，合作所导致的只能是组织生活的停滞静止，无法形成组织生存发展所需要的活力。因此，成员合作与成员竞争是当今组织所不可偏废的一对价值，只是在组织发展的不同阶段，需要关注的重点不同。

成员共荣是组织成员之间关系所要求的最重要价值。它既是组织生活所要求的成员在共存目标上的价值，也是组织生活所要求的成员在共存过程和共存结果上的价值。共荣意味着所有组织成员的共同努力、共同创造、共同发展、共享成果。共荣也意味着一起拥有同样的愿景，意味着心心相印、休戚与共、团结一致、诚信相待。共荣在组织生活中的作用极其重要。它是连接组织成员最重要的纽带，是使组织成员形成巨大凝聚力的关键环节。

4. 组织与环境之间关系维度上的基本价值

由于组织与环境都具有自身持存的价值要求，而组织不可能离开环境而存在，所以，组织与环境之间关系维度上所要求的最重要的目标价值是共生互成。共生互成就是共同存在、共同成长、相互促进、相互成就。显然，共生互成意味着组织与环境关系的正确平衡，因而，组织只有建构起这样的价值，坚定不移地实践这种价值，才会实现自身的真正成长、统一、和谐。例如，仅就组织与其所处的社会环境的关系来说，组织的发展离不开社会整体的发展，离不开社会为组织发展创造各种条件特别是制度平台和政策体系，因此，如果组织以损害社会发展的方式而实现自己的发展，最终带来的结果必定是组织自身发展受到损害。当然，反过来说，社会也只有在不断促进组织的发展的同时，才能实现自身的发展。

从过程价值来看，组织与环境之间只有相互借助、相互扶持，才会实现双方的共生互成。相互借助、相互扶持，尽管包含了对对方的资源和力量的"相互使用"，但这与人们通常赋予贬义的"相互利用"不同。相互借助、相互扶持中的"相互使用"，是在双方目的正当情况下进行的，而且手段也必须是正当的，而"相互利用"，不仅目的已经不正当，而且正因为目的不正当，也决定了对于手段的选择，也经常陷入有意识的不正当之中。

二　组织生活价值体系的正确建构

上述各个维度上所要求的基本价值——组织统一、组织成长、组织秩序、组织稳定、组织效果、组织效率、组织正义、个人成长、个人自由、个人幸福、成员平等、成员竞争、成员合作、成员共荣、共生互成、相互借助等——构成了组织生活的价值体系。对于这一价值体系，可以分为把各个层次的目标价值理解为主导的价值或核心价值，把各个层次的过程价值理解为辅助的价值或非核心价值。前者对于组织生活是根本的，后者是非根本的，但非根本并非意味着不重要。在现实的各种类型的组织生活中，这些价值追求之间既存在着相互促进、相互推动的方面，也存在着相互反对、相互冲突的方面。对组织的价值体系进行正确设定，是组织生活各种主体的基本观念要求和实践要求。如何才能做到这一点，涉及许多方面。本书从明确价值体系的性质方向、内部关系、内外关系等方面来进行讨论。

1. 设定组织价值体系的性质

组织价值体系的性质，是组织价值体系的本体、灵魂所在，规定着这一价值体系的根本目的和方向，因此，它是组织赖以立身的基础，是组织进一步确定各种价值目标的根据，是组织确定所有任务的前提。对于现代各种组织的管理来说，由于几乎所有组织都处于激烈的竞争和利益关系之中，因而在确定组织价值体系的性质问题上，管理者经常面临多种相反的选择：是以功利价值为主导还是以道德价值为主导，是以创新价值为主导还是以稳定价值为主导，是以竞争价值为主导还是以合作价值为主导，如此等等。

正确设定组织价值体系的性质，依赖于对组织本身的特定性质、使命定位、发展阶段、成员素质、外部环境等各种主要因素的正确把握。仅就组织本身的特定性质所起的作用来说，例如，营利性组织与非营利性组织，由于组织性质的差别，所建构的价值体系的性质就存在不同。进入市场的各类企业，一般是以利润这种功利价值作为自身价值体系的性质定位。相反，像我国的公立大学这样的组织，在一般情况下显然需要以道德价值而不是利润这种功利价值作为自身价值体系的性质定位。

2. 确定组织的首要价值目标

首先面临着对于组织的价值目标与个人的价值目标的关系定位问题。如果是以组织的价值目标主导个人的价值目标，那么必须确定，把组织的哪一种价值目标作为首要价值目标。究竟是把组织的统一，还是把组织的成长，抑或把组织统一与组织成长的平衡，作为首要的价值目标？反之，如果是以个人的价值目标主导组织的价值目标，那么必须确定，究竟是把个人成长这一对于个人来说最高层次的价值，还是把个人自由这一对于个人来说的第二层次的价值，抑或把个人成长与个人自由的均衡，作为组织的首要价值目标？确定组织的首要价值目标，其根本重要性在于，它直接关系到组织主要任务的确定、组织结构的建立、组织规则的制定、组织的各种利益的分配等事关组织生活的一系列基本问题。至于如何确定组织的首要价值目标，也同样取决于多种因素，其中，组织的历史阶段与外部环境的根本要求，是两个最重要的制约要件。

对于现代组织究竟应该把何种价值作为首要价值目标，不同的思想家所持的观点经常大不相同。例如，对于营利性组织——企业组织来说，20 世纪英国管理思想家和实践家谢尔登、美国著名的女管理哲学家福列特、"社会人假设"的著名代表梅奥，突出强调企业内部合作的重要性，把统一作为企业所要实现的首要价值目标。这里仅以谢尔登和福列特的思想为例来进行说明。谢尔登把工业看作是社会共同体的一个重要构成部分，认为工业的存在是为社会共同体的美好生活提供必需的商品和服务，强调工业、工厂对社会的统一责任，提出了工业管理的一系列基本原则，这就是工业的政策、条件和方法必须有助于公共福祉；管理层必须尽力说明作为一个整体的社会的最高的道德约束，即必须努力把通常被公共观念最无偏见地接受的那些社会正义理想付诸实施；在对于诸如合理的工资和利润方面，管理层必须以主动提升普遍的伦理标准和社会正义观念为目的；工业管理的效率要求是非常必要的，但必须使之从属于所有工人的人性与社会性要求，服务于整个社会的共同福祉。[1] 可以看出，谢尔登把社会的共同福祉

---

[1] Oliver Sheldon, *The Philosophy of Management*, London: Routledge, 2003, pp. 73, 77-78, 81-82, 285.

作为工业组织的首要价值目标，所强调的主要是工业组织的统一性而不是成长性。福列特在自觉的企业管理哲学研究中，把企业的"融合的统一"作为管理的首要任务和衡量管理成功与否的根本标准。她认为，企业只有成为各方面人员、各个部门、各个层次相互关联、协调一致的运转整体——"融合的统一体"（integrated unity），才是真正健康的，才能够发挥企业的应有作用。由此，她深刻分析了如何正确处理管理者与工人之间的冲突、管理团体内部的分歧、集权与分权的关系、管理职能在管理者与工人之间合理界定和划分等关系到企业形成一个"融合的统一体"的各种重要问题，提出了解决企业人事冲突的融合方法或原则。[①]应该说，她的观点洞见到了人类追求合作统一的理性和情感要求，认识到了统一融合对于组织发展的基本作用，是相当深刻的。当然，福列特没有从整个社会的角度来思考企业内部的冲突，特别是管理者与工人之间的冲突，这是她的理论所存在的一个重要不足。

与福列特等人不同，泰勒、法约尔、德鲁克等管理理论家则主要把企业的成长作为组织的首要价值目标。泰勒尽管提出管理的目的是使资方和劳方都实现富裕昌盛，但显然他把创造最大生产力、实现最大产量和利润作为企业的根本目标任务，因而他突出强调科学维度的效率，也就是后来韦伯意义上的工具理性维度的效率，因此归根到底，泰勒把企业成长作为首要的价值目标。法约尔在强调科学维度的效率的同时，尽管也关注对待员工的公平和分配上的公平，但综观他的理论可以看出，这种关注最终也是为了实现企业的效率和成长。与泰勒、法约尔的理论相比，德

---

① Henry C. Metcalf, L. Urwick, eds., *Dynamic Administration—The Collected Papers of Mary Parker Follett*, New York and London, Harper & Brothers Publisher, 1941, pp. 71, 93-94. 另参见［美］玛丽·福列特《福列特论管理》，吴晓波、郭京京、詹也译，机械工业出版社 2007 年版，第 4—5、20—22、25—27 页。

鲁克的理论是一种比较全面的理论。一方面，他不同意用创造利润界定企业，认为企业的目的是创造顾客，只有顾客认可企业的产品或服务，愿意出钱购买商品或服务，才能把经济资源转变为财富。这一观点无疑具有一个角度的合理性。另一方面，德鲁克又明确提出，企业管理的首要职能是经济绩效，经济绩效是检验管理成功与否的最终标准，管理层必须把经济绩效放在首位。由此，他提出，管理层第一位的工作是管理作为一个整体的企业；而对于其他两项工作——管理员工和工作、管理管理者，他认为需要坚持社会的基本信念和目的，因为作为经济机构的企业是社会的一个器官，而"社会不是经济结构"，[①] 社会对于企业中的人力资源管理具有明确的规范要求。尽管在这方面德鲁克的观点具有明显的合理性，但他还是明确把管理员工和工作、管理管理者作为实现企业绩效的条件。由此来看，他在总体上还是把企业成长或生存作为企业的首要价值目标。"企业的管理者必须同时使企业能够发展和兴旺，或者至少使企业在将来能够生存下去。"[②]

3. 正确认识和建构各种价值的地位和作用，使各种价值形成相互协调、相互促进的有机整体

无疑，这需要弄清每一种价值各自的内涵和主要特征，确定它们在组织的价值体系中的主从关系，建立它们之间的有效互动机制。其中，最重要的是建构组织价值系列与个人价值系列之间的关系。如果从主导和非主导的角度来建构组织价值系列与个人价值系列之间的关系，那么，管理者必须确定，这个组织的价值体系是以组织的价值系列为主导价值，还是以个人的价值系列为主导价值，抑或以建构双方价值系列的平衡关系为统一取向。主

---

① ［美］彼得·德鲁克：《管理的实践》，齐若兰译，那国毅审订，机械工业出版社2006年版，第13页。

② 同上。

导的价值十分重要，非主导的价值也不可缺少，既需要明确主导的价值的基本作用，也需要明确非主导价值的基本作用，形成双方的良性互动。从目标价值和手段价值的维度看，目标价值必须正确，手段价值必须正当和有效，手段价值必须服从目标价值；同时，还必须明确每一种价值系列内部的主次或优先顺序。既然目标价值和手段价值都是多样和分层次的，那么，必须明确优先实现哪一层次的目标价值，以及优先使用哪些手段价值。

在组织生活中，由于各层级、各部门的管理人员已有的价值观经常存在差异，他们对问题的认知模式、认知结果也存在不同，因而，他们对于各种价值的地位和作用的确定，经常会发生不同意见甚至尖锐分歧。例如，究竟如何安排科学维度的价值与人文维度的价值之间的关系，如技术效率与自由创造之间的关系；如何安排个性价值与合作价值之间的关系，如个性独立、个性发挥与相互帮扶、相互合作之间的关系；以及如何安排组织变革与组织稳定的关系；等等，这些问题都是管理者必须面对而又不易处理的问题，因此，产生不同的观点、看法、争论在所难免。

为了正确解决这些问题，最重要的是在组织中建立能够充分调动组织成员参与讨论、对话、协商的科学有效的认识机制，由此达成对于问题的广泛充分、相对正确的共识。

三　科学处理现代组织生活的三对重要价值

在现代组织生活中，无论是在政府组织、企业组织中，还是在各种事业单位、社会团体中，有三对价值处于至关重要的地位，这就是组织秩序与个人自由、成员平等与成员效率、组织繁荣与个人幸福。它们是组织生活中最重要主体层次上的价值。组织秩序与个人自由、组织繁荣与个人幸福，是组织主体与个人主体维度上的价值关系，而成员平等与成员效率，则是成员主体之间维度上的价值关系。观察当今各种组织生活的现实可以看出，正确处理每一对价值之间的关系，是管理的重要任务。

1. 正确处理组织秩序与个人自由之间的关系

组织秩序与个人自由是在组织与个人之间关系维度上的一对基本价值，是现代各种组织中存在的最突出的价值关系。如果说组织秩序是组织统一之下的一个过程价值，那么，个人自由则是属于个人成长之下的一个过程价值。

组织是一种现实性的实体。组织的存在必然要求组织统一，这是组织成为组织的基础，是组织发展所不可缺少的前提。由于组织统一是由各种关系、各种规范所建构起来的，作为这样的整体，它必然要求组织秩序这一基本价值。由此，把组织看作非秩序或反秩序的实体，或者把组织理解为所有成员的无序总和，都是不能成立的。

同时，也不可否认，个人虽然是组织整体存在中的个人，但毕竟是具有相对独立的个人，即具有相对独立的理性思考、意志自决、情感过程、行动选择的能力，这是个人之为个人的一个本质规定，也就是个人自由。无疑，个人自由是现代社会中个人维度上的一种重要价值，在各种类型的组织生活中也是如此。只有充分重视、尽可能合理地发挥个人自由，组织生活才会充满活力、充满创造性，组织才会在个人维度上获得发展的巨大动力。

组织秩序与个人自由之间的关系状况，不仅直接关系到组织和个人的各自成长、双方的共同成长，而且直接关系到组织生活的其他各种价值的实现。组织秩序与个人自由在一定条件下会形成一定的紧张关系。组织秩序通常要求把个人自由限定在特定的界限之内，以实现组织整体的成长，而个人自由则经常意味着超出组织秩序，实现自身的独立选择。说到底，组织秩序与个人自由之间的关系，是组织生活的统一与活力、整体发展与部分动力之间的关系。所以，正确建构和处理组织秩序与个人自由之间的关系是十分必要的。对于管理者来说，为了做到这一点，以下要求是最基本的。

其一，必须认识到，尽管组织秩序与个人自由是存在异质差别的两种价值，但它们并非在任何情况下都必然对立，双方在一定条件下也存在着相互一致、相互促进的方面。由于在通常情况下，实现双方的这种正面关系无疑最有利于组织与个人，因此，尽可能创造条件，达成双方的这种正面关系，是需要管理者努力承担的职责。

其二，组织秩序与个人自由之间也的确会经常发生碰撞或冲突，这在双方共存中经常是难以避免的。无视或忽视双方的碰撞和冲突，对组织和个人都是有害的，因此，管理者必须树立客观的建设性态度，正确判定碰撞或冲突的性质，弄清根源和症结所在，找到有效的解决方式。

其三，除非是在绝对情况下，对于这两种价值之间关系的正确处理方式，不能够使任何一方走向绝对。无条件的绝对的组织秩序与无条件的绝对的个人自由，通常都不是双方之间的正常关系，都不利于组织与个人的共同健康成长。最重要的是根据组织的内外情境，确定组织秩序与个人自由是一方优先于另一方，还是使双方处于平衡状态。在当今条件下，对于大多数组织来说，需要把组织秩序置于优先于个人自由的地位；对于某些处于相对发展、相对成熟阶段的组织来说，则需要把组织秩序与个人自由置于平衡关系之中；对于个别的处于高级阶段、非常成熟的组织来说，特别是对于那些知识型的组织，则可能需要把个人自由置于优先于组织秩序的地位。

其四，还应依据更加广阔的人文与社会尺度处理组织秩序与个人自由之间的关系。管理者对于组织秩序的强调，一般不应违反人们的理性人格平等、意志自主、情感信任要求，不应违反每一个人的组织成员资格或社会成员资格要求，反过来，个人自由也不应违反人们之间的正当和谐、诚信合作要求，不应违反组织的合理规范或合理制度，不应违反组织整体的正当利益要求。

2. 正确处理成员平等与成员效率之间的关系

成员平等与成员效率也是现代组织管理普遍面对的一对重要价值。成员平等指的是成员在共存维度上实质方面的相同，成员效率指的是成员对组织的贡献率，它与经济效率、组织整体的效率（包括技术效率在内）不是一个概念。

另外，成员平等与成员效率与我们通常在经济社会意义上所谈的"公平与效率"，意思也不相同。"公平与效率"中的公平，主要指的是成员在行动规则、权利和机会方面的统一，特别是在收入和财富分配方面的非悬殊状态，而"公平与效率"中的效率，则主要是指社会或组织在经济方面的投入与收益之间的数量关系。

无疑，在现代社会条件下，组织中的成员平等与成员效率之间会形成多维的复杂的动态关系，正确建构和处理它们之间的关系，需要管理者具备高度的责任心、认知能力和实践智慧。

如前面所说，成员平等主要包括人格平等、成员资格平等和收入分配平等，这三个方面的平等实现状况或所达到的程度，都会对成员效率产生重要影响。

实现成员之间的人格平等，尤其是管理者与非管理之间的人格平等，对于建构成员之间、管理者与非管理之间的良好精神氛围、日常和谐关系，具有直接的、基本的正面作用。显然，这本身就会带来一种效率。这种效率是在成员关系中个体精神方面所形成的效率，与人格不平等所造成的负面心态和非充分合作相比，人格平等所造成的效率是实质性的。

　　实现成员之间的成员资格平等，对于建构成员之间、管理者与非管理者之间良好的信任关系，有效提升他们的合作能力，最充分地形成他们的集体智慧和力量，最充分地完成组织与个人的可行的善的价值目标，是不可缺少的前提。当代西方的共同体主义理论家之所以强调社会成员的资格平等，在社会层次上的主要原因也在这里。一个社会，如果没有基本建立社会成员的资格平等，那么这个社会就不是一个值得追求的善的社会，它也难以实现自身的良性发展。对于组织这种共同体来说，如果没有基本建立组织成员的资格平等，组织本身也不可能是一个真正善的组织，组织的优秀持存也难以实现。

　　显然，这一维度的平等，必定在成员合作维度上带来巨大效率，即组织整体的一种巨大效率。这是由成员通过一定的方式而结合为一个整体所带来的效率。这种效率，如同由一条条小河所汇成的大海一样，其力量是巨大的和无穷的，经常远远超出人们的想象。相反，没有成员之间的充分合作，他们就像一片沙漠中一粒粒沙子一样，难以形成整体的力量。我们知道，组织整体的效率实现主要是在两个维度上，第一个维度是在组织所使用的整个物质技术维度上，第二个维度是在成员合作维度上。在物质技术是既定的情况下，成员充分合作维度上所实现的效率对于组织的生存发展就具有决定性作用。事实上，当亚里士多德说人天生是社会动物时，主要就是指人天生是合作性的动物。同样，当马克思把人理解为社会关系的总和时，其中一个重要的方面指的就是人们的合作关系。马克思在《资本论》中所指出的社会协作劳动就是一个很好的证明。20 世纪上半叶人际关系学派的重要人物梅奥也认识到了这一点，明确提出人类任何层次的组织都存在着两个必然的任务：在物质上不断实现人们的需要，在人们之间实现不断的合作。

　　实现成员之间的收入分配的平等，对于充分塑造成员的向心力，建立成员之间的精诚团结，形成组织整体的最大凝聚力和稳定性，实现组织和个人的长期健康发展，无疑是至关重要的。在当今社会存在高度竞争而物质和文化仍然不够发达的情况下，收入分配的平等作为人们共存结果的平等，是最重要的平等。在目前国内外的许多组织中，在实现成员之间收入分配的平等方面，存在着两个突出问题。一是确定收入分配的规则方式存在某些缺陷，即在绝大多数组织中，收入分配是由组织管理者来确定的，非管理者很少被纳入到决定收入分配的过程中去，而由管理者所确定的分配规则，首先无法避免管理者自己对于自身利益的优先考虑，而且，即使管理者所制定的分配规则很不合理，通常也是非管理者所无法改变的。二是由于涉及许多复杂因素，收入分配的平等尺度难以确定，这主要是由于对于人们的不同工作的平等评价尺度难以确定。对于组织内部的不同劳动，特别是对于不同行业组织的劳动，究竟如何评价才是平等的，一直是一个难题。

收入分配的平等在通常情况下所产生的效率更具根本性。因为收入分配的平等意味着所有成员的生存发展条件的平等，这对于所有成员都是一种实质性的利益的平等，因而对他们也是一种实质性的平等激励。显然，这种平等激励所带来的效率，既是所有成员平等共存所产生的效率，也是每一个人在这种激励条件下所产生的效率。

人格的平等、成员资格的平等、收入分配的平等，在通常条件下对效率具有正面影响。同时，这三个方面平等的不同状况的结合，则会一体地直接影响到所有成员的效率或贡献。无疑，如果这三个方面的平等状况都在实质上是充分的，那么，所实现的效率一般会最大。不过，在当今的现实中，经常难以做到这一点。多数情况是这三个方面的不充分平等状况的共存。在多数组织中，成员之间在人格方面只是基本上平等，在成员资格方面也只是初步平等，即使是这种基本和初步的平等，也经常会被打破。而在收入分配方面，更多的是比较突出的不平等。在这三个方面的平等是不充分或者说还存在着不平等的情况下，所实现的效率状况取决于组织所处的阶段和主要条件。上述三个方面的不平等状况，在组织还处于相对发展的阶段，所能够实现的利益还比较有限的情况下，会由于人们对利益实现的强烈需要而带来较高的效率；如果是组织还处于非常低级的水平上或已经高度发展，则会由于人们对利益实现的需要不再突出而带来较低的效率。

另外，即使这三个方面的每一个方面都在实质上实现了平等，也还存在着是以某一个方面的平等为主导所实现的关系效率，还是以三者的基本平衡为前提所实现的关系效率问题，而三者的不同关系安排会导致不同的效率。如果以人格的平等或成员资格的平等为主导，而以收入分配的平等为次要考量，那么，前两个方面所带来的效率虽然值得追求，但却难以持久，因为收入分配对于生存发展的影响毕竟最具实质性。反过来，如果以收入分配的平等为主导，以其他两个方面的平等为次要，那么，所实现的效率一般较高，但却会在一定程度上造成人们的精神和社会伤害。

当然，应该指出，并非在任何情况下，这三个方面上的平等都会比不平等带来更大效率。如果把平等分为强平等和弱平等，那么也不是在任何情况下，强平等都会比弱平等带来更大效率。平等所产生的效率究竟是大是小，主要取决于组织的特质、发展阶段、组织成员的素质、组织环境的特点等多种因素。

另外，从成员效率对成员平等的影响来看，究竟成员效率对成员平等是带来正面作用，还是负面作用，抑或中性作用，以及作用的大小，在根本上也取决于组织内外的情境特点，尤其是组织获得效率的基本方式以及对平等的安排方式。如果组织在获得效率方面实行的是以鼓励个人之间充分竞争为主导方式，而同时把平等置于次要的地位，那么，成员的效率越高，所造成的成员之间的不平等一般就会越大。相反，如果组织在获得效率方面实行的是以鼓励个人之间的充分合作为主导方式，而同时把平等置于与效率同等重要的地位，那么，即使效率很高，也通常不会必然造成成员之间的实质不平等。

从组织的性质的角度来看，在不同性质的组织中，组织获得成员效率的方式对于人格平等状况、成员资格平等状况、收入分配平等状况的影响是不同的。在处于高度竞争环境下的当今多数组织中，组织获得成员效率的方式一般是强调竞争、按贡献大小分配收益的制度方式。这种方式在带来较高效率的同时，首先经常会造成成员之间在收入分配上的不平等，而这种不平等又会直接导致人格和成员资格的不平等，收入较多的成员往往产生高人一等的人格优越感，而且在当今情境下也会在成员资格方面获得更多的机会和权利。相反，在一些非竞争性的社团组织中，组织对于获得成员效率的方式主要是非制度性的，这种状况下，对于成员的人格状况、成员资格状况、收入等状况一般不会产生实质影响。

对于成员平等与成员效率之间关系的管理，从总体的角度看，无非有三种选择：成员平等优先于成员效率、成员效率优先于成员平等、成员平等与成员效率基本平衡。究竟选择哪一种管理方式，仍然取决于组织内外的具体状况。其中，组织所确定的首要价值目标具有基本的规定作用。如果组织把统一和谐确定为首要的价值目标，那么，则需要把成员平等置于优先于成员效率的地位。相反，如果把成长发展作为组织首要的价值目标，那么，则需要把成员效率置于成员平等之前。如果把统一和谐与成长发展的平衡作为组织的首要价值目标，那么则需要把成员平等与成员效率置于同等重要的地位。

3. 正确处理组织繁荣与个人幸福之间的关系

如果把成员平等与成员效率理解为一对手段价值或过程价值

的话，那么，组织繁荣与个人幸福则是组织生活中的一对重要目标价值。组织繁荣指的是组织成长的一种状态，即组织的蓬勃发展状态。而个人幸福是个人成长这一价值中的核心部分，也是个人成长的根本目标。在现代各种组织中，组织繁荣与个人幸福之间会随着组织内外其他条件的不同而形成多维的复杂关系。正确把握和建构它们之间的这种关系，无疑是管理者在组织目标价值层次上的一个重要任务。

在当今大多数组织中，一般很少有组织的管理者仅仅追求组织繁荣而完全忽视个人幸福，也很少有个人仅仅追求自己的幸福而完全忽视组织的繁荣。然而，一个可以确定的事实是，在当今多数组织的生活中，组织的确更加关注组织繁荣而把个人幸福置于次要地位，个人则更加关注自己的幸福而把组织繁荣置于次要地位。这样的状况并非在任何情况下都是组织生活和个人生活的健康状态。特别是组织繁荣与个人幸福的动态关系变化，是组织与个人之间关系变化中最重要的维度，它对于组织与个人之间关系的其他方面具有本质影响。因此，如何处理组织繁荣与个人幸福之间的关系就变得特别重要。

首先，必须明确，组织繁荣与个人幸福，并非在任情况下都是正向关联的过程。组织繁荣并非在任何情况下、任何时候都会促进个人幸福的实现；个人幸福并非在任何情况下、任何时候都会促进组织的繁荣。

组织繁荣的实现，包括组织各项事业的充分发展、组织实力的大幅提升、组织目标的充分实现等，依赖于各种主客观要件。一是取决于组织的基本制度状况。组织在决策、人事、激励、分配等方面建立起合理有效的制度，是实现组织繁荣的基本条件。二是在组织的运转机制方面，包括在管理者与非管理者之间、横向的各个职能部门之间、纵向的层级之间形成分工合理而又协调一致的整体，对组织运转可能出现的事件或问题能够做出灵敏反应和及时有效处理，是组织繁荣在运转机制方面的前提。三是在组织的发展战略方面，需要建立起既合乎组织自身的能力，又合乎环境规律要求的发展战略。

组织繁荣在这些方面的条件要求，显然并非一定就有助于个人幸福的实现。纵观历史上对幸福的探讨，可以认为，幸福既是人们的一种精神状态，也是人们的一种行为状态；既是人们的一种心理状态，也是人们的一种社会共存状态。从生成的角度看，幸福既可以在个人主体层次上生成，也可以在组织整体或社会整体层面上生成。无论是个人层次的幸福，还是组织层次的幸福，抑或社会层次的幸福，只要是幸福，它的生成就需要合乎三个方面的要求：合乎人们的情感愉悦要求，合乎人们的理性引导要求，合乎人们的社会共存要求。情感愉悦要求，指的是情感在本性上是追求愉悦的，即这是情感之为情感的本质所在。理性引导要求，指的是理性总是力求获得对于人们的认知和行为的正确引导。社会共存要求，指的是人们的社会共存是有规律的，人们的行为必须尽可能合乎社会共存的各种规律。

从状态的角度来看，幸福是情感愉悦、理性引导、社会共存这三个方面的统一状态。根据对这三个方面的强调的重点的不同，我们可以对幸福做出三种形式上有差别的表达。通常的表达是把重点放到愉悦上，即把幸福看成是人们的一种情感愉悦状态。按照上述分析，幸福是：（1）人们的合乎理性引导和社会共存要求的情感愉悦状态；（2）人们的伴随情感愉悦、合乎社会共存要求的理性引导状态；（3）人们的伴随情感愉悦、合乎理性引导要求的社会共存状态。

按照这种分析，可以得出，情感愉悦、理性引导、社会共存是幸福得以生成的三个必要条件。在现实的幸福中，这三个方面必定是内在关联的、不可分割的。缺少了任何一个方面，都不可能生成幸福，也都不可能称之为幸福。仅仅有情感愉悦而没有其他两个方面，情感愉悦就只能是一种心理的感性快乐。仅有理性引导而没有情感愉悦和社会共存，理性引导就成了既冰冷又孤独的过程。仅有社会共存而没有理性引导和情感愉悦，社会共存就成了既无方向又冰冷的单纯聚集。

个人幸福是发生在个人主体层次上的上述三种状态中的任何一种状态。如果我们把幸福的重点放在情感愉悦上，那么，个人幸福就是个人的合乎理性引导和社会共存要求的情感愉悦状态。

由此，再来看组织繁荣与个人幸福的关系。首先，组织繁荣所要求的过程，并非在任何状况下都合乎个人幸福得以生成的要求。现代组织大多以效率为主要目标，因而按这种目标所建立的基本制度、运转机制、发展战略，是作为要求个人服从的刚性规范而存在的，都带有突出的工具理性特征。这通常与形成个人幸福所要求的情感愉悦是相悖的，或者说这样的条件很难使个人形成情感的愉悦。其次，多数现代组织，在繁荣目标实现后对于组织收益所进行的分配，也是按照所谓"贡献大小"来进行的，而很少顾及某些成员的特殊不利情况，结果经常是不同成员之间的收入差距悬殊，因而对于那些收入较低的成员来说，也很难形成情感愉悦以及与收入较高的成员的和谐共存，因此，前一部分成员一般也难以形成幸福。

反过来，个人幸福的实现过程也并非在任何条件下都有助于组织繁荣。这有三种情况：其一，某些个人由于自身的素质优势、价值观特点或其他特殊情况，在实现组织繁荣的基本条件还不具备的情况下，而坚持己见、我行我素，一定去实现自己的幸福，这无疑不利于组织的繁荣。其二，即使在实现组织繁荣的基本条件已经具备的情况下，一些个人为了实现幸福而选择的方式或路径同组织的成长也可能具有明显不一致或与之相矛盾，这可能主要是由于一些个人对于实现幸福的方式或路径的认识有误。其三，一些个人为了实现自己的幸福而无视或违反组织繁荣的正确要求。

这可能是由于这些个人的认知有误，或者是他们的价值观存在问题，抑或他们已经处于与组织的对立矛盾之中。

组织繁荣与个人幸福的确也可以形成相互一致的关系。组织繁荣，只要方向正确、过程健康，会使得组织的制度、机构、运转机制越来越完善，越来越与个人的本性相一致，因而最终会在某个阶段上形成实现个人幸福所需要的某个条件或三个方面的条件，促使个人幸福生成。

由于个人总是存在于一定的组织之中，因此，个人幸福的生成过程或实现结果，作为个人存在的一种正面状态，一般会带来个人对组织的真诚的承诺和行动，使个人自觉思考组织目标的合理性，关注组织的基本制度、运转机制、组织发展战略等方面的改善。因此，从长远来看，个人幸福的实现程度越高，就越能促进组织的繁荣；有越多的个人实现幸福，就会越有力、越健康地推动组织的繁荣。

因此，组织管理者必须正确认识和处理组织繁荣与个人幸福的关系，才能实现双方的最佳互动。

第一，管理者不能够先入之见地认为，组织繁荣与个人幸福是绝对对立、不可协调的关系，以强调组织繁荣为理由而漠视个人实现自身的幸福要求是不正确的。管理者应该努力去认识双方可能的一致、双方共同实现所需的条件，在可能的情况下努力创造各种条件去实现它们。

第二，立足于组织的状况、成员的素质、环境的特点等因素，决定是把组织繁荣还是个人幸福作为组织的优先目标，在重点实现优先目标的前提下，也始终把另一个方面的实现置于重要位置。或者依据组织内外情境要求，把平衡地实现组织繁荣和个人幸福作为一体目标，同时创造双方共同实现的条件，建构所需要的制度、机制、战略和过程。

第三，充分认识在组织和个人发展的一定阶段、一定情况下，组织繁荣的实现与个人幸福的实现之间，可能发生的不一致、碰撞和冲突，按照双方实现过程的相互作用规律，动态地、客观地对待和处理双方实际发生的矛盾或对抗，从长远的眼光和总体的高度来处理双方关联中所发生的一切重要事宜，建构双方实现过程的有效相互促进。

四　组织生活价值冲突的正确处理

由于无论在社会这一目前为止最高层次的"组织"中，还是在社会内部各种性质各种类型的次级组织中，都会产生不同性质、不同特点甚至完全相反的价值追求，它们之间发生相互冲突即相互阻碍、相互抑制、相互损害或一方对一方的阻碍、抑制、损害的状态在所难免。因此，处理组织生活的价值冲突，是管理者经常面临的一项重要工作。能否正确地做到这一点，不仅关系到一个组织的各种价值主体的发展前景，而且关系到整个组织的健康持续发展。本部分将对价值冲突的正确处理做出探讨，主要是分析价值冲突产生的必然性，指出价值冲突的性质类型，确定对各种价值冲突进行正确处理的普遍原则和具体原则。

在进行讨论之前，考虑到人们对正义的理解通常存在着重要差异甚至存在着实质性的对立，因而有必要指出本书对正义的理解。深入反思功利主义、自由主义、共同体主义关于利益制度正义安排的探讨所取得的重要成果和存在的不足，笔者认为，以马克思所意指的社会关系和共同体主义所强调的共同体为基本视野来阐明正义应该更加恰当。考虑到组织关系是社会关系的基本单元，是社会生活的微观层次的共同体，因而正义问题也必定在组织关系层次上生成，对于正义的讨论也需要从组织关系的角度来展开。从社会和组织这两个层次的角度来看，尽管正义问题总是关涉个人，正义的状况也总是表现在成员个体身上，但正义问题所针对的主要不是个人，而是社会成员关系的整体或组织成员关系的整体。正义与否、正义的程度，都是以社会成员关系或组织成员关系的方式而存在的。也就是说，正义是人们在社会的或组织的共存关系的实质方面所必然要求建构的重要价值，是标志人们社会关系或组织关系的一种价值形式。正义的本质，只有在历史性的社会关系或组织关系中，只有在社会共同体或组织共同体的历史和现状中才能得到解释。

从这样的视野出发，本书把正义看作是一个社会或组织的全体成员的共同福祉的实现或实现过程，看作是人们的心灵向善、自由发展、平等共存等要求的实现或实现过程。

1. 组织生活价值冲突产生的必然性

任何层次的组织生活，都不可避免地会产生各种冲突。正如西方管理思想史上极其深刻的管理哲学家福列特所指出的那样，冲突是社会生活的本质，不管人们在主观上愿意与否，冲突总会发生。因此，关键是客观地不带先入之见地正视和重视冲突，建设性地解决冲突。[①] 笔者认为，价值冲突是社会生活、组织生活的最重要、最本质的冲突。所谓价值冲突，指的是不同的价值之间的相互阻碍、相互抑制、相互损害，或者是一种价值对另一种价值、一些价值对另一些价值的阻碍、抑制、损害。价值冲突既可以发生在不同的价值主体之间，也可以发生在同一价值主体的不同成长阶段；既可以发生在组织中的不同层级、承担不同职能的人们之间，也可以发生在同一层级、承担相同职能的人们之间。

任何真正意义上的价值冲突，都是组织生活或共同生活的价

---

① ［美］玛丽·福列特:《福列特论管理》，吴晓波、郭京京、詹也译，机械工业出版社 2007 年版，第 20 页。在这一点上，福列特继承和发挥了黑格尔的矛盾的现实性观点，思想十分深刻。

值冲突。不存在离开组织生活或共同生活的价值冲突，正如不存在绝对孤立的个人一样。所以，要正确地分析价值冲突，必须以对组织的深入分析——组织的性质特征、目标任务、成长模式、成长阶段的分析——为前提。同样，要做到正确地管理价值冲突，必须以对组织生活中价值冲突产生的必然性、机理机制和动态过程的分析为前提。其中，最重要的是对必然性根源做出深入分析。按照黑格尔关于必然性是各种因素之间、各种过程之间相互作用的统一的观点，可以从以下几个方面对价值冲突产生的必然性进行阐明。

首先，在组织的价值主体构成维度上，由于任何一种组织中都存在着相互关联的各个成员个人主体、管理者主体与非管理者主体、组织整体主体与成员个人主体，它们都是某种或多种价值的承担者，是某种或多种价值的集结点，或者说它们是不同类型的价值主体，是追求某种或某些价值的主体，因而它们之间总是存在着特定的价值关联。同时，由于每一种价值主体总是带有自己的特质，它们各自在组织中不仅所承担的实际作用、"实质地位"不同，而且背景来源不同、成长道路不同；不仅以有形或无形方式所承载的社会关系不同，而且自觉不自觉所形成的价值观也不同；不仅存在着不同的价值追求目标，而且存在着不同的价值目标实现方式。这些复杂因素，内在地蕴含了它们的价值承担或价值追求之间发生冲突的可能性，蕴含了它们的价值目标和价值实现过程在一定条件下必然会发生冲突的现实性。也就是说，它们各自的价值之间发生相互抑制、相互阻碍甚至相互损害，在总体上和过程上是不可避免的。

其次，在组织整体的价值追求维度上，无论这种价值追求是由管理者所确定，还是由管理者与非管理者共同确定，由于前面所谈到的组织的构成主体是多个而非一个，同时，由于任何层次的组织总是处于特定的环境之中，因而，即使组织整体所确定的价值追求，在绝大多数情况下也不是单一的，而是多种类的、多维度的、多层次的。特别是，它们不仅经常性质不同、特点不同，而且地位不同，对组织发展的作用也不同。同时，它们又总是处于相互关联、相互作用之中。这就决定了它们在一定条件下必定会形成发生冲突的机制。无论是在主要的价值和非主要的价值之间，还是在各种主要的价值之间，抑或在各种非主要的价值之间，都是如此。例如，在市场经济条件下，在一个企业组织中，作为组织整体的代表者即管理者，必然尽最大可能追求利润的不断提高这种对自身生存发展攸关的价值，甚至把这种价值的实现放在头等重要的位置，但与此同时，管理者也会尽可能追求企业的和谐稳定这种价值。由于这两种价值本身具有异质性，因而二者的实现和发展过程在一定阶段上难免会发生碰撞。

最后，在组织生活的各种价值的过程维度上，由于各种价值主体的价值设定、价值实现之间总是相互影响、相互制约，因而它们的内容和实现方式也必定是不断生成、流变和新生的过程。这也是一种普遍规律。对于所有价值主体——无论是对于组织整体价值主体，还是对于个人价值主体，抑或对于管理者价值主体和非管理者价值主体，都必定处于这样的动态变化过程中。也就是说，在本质上代表过去的原有价值系列必定会变得逐渐失去活力，而在本质上代表未来的新的价值系列必定逐渐成长壮大，它们在本质上的两极不同，本身就意味着在一般条件下发生冲突的必然性。由于旧的价值实践过程和实现方式不仅已经成为某些价值主体的"价值习惯"，而且成为它们的"价值利益"或"价值利害关系"，因此，即使原有的价值已经不再合理，即使新产生的价值的未来主导是一种根本趋势，那么，它们对原有价值的改变或替代也会触动某些主体的实质反抗。

而且，在旧的价值和新的价值的博弈过程中，也经常会产生中间形态的价值，它们在本质上或者既不属于旧的价值、也不属于新的价值，或者部分地属于旧的价值、部分地属于新的价值，说到底，它们是共时性和历时性双重维度上的中间价值或过渡价值。正因为如此，旧的价值与中间价值之间、新的价值与中间价值之间，或者新旧价值与中间价值之间，在共存过程中也存在着发生冲突的可能性，在一定条件下这种可能性会变为现实。在通常情况下，旧的价值和新的价值一般都会反对中间价值的"中间"性质，而中间价值则反对旧价值和新价值之间的两极对立。

可以看出，在上面所说的每一个维度上，都存在着产生价值冲突的可能性，在一定条件下都会实际地产生价值冲突，因为在每一维度上都必然存在或生成多种价值的共存而非一种价值的孤立存在，同时，各个维度的价值之间也是相互作用的整体，而整个组织生活在历时性上也是动态地产生新的价值、淘汰旧的价值的过程，这样的横向过程和纵向过程，同样会造就产生价值冲突的土壤和现实。因此，价值冲突的必然性根源，正如任何其他冲突产生的必然性根源一样，不在于任何一个单一的因素、任何一个单一的过程，而是在于上述多种因素、多种过程的相互关联、相互影响、相互制约的整体运动。

2. 组织生活价值冲突正确处理的根本原则

正义是人们在社会或组织中共存关系的实质方面所必然要求建构的重要价值。从管理的角度看，这意味着必须确定管理的正义原则。对于组织生活价值冲突的管理来说，也是如此。组织生活的价值冲突，特别是那些主要价值之间所发生的冲突，如组织成长与个人成长、组织秩序与个人自由、成员平等与成员效率、成员竞争与成员合作这些成对的价值所发生的冲突，总是涉及不同主体之间的实质关系，涉及不同主体共存的本质要求，因此，确定组织生活价值冲突处理的正义原则是十分必要的。

就本书所讨论的主题而言，一个极其重要的问题是，对于所有主体、所有维度、所有的性质的价值冲突的管理，是否存在着一些一般意义上的正义原则即根本原则？在笔者看来，答案无疑是肯定的，相反的观点是不能成立的。因为，一则既然所有的价值冲突都是组织整体运动、组织内外主体运动的内在构成部分，所以它们都存在着对组织整体发展的一般关系；二则既然所有的价值冲突都是有规律性的动态变化过程，它们必定共同预示着价值的根本发展趋势；三则既然所有的价值冲突都是由价值主体所承担的，而任何价值主体之为价值主体，都有共同的本质要求，如真善美的要求。因此，依据上述这些维度，在理论上必定能够提炼出管理所有价值冲突的根本正义原则。这对于组织生活的管理来说，是十分必要的。

按照这样的分析，在价值冲突的正确处理方面，可以提出三个根本原则。

第一个根本原则是，在一般情况下，一切价值冲突的调节和解决，都必须以组织整体的健康持续存在要求为根本目标、根本尺度。实际上，组织整体的健康持续存在，本身就是一种价值目标。人们经常说，组织是由个人组成的，离开个人就没有组织的存在，这看上去似乎不可辩驳，但实际上是不全面的，因为反过来说也同样可以成立。而问题更在于，正如许多现代管理思想家所指出的，人类在地球上是以组织的方式而诞生的，或者说，它"天生"就是组织性质的，[①] 而不是先产生了纯粹孤立的无组织的个人，然后再形成组织。因此，个人的成长总是内在于组织的成长之中，组织整体的健康持续存在对于个人具有决定性意义。所以，在正确处理价值冲突的原则方面，组织整体的健康持续存在是最根本的标尺。

---

①　Christopher Hodgkinson, *Administrative Philosophy*, Oxford：Elsevier Science Ltd.，1996，p. 3；［美］C. I. 巴纳德：《经理人员的职能》，孙耀君译，中国社会科学出版社1997年版，第4页。

　　第二个根本原则是，在一般情况下，一切价值冲突的调节和解决，都必须合乎组织生活或人们共同生活的价值发展的必然趋势。组织生活是包含必然的过程，是指向确定未来的过程。这是人们安身立命的根基所在，如果不存在必然，人们就根本无法实现有确定性的生存。组织生活的价值维度、价值冲突也同样如此。它们的产生具有必然性，在它们的运动中也孕育着价值生活的必然未来，因此，正确处理价值冲突，在历史或时间维度上，必须以合乎价值发展的必然趋势为原则。

　　第三个根本原则是，在一般情况下，一切价值冲突的调节和解决，都必须合乎所有价值主体所共有的本质的精神要求，特别是真善美要求。历史上的许多思想家已经确信，理性的价值目标是求真求实，意志的价值目标是求善求自由，情感的价值目标是求和求美。这是人之为人、人类之为人类的精神规定，是人类精神的规律要求或绝对命令。在这一方面，我们可以把康德的纯粹理性批判、实践理性批判、判断力批判所包含的实质思想——追求真善美是人类的本质这一思想，① 明确上升或扩展到组织生活的价值层次，用于管理各种价值冲突。因此，要正确地管理价值冲突，必须做到符合人类精神的绝对命令，这是管理获得真正成功的第三个根本原则或条件。

　　正确处理价值冲突的这三个根本原则，可以分为客观维度的原则和主观维度的原则，但实际上，无论划分为哪些维度，上述原则都是广义上的相关规律的要求。这里说广义上的规律，意思是说，物质的活动有规律，人类的精神活动也有规律，即便是提出目的，也隐含着精神活动的规律。只有建立在对价值冲突所涉及的各种相关规律的正确反映基础上的原则，才是管理价值冲突的正义原则。同时，如果离开组织生活的实际阶段和具体形势，

---

① ［德］康德：《实践理性批判》，韩水法译，商务印书馆1999年版，第17页。

在它们之间也不能够区分出哪个原则最重要。正是由于它们都是根本原则，都是绝对命令，所以，它们是调节和解决价值冲突时需要同时一并使用的原则。

当然，正确地管理价值冲突，还离不开对各种价值冲突的具体把握，特别是对它们的性质类型的把握。这就是说，除了根本原则以外，还需要找到相应的具体原则。

3. 不同性质价值冲突正确处理的具体原则

如前所说，正确处理价值冲突，对于组织和个人的健康成长具有实质意义。要做到这一点，一个重要的前提是对价值冲突的性质做出正确分析和判断。只有根据价值冲突的性质，才能确定管理它们的具体正义原则。也就是说，价值冲突的性质不同，相应的原则也就不同。当然，需要牢记的是，所有性质的价值冲突都是价值主体之间的价值冲突，因而都以价值主体对价值的自觉不自觉的理解、感受、评价、态度为方向引导，[1] 都以它们对某种或某些价值的实践追求为现实动因。

对于价值冲突性质的分析，本书这里是从性质是否根本对立、是否相同的角度进行分析的。由此出发，可以把各种各样的价值冲突概括为三种性质类型。

第一种是在性质上根本对立的价值之间所发生的冲突。在这样的价值冲突中，不同的价值之间，在价值的指向、价值的本质、价值的实现过程上，都是完全相反、针锋相对的，一方的实现在实质上就是对另一方的抑制、损害或毁坏，双方在根本性质这一点上没有调和的余地，只是在一些非根本的方面，双方才存在着某种可以调和的情况，存在着对双方都有益的某些调节。纵观历史，这种性质的价值冲突，在奴隶社会、封建社会这类高度专制

---

① ［加拿大］克里斯托弗·霍金森：《领导哲学》，刘林平、万向东、张龙跃译，云南人民出版社 1987 年版，第 50—51 页。

的组织中比较普遍（如个人自由与封建礼教的冲突），而在现代社会的微观组织如企业、学校、社团等组织中，虽然没有普遍存在，但在特定情况下也会形成。

第二种是在性质上不同但并非根本对立的价值之间所发生的冲突。也就是说，这些价值虽然不同，但却是相互关联的，在它们的共存和实现过程中或者形成了一定程度的相互抑制，甚至一定程度的相互损害，或者形成了一方对另一方的抑制、一方对另一方的一定程度的损害。与此同时，双方之间也存在着相应的相互促进，存在着共同成长的机制。例如，一个经济组织，或一个社会在经济生活方面，一般都既追求效率，也追求公平，二者都是组织整体发展的需要，在性质上并非水火不容、根本对立。然而，二者的确存在不同，效率侧重增长与活力，而公平则侧重和谐与稳定，组织必须根据自己的发展阶段对这两种价值做出重点与非重点的区别。因此，一个组织如果没有把握二者的内在关系和关联运动规律，在实践上不适当地强调一方的实现而忽略了另一方，或者在观念上正确地把握了它们的规律，而在实践上没有做到按照规律去实现它们，它们二者就会发生冲突。更可能的是，组织的不同价值主体，由于各自所处的地位不同、各自所具有的优势能力不同，分别代表和强调其中的一种价值，由此，不同的价值主体所分别追求的上述两种价值之间也会经常陷入冲突的境地。

第三种是在性质上相同或一致的价值之间所发生的冲突。在这样的价值之间之所以会发生冲突，首先是因为它们所代表的益处存在着层次或程度的差别，因而对于不同的价值主体的存在来说，实际地代表着不同层次或程度的生存发展条件。其次是因为不同的价值主体或同一价值主体对于这些价值具有不同的理解、感受、评价、态度，它们对这些价值的实现次序、何者应该优先的认知不同。例如，在市场经济条件下，公平与平等是性质相同或序列相同的价值，因为，它们都根源于人们的共同的精神尊严要求和共同的社会成员资格要求，只是二者在层次或程度上存在差别，公平是这一维度上的相对低一层次的价值，具有相对温和的特点，而平等则是这一维度上更高层次的价值，具有相对彻底的特点。与此同时，在它们对主体的意义问题上，不同的价值主体也会形成不同的看法。这样，必然造成不同的价值主体的不同要求，有的价值主体坚持公平优先于平等，有的价值主体坚持平等优先于公平，在这种过程中，双方时常会陷入冲突的局面。

显然，价值冲突的性质类型不同，所需要的管理的具体正义原则也不同。

对于第一种性质的价值冲突，可以看到，在一般情况下，不可能在保持双方原有根本关系框架的情况下彻底解决它，即使是实现了某种调和，也是非根本的、暂时的，除非改变双方的性质格局，使它们进入全新的价值关系，才有可能找到真正解决冲突的方法。因而，管理这一性质类型的价值冲突的正义原则，在一定时期内，只能是最大限度地缓和二者冲突的激烈程度，最大限度地降低它对组织和个人的发展的不利影响。

对于第二种性质类型的价值冲突，既然性质不同而同时并不根本对立，所以，一方面，需要弄清冲突双方各自的性质特点，它们对组织和个人成长的不同作用；另一方面，需要弄清组织所处的发展阶段对它们的要求是否存在轻重缓急之别，是需要区分优先重点，还是需要平衡发展。因此，管理这种性质类型的价值冲突的正义原则，是依据它们对组织和个人发展的作用而正确安排它们的位置。

对于第三种性质类型的价值冲突，既然发生冲突的价值是性质相同或一致的而只是所代表的意义程度不同，那么，在一般情况下，这种性质的价值冲突，比第一、第二种性质的价值冲突更加容易调节或解决，也就是说，要正确地管理它们，主要实行在同一方向上或统一框架内对它们进行优先排序的原则。可以看出，在优先排序这一点上，这一原则和第二个原则是相同的，它们的不同只在于是方向相同还是方向不同。

　　总之，价值冲突的产生是具有必然性的过程，正确地管理价值冲突，需要根据组织生活的本质要求和价值冲突的具体性质来确定相应的管理原则。

第二章

建构共同体生活的情感价值

美国情感现象学家诺尔曼·丹森说，情感处于社会生活所有层次的中心，即处于微观的、宏观的、个人的、共同体的、政治的、积极的、文化的以及宗教的等等层次的中心。[①] 这一观点无疑夸大了情感在社会生活中的地位，但人类的确是社会性质的情感存在者，情感的确是人类存在的重要维度。

从管理的角度看，从古至今，对于任何一种类型的共同体的管理，都涉及人们共同生活的情感方面。在共同体中，管理者所进行的决策、力量调动、制度建构等，都涉及对于包括管理者自身在内的所有成员的情感的引导、激发、凝聚、升华等方面的处理活动，因而如何进行这些方面的活动，必定关系到共同体以及个体成员的健康发展。自从人类进入近代以来，由于物质功利导向和以效率竞争为存在方式的资本型经济的建立、非人格化的层级制在各类共同体中日益普遍地被采用等因素，导致了人们情感生活的严重异化，产生了情感焦虑、情感冷漠、情感扭曲、情感功利化、情感不平等、情感不信任、情感不和谐、共同情感力量萎缩等一系列突出问题。与此同时，也可以看到，伴随着上述过程，人类也力求更加全面和更加深入地思考情感的价值意义，特别是随着 20 世纪 80 年代以来知

---

① ［美］诺尔曼·丹森：《情感论》，魏中军、孙安迹译，辽宁人民出版社1989 年版，序言第 5 页。

识型经济和知识型社会初露端倪，人们对全面建构情感价值、建构交互情感主体的要求日渐明显，对社会和各种共同体以人为本进行管理的呼声日益强烈，而一些新型的共同体也已开始了人本管理的尝试。这些都表明，建立管理的人文价值目标特别是情感价值目标，建立共同体中情感价值的实现机制、合乎情感价值要求的权力制度和文化，以及具有情感超越性质的道德情感，开始成为各种主要共同体发展的一种趋势。因此，我们有必要深入思考和正确把握这种趋势，为当今共同体重新界定自己的管理目标和管理方式提供理论指引。

一　共同体生活中主要主体的情感的相互作用

任何一种类型的共同体，无论是企业组织、行政组织、文化组织、教育科研组织、国家机构、整个社会等，其生活都是一种共同生活，在其内部各种相关主体之间都会形成一定程度的相互作用。在共同体整体主体与个人主体之间、个人主体与个人主体之间、管理者群体主体与非管理者群体主体之间、管理者主体之间、非管理者主体之间，都是如此。同时，各种类型的共同体也处于相互作用的关系运动之中，这就构成了人们共同生活的相互作用之网。

从近代西方哲学发展的历史来看，对相互作用特别是社会生活的相互作用的分析，构成了哲学理论建构的一个重要内容。黑格尔对个人、市民社会和国家之间关系的分析，马克思对生产力、生产关系、上层建筑的相互关系的分析，都指明了各自所探讨的这些要素对象之间深层的相互作用运动，是社会哲学理论建构的成功范例。20 世纪初至 30 年代，美国著名女管理哲学家福列特对社会、群体、个人之间相互作用的分析，深刻阐明了三者之间关系的辩证法。这些理论对于我们今天分析各种层次、各种维度的相互作用，提供了极富教益的启示。

从相互作用的类别来看，无论是一个共同体内部不同主体之间的相互作用，还是共同体之间的相互作用，都既有实践方面的，也有精神方面的。在精神方面的相互作用中，既有认知维度的，也有情感维度的。不同主体的情感维度的相互作用，是共同体生活中相互作用的一个重要方面。

在任何层次的共同体中，无论是在社会这种共同体中，还是在社会的各种微观共同体中，不同主体情感之间的相互作用，包括每一对主体的情感之间的相互作用，都可能形成不同的过程和状态，即不同的形式。这可以从不同的角度进行分析。

首先，从情感类型的角度看，由于情感类型的多样性、相关情境的多样和变化，不同主体的情感之间的相互作用一般也是多种类型的。如果人们的情感的确存在着正向情感、负向情感两种类型的话，那么，在不同主体的正向情感之间、负向情感之间以及正向情感和负向情感之间，都会发生相互作用。而且，每一种相互作用所产生的情感结果是不同的。不同主体的正向情感之间的相互作用，即积极、向上、乐观的情感之间的相互作用，一般会创生出更大程度、更加强大的奋发有为的情感生活状态，对共同体的运转发展以及对个人的成长都具有重要推动意义。相反，不同主体的负向情感之间的相互作用，即消极、低沉、悲观、不安的情感之间的相互作用，则通常会使人们形成更大程度、更加严重的消极抑郁的共同情感生活。至于不同主体的正向情感和负向情感之间的相互作用所导致的结果，取决于这两种情感的力量对比，取决于哪一种情感的力量最为强大或处于主导地位。

其次，从不同主体的情感之间在本质上是否相互一致的角度来看，一般说来，可能产生的形式主要有三种。第一种是不同主体的情感主要处于相互认同、相互一致、相互促进的过程之中，在这种情况下，不同主体的情感既保持了特殊性，又形成了根本的一致，形成了相互提升、共同前行的状态。第二种是不同主体的情感主要处于相互抑制、相互对峙、相互阻碍的过程中，不同主体的情感虽然各自保着自身的特殊性，但却严重影响了各方情感的发展。第三种是不同主体的情感处于相互促进和相互阻碍的大体均等的状态，这种情况对于不同主体的情感发展的影响程度处于上述两种情况之间。

最后，从不同主体的情感之间的地位关系角度来看，也会在这一维度上产生三种不同的形式。这三种形式的基本情况如下。第一种是某一或某些主体的情感处于主导地位，基本控制着其他主体的情感，而其他主体的情感经常处于对前者情感的挣脱和反抗之中。第二种是某一或某些主体的情感处于对其他主体的情感的实质同化过程之中，后者的情感自觉或不自觉地从属于前者的情感。第三种是各种主体的情感处于不相上下的平衡状态，任何一种主体的情感都没有获得支配地位，也不存在对其他主体情感的实质同化过程。

共同体中所存在的不同主体的情感之间的相互作用，对于情感价值的实现、对于共同体的运转发展和个人成长，具有不同的意义。以下每一对主体双方之间以及不同共同体之间的情感的相互作用，都属于最重要的相互作用之列。

一是共同体情感与个人情感之间的相互作用。

有必要预先指出，在现代以来的管理学研究中，当人们通常以组织概念指称企业、行政机构、学校、军队、宗教团体等而探讨组织与个人的关系时，有些研究者不同意把组织作为与个人相对的主体，因而也不同意组织与个人之间存在相互作用这样的提法。同时，在人们的常识观念中，也认为组织是由个人组成的，没有个人就没有组织，组织不可能是一个主体，因而只有人与人之间会发生相互作用。由于这样的原因，我们在讨论共同体情感与个人情感之间的相互作用之前，有必要先对共同体何以能够作为一个主体而与个人发生相互作用做出说明。

共同体是人们的关系体或结合体，是人们以一定的价值观为引导、以统一的制度规则作为运行标准而结合起来的实体，是所有成员有着共同目标、共同行为的实体。显然，作为这样的行为实体，它是一个整体，对共同体中的每一个成员个人都会产生根本性的影响和制约，而成员个人的行为、精神状态及它们的变化，也必定会反过来对共同体整体的统一行为以及它的价值观和制度规则产生影响和制约。这种相互影响和相互制约，正是共同体与个人的相互作用。如果把共同体内部的各种相互作用都理解为共同体这一系统中的不同社会因素，那么，共同体与个人的相互作用的确是共同体的一种社会因素。现代组织理论的主要代表人物巴纳德在讨论合作体系的社会因素时所指出的集体与个人的相互作用，[①] 在共同体内部也就是共同体与个人的相互作用。无疑，这种相互作用通常是无形的、非自觉的，但却极其重要。在这一点上，巴纳德的观点无疑是正确的和深刻的。

既然共同体作为统一体是直接关涉所有成员个人的，而所有成员个人也是在共同体的统一生活的过程中存在的，同时，所谓所有成员个人，也自然包括管理者和非管理者在内，因此，共同体与个人的相互作用在共同体内部的主体层次上应是一种范围最广或覆盖面最大的相互作用。

---

① ［美］C. I. 巴纳德：《经理人员的职能》，孙耀君等译，中国社会科学出版社1997年版，第34页。

共同体情感与个人情感的相互作用，是共同体与个人之间相互作用的一个重要层面。所谓共同体情感，指的是一个共同体整体的统一感受状态，包括共同体的情感基调、情感氛围、情感关系等方面的状况。例如，共同体的情感基调是昂扬向上、平静稳定，还是低沉抑郁；情感氛围是轻松快乐，还是沉重不快；情感关系是真诚互信，还是虚假猜疑。个人情感指的是每一个人的感受状态，包括个人由人生经历背景所形成的特定的情感态度、情感模式、情感类型等。

共同体情感与个人情感的相互作用，一方面是共同体的统一情感对每一成员个人特殊情感的渗透、感染、熏陶、整合，力求使个人情感或者在本质上与共同体情感相一致，或者从属于共同体情感，或者完全同化于共同体情感。前两种情况最为常见，最后一种情况非常罕见，只有在极其特殊的共同体中或在共同体的特定历史阶段上才会出现。另一方面，是众多个人情感对共同体情感的差别性对待关系，包括情感接受、情感认同、情感抵触、情感排斥等。一般来说，这种相互作用过程在多数情况下会形成共同体情感主导个人情感、双方情感大体一致的状态。在少数情况下，双方情感则处于相互掣肘、相互对峙的状态。

二是管理者群体的情感与非管理者群体的情感之间的相互作用。

这里是把管理者和非管理者各自作为一个群体来看待的。虽然管理者的个人成员之间存在着各种差别，非管理者的个人成员之间也存在着各种不同，但双方由于不同的职责角色而必定形成不同的群体。这两个群体的情感之间的相互作用，是各种类型的情感相互作用中最活跃、最具能动性、最具变化意义的。因为共同体的正常运转、共同体目标和任务的完成、共同体对外部环境的应对、共同体的调整和变革、共同体对困难与挫折的克服，归根到底都是进行决策与执行决策的过程，这必然要求管理者与非管理者之间形成特定的关联和共存行动，因而必然使双方情感之间形成一定程度、一定形式的自觉或不自觉的相互作用。就双方所涉及的对于共同体这一主体的多数主要情感而言，在一般情况下，双方能够在本质上达到一致；在有些情况下，则在本质上不能够达到完全一致；而在不少情况下，是一方情感对另一方情感的支配状态。但无论如何，双方情感的这种相互作用，对共同体的运转和各种业务的完成，都产生了有形无形的特定影响。

在现代共同体中，管理者的情感与非管理者的情感的相互作用，由于管理者在管理地位和权力地位上的优势，一般情况是他们的情感从根本上影响和支配着非管理者的情感，后者的情感处于相对弱势的地位，尽管如此，后者情感的特殊性质、差异多样、累积过程、重要变化，也会对前者的情感的性质和过程产生影响。即使在当今普遍流行的层级制组织中，尽管严重压抑了人们的情感，管理者与非管理者双方的情感也总是存在着相互促动、相互制约、相互改变的过程。

管理者与非管理者的情感的相互作用，具有不同于共同体与个人情感相互作用的特征和意义。（1）由于管理者与非管理者都是鲜活的情感主体，因而双方情感的相互作用一般比共同体情感和个人情感的相互作用更加鲜明、更富变化，更加明确地表明了双方情感的不同特点、不同状态、不同力量、不同取向、关系格局，也表明了双方情感的相互作用所能够达到的水平和境界。（2）这种相互作用是共同体中一种最具活力的情感力量状态，而无论是正面还是负面的情感力量状态，都会深刻影响共同体的生存发展和个人成长。与共同体情感和个人情感的相互作用相比，这种相互作用对共同体的生存发展和个人成长的意义更加生动、更具活力。这当然也意味着共同体情感和个人情感的相互作用的变化相对较慢，因为共同体情感是统一性质、相对稳定的，而且对个人情感具有强大的引导意义，众多个人的情感变化一般也不足以改变共同体的情感状态。(3) 由于人们的认知活动和实践活动，总是伴随着人们的情感活动，所以双方情感的这种相互作用，不仅对双方在认知方面的相互作用、在实践方面的相互作用，而且对共同体整体的认知和实践，也具有更加直接、更加明显的影响。与之不同，共同体情感和个人情感的相互作用的发展变化相对缓慢，它对共同体整体的认知和实践的影响，也是一个长期的过程。只有当这种影响发展到相当程度时，才会导致共同体整体的认知和实践的明显改变。

三是社会中不同类型共同体的情感之间的相互作用，特别是企业组织、行政组织、教育科研组织、文化组织的情感之间的相互作用。

在现代社会，由于这些共同体之间的交往日益紧密，它们的业务活动的相互影响日益加深，相互合作、相互得益的方面日益增多，因而也在情感维度上形成了不同形式、不同程度的相互作用。无疑，由于这些共同体的性质和业务不同，它们各自情感活动的取向、方式等也存在明显差异。同时，由于它们之间的交往通常是由少数人特别是部分管理者来进行的，因而它们的情感之间的相互作用，通常在直接可见的形式上是非常有限的。与此同时，它们的情感之间还存在着非直接看见的相互作用，而且这种相互作用比前一种相互作用更加广泛、更加深刻。例如，企业组织和教育组织在情感上的相互作用，前者的情感通常是在实现功利活动的过程中形成的，一般是以工具合理性为前提的情感；而后者的情感则产生于教授与学习以及对求知、求善、求美的思考过程，主要是以价值合理性为特点的情感。因此，双方的交往所形成的情感之间的相互作用，就经常是无形的、他者所难以察觉的，同时，这种相互作用经常首先是异质的碰撞，然后形成差异中的统一。

显然，不同类型的共同体的情感之间的相互作用，经过长期的过程，必定对相关方的发展产生重要影响。它至少会在很大程度上改变相关方的情感态度的弹性、情感的表现方式、表现程度，使它们逐渐学会不同性质的情感之间如何共处。同时，这也会对它们的理性认知和理性实践产生各种各样的影响。更进一步说，这些微观层次的共同体的情感之间的相互作用，也会在塑造社会共同体整体的存在方式上产生重要作用。

任何共同体，要想实现健康持久发展的目标，必须在共同体中实现良好的情感相互作用，即内部各种主体的情感之间处于方向正确、本质一致、相互促进的过程状态之中。所谓方向正确，指的是各方的情感的相互作用合乎共同体与个人成长的根本要求，而不是阻滞或妨碍这种成长要求。所谓本质一致，指的是各方情感的相互作用是性质相合而不是根本对立的。所谓相互促进，指的是各方情感的相互作用促进着各方情感的健康建构。这样的相互作用，是人们情感共存的根本要求，对共同体和个人的健康发展具有多方面的重要促进意义。

首先，共同体中良好的情感相互作用，能够使人们在情感上处于快乐积极、真诚表达、相互尊重、充分交流、相互关爱、融洽和睦的状态，这些方式使个体处于情感的正向状态，既十分有助于成员个人的心理和精神成长，也十分有助于促进共同体整体的正向情感的形成，产生此共同体的强大情感力量。

其次，在情感状态与美德培养的关联方面，共同体中良好的情感相互作用，有助于培养共同体成员个人的主要美德。按照亚里士多德的观点，美德是一个人所形成的优秀品质，而不直接是情感本身，美德是在适度控制情感的过程中培养起来的能力，这种能力使得情感既不过度也不不及，而是处于恰好的中道。共同体中良好的情感相互作用所追求的，是达到情感的优秀状态，因而直接有助于成员们的敬业、仁爱、热情、慷慨、助人、诚信、友善等美德的形成。而这些美德的形成，对共同体中所有成员个人的道德人格的完善，具有不可低估的重要意义。而又对共同体的共同善的目标的达成，又是过程意义上所不可缺少的重要因素。

最后，共同体中良好的情感相互作用，对于共同体的所有成员的认知和实践力量的发挥，具有认知和实践本身所无法具有的巨大推动意义。它能够极大地激发和提升管理者的情感力量去推动他们对共同体内外形势的认知，有助于他们以良好的情感状态去形成正确的管理决策，同时，也能够有效促动非管理者对管理者的决策达成实质认同，激发他们执行决策的实践热情。相反，如果人们的情感处于相互反对、相互排斥的状态之中，那么这种情感状态就必然抑制和阻碍人们的认知和实践，因而不利于共同体的生存和发展。

应该强调指出，任何一个共同体中的情感的相互作用，并不是共同体自身所能单独决定的过程，也并不具有一成不变的模式，而是共同体内外情境所制约的动态和历史过程。

就共同体内部的情境来说，共同体的性质和任务特征、共同体成长的历史阶段、共同体的管理制度、共同体的结构特点、共同体成员的文化素质状况，都影响和制约着共同体内部各种主体的情感之间的相互作用。例如，从共同体的性质的角度看，以营利为目的的企业共同体和以育人为目的的教育共同体，各自内部的各种主体之间的情感的相互作用，前者通常更多地打上了功利追求的烙印，而后者则更多地受到教育规范的影响。再如，就共同体成长的历史阶段来说，一个共同体在其初创阶段，共同体成员之间的情感的相互作用通常带有比较紧密的特征，而在共同体发展到成熟阶段，由于共同体规模的扩大，共同体内部的利益格局已经定型，因而共同体成员之间的情感的相互作用则往往具有相对松散的特征。

就共同体外部的情境来说，主要是共同体所处于其中的外部环境整体的条件，深刻影响和制约着共同体内部各种主体的情感的相互作用。对于各种微观层次的共同体来说，不同的社会历史条件，决定了这些共同体内部成员情感之间的相互作用具有不同的特征和形式。例如，在农业自然经济主导的社会条件下，一个手工业组织中的人们的情感，既总是受到以家庭为基本单元的血缘亲情的影响，也总是受到人们对自然的严重情感依赖的影响，这种情况下人们之间的情感，带有突出的相互关怀、互信互助、力求和谐的特征。相反，在资本型经济主导的现代社会条件下，物质利益的追求与争夺，彻底打破了自然经济条件下人们之间的密切情感关系，使得人们之间的情感关系变得日益以物质利益为取向，成为冷冰冰的金钱的附属品了。

对于任何一个社会这样的共同体来说，它与外部其他社会的关联状态，它所处的自然环境状况，在很大程度上规定了其内部不同主体的情感之间的相互作用。例如，当一个社会处于外部社会的强力逼迫时，其内部的不同主体的情感之间一般会形成共同对外、强烈反抗的勇敢激情状态。而当一个社会和其他社会处于和平共处的关系中时，其内部不同主体的情感之间则会形成相对温和的情感互动。同时，如果一个社会所处的自然环境是资源充足、适合生存的，那么，这个社会内部的情感的相互作用一般也会形成自足和谐的状态；相反，则会依照社会条件本身的状况，形成人们情感相互作用的其他状态，如紧密联系、共同对抗恶劣自然条件的情感方式，也可能形成相互之间冷漠相待、互相排斥的情感方式。

二　确立共同体生活的情感价值目标

现代以来，人类社会所建构的经济政治制度和组织形式的历史局限和诸多不完善，造成了人类情感生活的空前异化。

在经济制度方面，以资本为实体、以市场体制为运转形式的经济制度的建立，不仅形成了经济领域中物质功利和效率最大化的价值实践导向，而且深刻影响了社会的政治、文化、科技、教育、日常生活等各个领域，使得社会的绝大多数共同体都打上了物质功利的烙印，并把获得效率作为具有头等重要意义的价值目标。就对人类的情感生活的影响来说，在整个社会范围内，在微观层次的各种共同体内部，由于功利和效率的强制支配，人们的情感普遍处于冷漠、焦虑、消极、被扭曲的状态，甚至被金钱所腐蚀和毒化。同时，在绝大多数共同体内部的个人成员之间、在管理者与非管理者之间、在共同体与个人之间、在共同体与共同体之间，纯粹的真诚的情感表达、情感交往已经被挤压到了最低限度，共同体整体的情感力量处于极度萎缩状态。

在政治制度方面，虽然各主要国家的政治制度的民主程度不断提高，但仍然存在着诸多不完善之处，再加上权力使用本身的趋势特性，因而也产生了比较突出的异化，如权力的日益功利化，权力在获得金钱上的优势，权力所形成的优越的社会地位和荣誉，权力等级所造成的对他人的不同支配等。这些现象，在情感上诱致了人们对于权力的情感向往、情感崇拜和追逐，甚至造成了掌权者对权力的情感从属或情感依赖，造成了不同等级的掌权者之间、掌权者与非掌权者之间突出的情感不平等问题，特别是高层掌权者对于下级人员情感人格尊严的漠视或伤害，已经成为司空见惯的现象。

在共同体的组织形式方面，自从人类进入现代以来，层级制成为人类社会生活主要领域的普遍的形式。这种组织形式的本质，是工具合理性压倒一切。它以实现稳定效率为根本目的，以严格的职能任务分工为基础，以众多的管理层级为结构，以下级服从上级为管理原则，以全面的规章制度为运行标准，形成了韦伯所说的"在技术和形式上最可靠的体系"。同时，这种工具合理性的共同体体系，把共同体成员当作机器，形成了对人们正常情感的强大屏蔽和严重抑制，把人们的情感完全隔离和挤压到"私人生活领域"，使得所有共同体成员成为情感冷漠的动物，共同体成员整体的情感力量极度萎缩。

概括起来，人类现代以来经济、政治、组织形式等方面的负面因素的共同作用，导致了人们共同体生活的一系列突出的情感问题，严重摧残了情感的价值生成维度，使得情感对于人之为人的特定重要意义几乎丧失殆尽，造成了在共同体内部个人成员之间特别是在管理者与非管理者之间，缺乏任何实质性的情感交互主体建构和整体情感力量建构。

因此，解决现代共同体中上述突出的情感异化问题，建构共同体中各种主体之间的良好的情感相互作用，充分实现共同体和个人的主要情感价值，已经成为当今共同体管理的迫切要求和重要任务。显然，要实现这一点，仅仅有强烈的主观愿望是远远不够的，而仅仅采取一些非实质的措施也不能够长期奏效，只有从共同体的目标、运转机制、权力管理制度以及文化上进行变革，建构起实现人们情感良好相互作用所需要的良好根基和氛围，才能够从根本上达到目的。

建构共同体中不同主体的情感的良好相互作用，对于管理来说，最重要的是确立共同体生活的情感价值目标，包括总体价值目标及其构成性价值目标。

　　考虑到人们对于情感何以能够成为一种价值可能存在疑问，考虑到情感价值这一概念提法很可能容易引起不同的理解，特别是考虑到情感价值本身包含着不同的维度，本部分先对这些问题做出澄清和回答。

　　对于情感何以能够成为一种价值这一问题，首先涉及我们如何理解价值。在本书的导论中，把价值理解为一定的主体所需建构或已经建构的意义或益处。一般来说，当人们去认知、崇尚并追求某种东西时，这种东西就成了价值对象，这意味着人们断定这种东西有某种意义，这种意义就是价值。由此，在人类社会的存在过程和历史行进中，当人们需要建构、获得或实现任何一种意义而指向相关的事物、事情时，就可能产生意义对象即价值对象，产生意义本身即价值本身。由于人们的存在总是会形成多种对象性质的关系，既会形成对外部事物的关系，也会形成对自身的关系，因此，也就会相应地形成与外部事物关系方面的众多价值，与自身关系方面的众多价值。在能够形成的与自身关系方面的众多价值中，由于人们的自身存在总是包含了物质生理方面和精神心理方面，因此，也就相应地能够有物质生理方面的系列价值和精神心理方面的系列价值。

　　人们所能够形成的精神心理方面的系列价值，也由于精神心理包含着不同维度而分为不同的价值。如果像康德那样把人们的精神心理分为认知、情感、意志这三个方面，那么，就能够分别形成认知维度的价值、意志维度的价值、情感维度的价值。这就是说，人们不仅会认识到在这些维度上能够分别建构诸多的价值，而且努力在实践上去建构这些价值。在认知维度上能够建构的价值有理性、真理、科学、信念等。在意志维度上能够建构的价值有意志独立、意志自由、意志坚决、意志果断等。就情感维度上的价值来说，这种价值就是人们所认知、追求、努力建构的情感对人们存在的意义。这也就是情感价值概念的含义所在。人们所认知、追求、努力建构的情感对自己存在的总体意义，可以概括为通常所说的情感健康。因为，我们对精神心理方面的希望，就是精神健康、心理健康，在对情感方面的希望，就是情感健康。因此，可以把情感健康理解为人们所力求在情感维度上建构的总体价值。

所谓情感健康，就是情感处于合乎人们生存发展和共同存在要求的积极的存在过程中。人们的生存发展要求积极情感，人们的共同存在要求共同的积极情感。这里的积极，是广义的，是用"好"来界定的，或者说意思等于"好"。情感健康作为情感的总体价值，包含了情感在性质、力量、关系、过程等维度上的价值规定。或者反过来说，这些维度上的价值规定的统一，构成情感健康这一总体价值。

情感健康在情感性质维度上的价值规定是情感向上。所谓情感向上，指的是人们力求建构的情感是正向或正面的情感，而不是负向或负面的情感，这主要表现为真诚、乐观、自信、稳定、同情、仁爱、友善等。情感向上是情感健康的根本所在。这归根到底来自人们的情感共存所包含的必然要求，来自共同体的整体存在对人们情感的根本要求。

情感健康在情感力量维度上的价值规定是情感活力。情感活力作为人们所力求实现的情感力量状态，主要是情感的充分表达、充分呈现、充分凝聚。人们在社会合作中所产生的情感，在本性上要求处于舒畅展现的状态，要求形成正常的整体力量，而不是要求处于长期压抑状态。这也就是情感活力所意味的。也只有如此，才有可能实现情感健康这一总体价值。

情感健康在情感关系维度上的价值规定是情感和谐。历史证明，和谐是人类社会所追求的一种基本价值。而和谐价值本身，虽然涉及许多方面，包括人们的利益关系的和谐、人们的价值观的和谐、人们的人际行为的和谐等，但这些和谐通常都集中表现为人们的情感和谐。对于每个人的内心情感世界来说，情感和谐意味着他的内心情感不仅以正向情感为主导，而且他的各种情感之间达到了关系平衡。对于人们的共存来说，情感和谐意味着人们的情感之间处于正向情感主导下的相互一致状态。人们的情感生活现实表明，情感和谐是实现情感健康的一种必然方面。

情感健康在情感过程维度上的价值规定是情感升华。情感升华是人们从低级情感向高级情感的飞跃，从较小的群体情感向更大的群体情感的飞跃，从自然情感向道德情感的飞跃，从初级的道德情感向更高的道德情感的飞跃。人类是具有精神超越性质的，这是人类区别于一般动物的根本标志之一，而情感超越是精神超越的一个重要维度。这意味着，在情感方面，人类必定把情感升华作为情感方面的重要价值，同时，这还意味着，情感升华是情感健康所不可缺少的重要价值。没有情感升华，人们的情感健康就是不完善、不健全的。

可以看出，上述四个维度上的价值规定，也就是情感健康总体价值的四个构成性情感价值，即作为部分意义上的四个情感价值，它们也是人们所需建构的情感的四种积极状态。顺便指出，情感价值，无论是总体上的，还是部分上的，指的不是现代西方情感主义伦理学所说的"价值判断是情感的表达"这种含义，而是指人们所需建构的情感的总体和部分上的积极状态。

建构情感的总体价值和构成性价值，对于共同体及其成员个人的生存发展具有重要意义，是共同体及其成员安身立命的一个重要方面。要做到这一点，必然要求把这些价值的实现作为共同体的价值目标，即把情感健康作为共同体生活的总体的情感价值目标，把情感健康的构成维度——情感向上、情感活力、情感和谐、情感升华，作为共同体生活的构成性的情感价值目标。考虑到把情感健康作为总体的情感价值目标来建构，其重要性是非常明显的，笔者将主要讨论上述四个构成情感价值目标的建构。

首先，在共同体的情感性质方面，必须把情感向上作为共同体的情感健康这一价值目标的构成性价值目标。所谓共同体的情感是向上的，指的是共同体所建构的情感基调、情感氛围、情感活动是正向或正面的，是真诚、快乐和开放的，而不是虚假、封闭和压抑的，因而也是在根本上有利于共同体发展和成员发展的。共同体是人们的精神关系体，实现共同体成员的精神健康是共同体的一项基本要求，而情感向上是精神健康的枢纽所在。同时，共同体是一种事业体，需要积极、正面、向上的共同体精神，而情感向上是其中的一个不可缺少的构成部分。另外，共同体是社会的一个器官，实现和保持共同体的情感向上目标，是管理者以及其他所有成员对社会的义不容辞的责任。

其次，在共同体的情感力量方面，必须把情感活力作为共同体的情感健康这一价值目标的构成性价值目标。一个共同体的生存发展，既需要共同体成员的共同的正确认知、正确信念的理性力量，也需要共同决心、坚持不懈、不屈不挠的意志力量，还需要朝气蓬勃、荣辱与共、热心奉献的情感力量。也就是说，把共同体成员的情感充分调动起来，形成一种强大的情感活力，是共同体长期健康运转和成长繁荣的一个必要条件，是共同体克服可能遇到的种种困难、实现基业长青的一个关键，是共同体应对高度竞争环境、立于不败之地的一个巨大法宝。

再次，在共同体的情感关系方面，必须把情感和谐作为共同体的情感健康这一价值目标的构成性价值目标。在一个共同体中，实现情感和谐极其重要。这既是共同体整体生存发展的必然要求，也是各种主体之间的情感关系的必然要求。做到这一点，是实现共同体成员个人情感健康、身心健康的必要前提，是共同体充分调动成员个人的工作主体性所不可缺少的人际关系氛围，是共同体实现长期健康运转和可持续发展的一个基本条件。

最后，在共同体的情感过程方面，必须把情感升华作为共同体的情感健康这一价值目标的构成性价值目标。由于共同体本身的构成主体是具有精神超越性的人，同时，由于共同体总是人们的社会关系结合体，总会形成统一的文化、价值观、道德观，这都决定了共同体中存在的情感生活，不仅存在着对情感升华的基本要求，而且本身就存在着某些或某种程度的升华过程，即使是在文化水平较低的共同体中也是如此。只是在物质功利压倒一切的条件下，共同体的情感升华变得非常有限罢了。因此，在共同体重建情感价值的过程中，把情感升华作为情感健康的构成性目标，是十分必要的。

上述四个构成性的情感价值目标，对于实现共同体所要建立的情感健康这一总体价值目标来说，都十分重要、不可缺少。情感向上是共同体情感健康的性质前提，具有决定意义，只有确立起共同体的情感向上，才能进一步建构共同体的情感活力，达成共同体的情感和谐，实现共同体的情感升华。否则，后三个方面都无从谈起。情感活力是共同体情感健康的力量要求。只有建构起情感活力，才能不断保持共同体的情感向上，才能进一步实现真正的情感和谐，才能够有力推动情感升华的过程。情感和谐是共同体情感健康的关系要求，只有建构起共同体的情感和谐，才能够稳定保持共同体的情感向上，才能够充分调动共同体的情感活力，才能够为实现共同体的情感升华提供情感基础。情感升华是共同体情感健康的超越性要求，只有建构起情感升华，才能够巩固共同体的情感向上，才能够凝聚共同体的情感活力，才能够强化共同体的情感和谐。

在共同体发展的不同时期、不同内外情境、不同条件下，把共同体的情感健康目标的构成性价值目标的某个目标或某两个目标确定为重点，经常是必要的。而究竟如何确定重点，也主要取决于共同体的内外情境。例如，具有不同的性质和特征、承担着不同使命的共同体，所需要的情感健康目标的重点经常存在不同。对于政治、公共教育、公共文化共同体来说，由于它们突出的人文价值观引领和公共使命特征，它们所建构的共同体情感健康目标的重点，则一般在于情感向上这一性质方面。对于企业来说，其经济营利的性质和竞争特性，决定了它一般把情感活力作为情感健康的重点建构任务。而对于军队这种特殊共同体来说，其强力性质和保卫国家安全的使命，一般决定了它所需要的健康情感的重点在于情感正向和情感活力的完美结合。再如，在共同体的不同发展阶段，也经常需要确定共同体情感健康目标的重点。在共同体的初创阶段，通常以建构情感向上和情感和谐为重点；而在共同体的成熟阶段，则通常以建构情感活力、情感升华为重点。又如，不同的共同体的外部环境，通常也决定了共同体情感健康目标重点的不同选择。在一个高度竞争的外部环境下，一般决定了共同体以建构情感活力为重点；而在一个竞争较低或没有竞争的外部环境下，在很大程度上规定了共同体以建构成员的情感和谐为重点。

对于共同体的情感价值目标的实现状况，是可以从量化的角度进行衡量的，也就是说，可以制定具体的衡量指数，正如人们对幸福目标的衡量可以制定幸福指数一样。[①] 这主要可以

---

① 联合国从 2012 年开始发布《世界幸福报告》（*World Happiness Report*）。此报告由哥伦比亚大学地球研究所编写，报告的标准涉及教育、健康、环境、包容性、内心幸福感、生活水平等领域。另外，2011 年欧洲经济合作组织提出了《美好生活指数报告》（*Better Life Index*）。

从共同体的情感健康的构成性价值目标上来进行思考。

就共同体的情感健康目标所要求的情感向上来说，尽管它属于共同体情感健康的性质问题，但这种性质总是存在于共同体的情感活动之中，总是表现为共同体的情感活动的特点，表现为共同体的情感氛围、情感基调，表现为每一成员对共同体情感的经验感觉，因此，可以通过对这些方面的数量和程度的分析，得出情感向上的相关指数。

就共同体的情感健康目标所要求的情感活力来说，由于它表现为共同体能够调动的情感力量的大小，表现为共同体成员对工作的热情状况，因而，既可以首先确定出共同体能够最大限度调动的情感力量数值，也可以首先确定共同体成员的工作热情程度，然后制定出共同体的情感活力指数。

就共同体的情感健康目标所要求的情感和谐来说，由于它主要是人们在情感上相互关爱、相互同情、相互信任的程度，而且总是表现为人们在共同体共处中的情感关系事例，因而可以通过对这方面的实例数量进行统计，确定共同体的情感和谐程度。自然，也可以对情感不和谐方面的实例进行数量统计，从反面确定共同体的情感和谐程度。

就共同体的情感健康目标所要求的情感升华来说，无论是从自然情感升华为道德情感，还是从较低层次的道德情感升华为较高层次的道德情感；无论是从共同体内部的某个群体的良好情感升华为整个共同体的良好情感，还是从微观层次的共同体的良好情感升华为宏观层次的社会共同体的良好情感，都是有事实数量可以统计的。因而，一旦确定了共同体能够实现的情感升华的种类、数量、范围、程度的最大可能，就可以把它们作为共同体的情感升华的最高系列指标，制定出相应的数量层级指数。

三 建立共同体中情感价值的实现机制

为了形成共同体中不同主体的情感的良好相互作用,实现共同体的情感价值目标,需要建立相应的实现机制。

对于现代共同体的生存发展来说,制度和机制具有基础意义。也正是由于这一原因,在分析现代各种类型的共同体的建构时,人们一般总会把对制度和机制的分析作为最重要的内容。

从制度和机制这两个概念的所指来看,多数研究者预设了制度和机制在含义上的不同,认为制度是一个共同体运行的基本规则,而机制则是共同体的具体运转方式;制度是刚性约束的,而机制则有较大的弹性空间。真正说来,在现实中这种区别是相对的。不过,考虑到概念使用的约定成俗,本书将从这种关于机制概念的含义出发来讨论问题。

建构共同体中情感价值的实现机制,必须树立各种基本方面的正确指导原则。而这归根到底需要依据共同体生活的情感健康目标的根本实现要求。考虑到共同体的内部生活在本质上是共同体整体主导以及各种主体间相互作用的过程,因此,可以把情感健康的实现原则分为共同体整体主体层次上的原则和各种主体相互关系层次上的原则。

共同体整体主体层次上的情感健康的实现原则也即根本原则的确定,主要的根据在于共同体的本质即它的目标的共同性和存在的统一性,以及由此所决定的共同体和个人的一般关系。在这方面,亚里士多德关于"作为整体的共同体在本性上高于作为部分的个人"的观点具有多数情况下的正确性。因此,把共同体的情感健康的实现置于主导地位,把个人的情感健康的实现置于从属地位，使前者规定、高于和优先于后者，是建构共同体中情感健康的实现机制的根本原则。

考虑到当今多数类型的共同体的情感状态冷漠、情感力量萎缩、把情感从属于工具理性等突出问题，同时，也考虑到共同体从本质上要求共同体情感的统一、共同、发展等要求，对于实现共同体情感健康的机制的建构，在上述根本原则之下，应该采取合理释放、有度统一、长期持续这样三个具体的针对性原则。所谓合理释放，指的是改变现有的共同体情感所处的严重压抑状态，扩大共同体的情感释放空间，形成共同体发展所需要的情感力量。所谓有度统一，就是共同体需要按照形成统一情感的规律而建构统一情感，而不是一味地为了统一情感而统一情感。所谓长期持续，就是以能够长期持续的标准建构保证共同体情感健康的制度，而不是权宜之计。可以看出，只有坚持这三个原则，才有可能为实现共同体的情感健康目标，实现共同体的情感向上、情感活力、情感和谐、情感升华等，创造稳定可靠的基础。

在把共同体的情感健康的实现置于主导地位这一根本原则之下，也需要针对个人主体及其与共同体的相互关系以及管理者与非管理者的相互关系，建立各种相应的情感价值实现的原则。

首先，针对个人主体，既尊重个人主体的情感差异而又进行正确引导，是建构相应的实现机制的一条基本原则。共同体中每一个人的情感生活具有自身的特点，人们的情感之间存在差异是必然的，否认人们的情感差异是不正确的，试图完全消除人们的情感差异也是不可能的。实际上，正是在这种情感差异中，蕴含着开发情感活力的基础和可能。同时，共同体中每一个人的情感状态并非任何时候、任何情况下都是积极的、向上的、正常的，个人之间的情感差异也并非在任何时候、任何情况下都适合于他们的情感共存，因此，实行尊重众多个人情感的差异而又对之进行正确引导的原则，是十分必要的。就实际的引导实践来说，当然涉及很多方面，包括把负面的情感引导转变为正面情感，把不够充分的正面情感引导为充分的正面情感，把比较狭隘的情感引导转变为比较宽阔的情感等。

其次，针对共同体主体和个人主体的相互共在，坚持实现共同体情感与个人情感的共同健康，是建构共同体情感机制的一个重要的一般性原则。双方情感健康的实现，是不可分离、相互作用的过程。一方面，共同体的情感健康的实现，是个人的情感健康得以实现的基础和前提。如果共同体的共同情感活动处于积极向上、正常发挥的过程，那么，多数成员个人的情感活动一般也会受到实质推动，形成相应的良好过程，反之，则会出现相反的过程。另一方面，个人的情感健康的实现，也能够为共同体的情感健康的实现提供要素上的动力。如果多数成员个人建构起持续的正向、热情、有力的情感活动，那么也会直接影响共同体的共同情感活动，或者使得共同体的共同情感活动形成相应的状态，或者保持共同体已有的情感健康状态。

最后，考虑到管理者主体与非管理者主体的关系在共同体中的关键地位，需要专门就实现他们的情感健康关系，提出相应的机制建构原则。这主要是实现双方的情感平等、情感互信的建构原则。应该看到，在多数情况下，在许多方面，管理者是自觉或非自觉地代表着共同体的，同时，管理者并不等于共同体，共同体也并不等于管理者群体，而且，管理者不代表共同体的情况也经常发生。所以，这里有必要进行专门讨论。本章多次指出，在管理者与非管理者之间的情感关系方面，由于双方地位的差距和权力的异化等原因，造成了双方情感的突出不平等，双方情感之间缺少基本的互信。一是在双方的交往关系中，前者的高傲自大、优越情感经常严重损害后者的情感人格尊严；二是双方的情感经常处于冷漠相对、相互疏远的状态中。这不仅严重影响着非管理者的情感健康的实现，而且也最终影响着管理者本身的情感健康的实现，更影响着共同体整体的健康情感的实现。因此，在实现双方的情感健康关系的机制建构中，突出以情感平等、情感互信为基本原则，是极其必要的。

在当今时代，多数共同体的机制依然是功利取向绝对主导的机制，鉴于这种机制在短期内还不能够从根本上进行改变，所以，要建立实现情感价值的机制，对于共同体的功利取向的作用做出某种改变，可以从以下两个相互关联的方面入手。

一方面，以降低共同体原有的功利目标为先导，弱化功利价值绝对主导的机制，减少其对情感价值的绝对压抑，降低其与情感价值的对抗度，使得功利实现机制与所要建立的情感价值实现机制相一致。应该强调，在这方面的措施中，降低共同体原有的功利目标具有决定性意义，只有首先做到这一点，才能够真正开始弱化工作，否则，弱化工作不可能持续下去。弱化功利机制的工作涉及很多方面，包括降低工作任务的机械程度、减少升迁层级、降低绩效考核要求、降低奖惩的作用，等等。

另一方面，在共同体的功利机制之外，迫切需要建立单独的能够保证实现情感价值的机制。显然，相对于前一个方面，这一方面的建构更加根本。前一个方面，由于只是改变负的方面，因而只能改变功利机制对于实现情感价值的负面程度，而不能够直接实现情感价值本身。只有建立起实现情感价值的机制，才能够真正改变功利机制的绝对优势地位，与功利机制相互制约、相互抗衡。

依据共同体的情感健康总目标的维度构成，共同体所要建

立的实现情感价值的机制，也是一个体系，也可以相应地分为
以下四个方面的机制。

第一，实现共同体的情感向上的机制。要实现共同体的情感向上目标，首先，必须解决的是共同体成员对正向情感的认知和认同问题。由此，需要建立共同体成员能够充分参与讨论正向情感的产生原因、内在本质、价值意义、活动方式、类型特点等方面的机制平台，使得共同体成员形成明确坚定的正向情感共识。其次，必须解决共同体的正向情感的确立和保持问题。在这方面，需要建立能够开发、凝聚、加强共同体的正向情感、降低或消除共同体中经常引发负向情感的机制。包括制定共同体的正向情感得以确立的状态标准，开发、凝聚和加强正向情感的具体方式和必要措施等。

第二，实现共同体的情感活力的机制。共同体的情感活力问题，主要是对共同体成员的情感力量的调动、激发、整合问题。建立固定的、常态的情感调动、激发、整合机制，是最为重要的一环。建立鼓励共同体成员真诚表达情感、抒发情感、贡献热情的精神激励机制，打破工具合理性规章对于成员的情感的严重压抑，也不可缺少。制定评估共同体的情感活力状况标准，定期评估共同体的情感活力，包括共同体情感的彰显和发挥程度，共同体情感的力量大小，共同体在完成日常任务、实现功利目标的过程中所存在的情感力量大小，共同体对外竞争的情感力量大小，以及在共同体内部成员层次上的情感状况，包括他们对工作职责的热情程度、对共同体的忠诚程度、对他人的关心程度等。

第三，实现共同体的情感和谐的机制。共同体的情感和谐首先是共同体成员之间进行充分的情感交流而达到的情感一致、交融共存状态。没有这一过程，就谈不上共同体的情感和谐。因此，这要求在共同体中建立有效的情感交流平台和规

则，保证共同体成员之间特别是管理者与非管理者之间定期进行情感交流。这还要求建立既尊重人们的情感差异多样而又达成人们情感的统一互信的规则。尊重人们的情感差异多样，意味着情感独立、情感宽容；而达成人们情感的统一互信，意味着共同体生活所要求的人们的情感和谐共存、相互促进。

第四，实现共同体的情感升华的机制。情感升华是共同体情感生活的高级和相对复杂的过程，既需要对共同体中的各种共同情感的层次、程度或多数成员情感的层次、程度进行正确辨别，如这些情感究竟是自然情感，是功利情感，还是初步的道德情感；是个人情感还是已经成为共同体群体的情感等。同时，也需要有力的推进机制。一是设立专门负责情感升华的指导机构，明确情感升华的性质，制定情感升华的方式和技术，确定共同体中情感升华的范围、频次和状态。二是建立情感升华的精神激励机制，包括表扬、表彰等，以精神激励机制为主导，必要时建立一定的物质激励机制。

上述四种机制以及它们之间合理关系的建立，所能实现的共同体的情感健康这一总价值以及情感向上、情感活力、情感和谐、情感升华这些维度上的情感价值，从主体的角度看，就是共同体中情感交互主体性或交互主体情感的形成。在这一点上，美国心理学哲学家诺尔曼·丹森借鉴胡塞尔现象学的交互主体性概念所提出的情感交互主体性概念（emotional inter-subjectivity）非常富有启发意义。尽管他对"情感交互主体性"的定义——两个以上主体之间通过相互作用而进行的情感转让与合作——并不全面和精准，但他对"情感交互主体性"的特征和形式的分析还是相当深入的。他认为，"情感交互主体性"是各相关主体针对共同的社会对象所形成的情感的相互作用，是各相关主体的情感世界的相互进入、相互影响，并认为情感交互主体性的主要形式有情感同享、情感互伴、情感同

一、情感感染、情感领会等。[①] 显然，这些观点都是深刻的、可靠的，对于建构共同体中情感价值的实现机制，具有重要的参考意义。

应该指出，在当今时代，共同体要真正建立起长期和有效发挥作用的实现情感价值的机制体系，必须以建立利益的正确管理制度作为前提，或者至少作为重要辅助。因为，利益依然是支配人们之间、个人与共同体之间关系的根本力量，利益管理的好坏或合理程度，从根本上决定着人们之间的精神关系特别是情感关系。利益管理合理，可以有力推动共同体和人们进入情感向上的状态，可以极大地激发人们的情感活力，可以持久地促进共同体的情感和谐，可以有效促进共同体和人们的情感升华。反之，无论所建立的情感价值的实现机制体系是如何全面、如何完善，通常都难以抵挡利益力量的强大侵蚀和损害，无法实现共同体的情感健康这一价值目标。

四　建立符合实现情感价值要求的新的权力管理制度

所谓权力管理制度，指的是对权力的管理制度，或者说是权力维度的管理制度。一般来说，共同体的权力管理制度是根据共同体业务的需要而建立的。然而，就当今许多共同体的权力管理制度来看，它们是否基本合乎共同体的业务要求，仍然是一个有待确定的问题。就权力管理制度是否合乎共同体和成员个人的情感价值建构来说，权力管理制度所存在的问题就更加明显。这一方面是因为人们特别是管理者对于权力管理制度和实现情感价值之间的关系的认识可能存在不足；另一方面，

---

① ［美］诺尔曼·丹森：《情感论》，魏中军、孙安迹译，辽宁人民出版社1989年版，第202—212、224—237页。

也经常是更加重要的方面，是因为权力的突出利益特征使得权力管理制度严重漠视和损害了情感价值问题。

观察当今世界上多数共同体的权力管理制度可以看出，至少存在着四个明显的弊端：绝对的控制力量、突出的工具理性特征、明显的物质功利附加、远未充分有效的制约监督。这些弊端既对各种共同体的生存发展造成了多方面的不利影响，也对各种共同体及其成员的情感生活造成了多方面的明显损害。第一个弊端，从一个重要方面促成了许多掌权者心目中对自我政治地位的优越情感、自大情感、傲慢情感，促成了他们对共同体一般成员情感的漠视和损害行为，造成了共同体一般成员的自我卑微情感、对权力控制的无力反抗情感等。这些方面情感的长期存在，严重挫伤了共同体一般成员的自信心和自尊心，破坏了他们情感的正常成长，压制了他们的情感活力。第二个弊端，造成了对共同体和成员个人的情感价值的无形挤压，使得共同体成为缺乏基本情感价值的机器，使得个人成为这种机器的冷冰冰的部件。第三个弊端，加上第一个和第四个弊端，不仅共同导致了一些掌权者对物质功利的情感依赖和情感追求，而且导致了他们在物质功利分配上的更多优势，从一个角度促成了他们的物质腐化和堕落，同时，也经常导致共同体一般成员对物质功利获得的弱势地位和不公平结果的不满和义愤。第四个弊端，连同其他弊端一起，突出诱致了掌权者对权力的各个方面的滥用以及对共同体的普通成员个人的情感和福利的有形或无形损害。

对于当今我国的多数共同体的权力管理制度来说，除了上述四个弊端以外，还有一个来自历史传统的特殊弊端，这就是人情关系的明显作用。这对于我国各层次共同体中的权力安排，造成了多方面的负面后果。一是权力人员选拔中存在着人情面子规则，无法真正实施德才兼备的人员选拔标准；二是无法完全按照工作职能的要求安排必要的权力人员，造成了权力职位、权力人员的冗余和效率低下；三是附带形成了额外的利益关系网，这不仅对共同体的运转和发展带来了额外负担，而且把权力人情网与一般成员的情感隔离开来，造成了掌权者和一般成员之间的情感隔阂。

建立符合实现情感价值要求的共同体的权力管理制度，首先必须从根本上改变目前共同体中存在的权力管理制度的上述弊端。实质的办法就是回归权力本性。在源头上，权力产生于共同体的业务运转职能要求和共同体的生存发展任务要求，以及权力自身运转的规律要求，而非产生于共同体中的位置和层级。前两种要求无疑更具关键意义。在这一点上，女管理哲学家福列特的"权力共在理论"提供了深刻的启示。她明确指出，权力在本质上来自共同体的任务工作或职能，来自共同体所处的形势，而不是相反。也就是说，必须以共同体的业务运转职能的顺利完成和共同体的生存发展任务要求为基础来安排权力。这自然要求先行弄清共同体业务运转所需要的权力范围、界限、结构，弄清共同体的生存发展要求的性质和重要性的程度，弄清各项职责工作的范围和所需的权力大小，等等。以此为依据，大幅减弱目前共同体中权力的绝对控制力量，降低明显的物质功利附加，建立充分有效的制约监督，消除人情关系的实质作用。

以上述根本改变为前提，在权力制度中增加合乎实现情感价值要求的维度，才能够建立起完整合理的新的权力管理制度。这种新的权力管理制度，当然首先需要兼顾共同体的情感价值目标与共同体功利目标同时实现的要求。虽然它也必然具有一定程度的工具理性特征，但它至少把实现情感价值作为同样重要的目标，同时，它并不为了情感价值目标而不顾一切，并不阻碍或损害共同体完成自身的功利业务和任务。因此，这种新的权力管理制度赖以建立的一个基本尺度，就是合乎共同体的情感健康这一总体价值目标与个人情感健康价值目标的实现要求，即能够提供上述情感健康价值目标得以实现的权力背景平台，能够充分有力地支持和保证情感健康的建构和创造。

所要建立的新的权力管理制度，在共同体情感健康价值目标的构成维度上，必须合乎共同体和个人的情感性质的正向建构、情感活力的正常发挥、情感和谐的有力形成和保持情感升华的正常合理进行。

第一，必须合乎共同体和个人的情感正向建构要求，包括在共同体层次上合乎建构积极向上的情感氛围、情感活动过程的要求；在个人层次上合乎情感的真诚显现和表达，合乎人们对合理快乐、心情安静稳定的追求等。简言之，就是能够真正鼓励、支持、激发、引导情感正向建构的各个方面。同时，能够及时有效地处理和解决可能干扰情感正向建构的负面因素。无疑，任何权力都具有权力特性即控制和强制特性，但对于实现情感价值即共同体和个人的情感健康这一目标任务来说，一方面，它所需要的权力的控制和强制是最低限度的，换句话说，就是需要多少权力、多大权力，就建立多少权力、多大权力；另一方面，这种最低限度的权力也不能够压制情感的积极向上、真诚表达要求，否则，就违背了建立权力管理制度的初衷。

第二，合乎共同体和个人的情感活力的建构要求，而不能出现经常抑制甚至压制共同体和个人的情感力量发挥、调动、整合的局面。要做到这一点，所建立的合乎实现情感活力的权力管理制度中的相应部分，也必须是富有弹性和活力的，而不是僵化和沉重的。也就是说，它能够针对情感活力的实现情况及时对自身做出调整，及时采取必要措施，及时纠正不正确的做法。反之，则只能阻碍情感活力的形成。

第三，合乎共同体内部各种主体之间的情感和谐的建构要求。这在多个方面给所要建立的权力管理制度提出了基本功能要求。一是它具有建构和维持共同体与个人之间、个人与个人之间以及管理者与非管理者之间的情感平衡关系的功能，在合理确定这些情感关系中的主导方面的同时，又促进其中的非主导方面。二是它具有及时有效解决这些情感关系中可能出现的问题或矛盾的功能，使这些关系常态地处于非根本对立的状态之中。三是它具有处理共同体生活中动态存在的情感的多样性与统一性的关系的功能，力求在保持情感的差异的同时，引导情感统一的实现。

第四，合乎共同体和个人的情感升华的建构要求。情感升华是有规律的水到渠成的过程。这意味着，与这方面相关的权力管理制度需要具有充分发现共同体中人们所形成的重要自然情感、诸多有适当意义的情感的功能。还意味着，这种权力管理制度所具备的一个主要功能是引导情感升华的功能。这要求它的引导必须是循序渐进、有序展开式的，而不是揠苗助长、非有序展开式的。最后，它还需具有为指导共同体与个人的情感升华提供动力特别是情感本身的动力的功能，在的确必要时，也具有调动和使用促进情感升华所需要的功利激励的权力。

这种新的权力管理制度的一个重要实体部分，是负责实现情感价值的有力运行机构。所谓有力运行，就是具有独立的地位职责和运行方式。其一，这一机构在共同体权力整体结构中的合理地位和职责，是按照实现情感价值的需要而确定的。简言之，根据共同体对情感价值目标所做的重要性定位的程度的不同，例如，是与共同体的功利目标同样重要还是次于或高于它，而确定这一负责机构的单位和职责。其二，这一结构具有独立于功利理性或工具理性制度系统的运转方式，独立于后者中有关方面的官员的意志。

这一实体机构的主要任务包括四个方面。第一，负责制订情感价值的实现计划，包括情感价值的内容、种类、实现过程和结果方面的计划。第二，负责发现、了解、调查共同体日常生活中的各种主要情感问题，特别是成员的情感诉求，并对需要解决的加以解决。第三，负责与功利系统官员协商和化解可能出现的情感机构权力与功利机构权力、情感价值和功利价值实现之间的矛盾冲突。① 第四，也是最重要的任务，是负责建构、调整、完善、评价共同体的情感健康和个人的情感健康的实践过程。因为建构情感正向、情感活力、情感和谐、情感升华，是一个涉及共同体的各个主要方面的复杂过程，既涉及一系列的技术问题，也涉及共同体成员的情感素质和文化素质；既涉及管理者对于这种实践的肯定和支持程度，也涉及共同体的非管理者对于这种实践的理解和参与程度；既涉及共同体的性质、阶段和任务状况，也涉及整个社会的宏观背景和文化特征。

五　建构合乎实现情感价值要求的共同体文化

在当代微观层次的共同体即组织的文化研究中，人们一般把沙因对组织文化的定义作为一种重要的有说服力的定义。沙因认为，组织文化是组织所习得的处理内部整合与应对外部环境的观念系统，分为人为饰物、价值观、基本假定三个层面，

---

① 从深层和本质上来看，可以说，20 世纪 30 年代梅奥等人所进行的霍桑试验的重要意义，即在于自觉不自觉地发现了情感价值与功利价值的矛盾冲突，虽然梅奥所提出的提高人们的社会交往能力与社会合作能力的方法，并不能够从根本上解决上述矛盾冲突，但他所发现的问题却是重要的。

而基本假定是组织文化的本质，包括处理内部整合与应对外部环境这两个维度上的基本假定。可以看到，这一定义，从组织内外两个方面来思考组织文化，具有一定的全面性。而且，他对组织文化所进行的三个层次的思考，力图寻找组织文化的结构，无疑也是非常有益的尝试。然而，这一定义存在着两个问题，一是没有深入把握作为一个整体的组织文化的本质，甚至可以说，缺少对组织文化的整体性的分析，因为无论是把基本假定作为组织文化的最深层次的内容，还是把组织文化观念系统分为针对组织内外的两个维度，并不意味着就能够揭示组织文化整体的本质。二是把价值观看作不同于基本假定的层次也是不恰当的。而从沙因对基本假定的分析来看，实际上，不少基本假定也就是真正意义上的价值观。之所以出现这种问题，是由于沙因的价值观概念不合乎西方自从 19 世纪末开始形成的价值学解释框架。在价值学的视野下，沙因所说的基本假定，也不过是深层的价值观而已。

另外，国外管理学研究中比较普遍的看法，是把组织文化分为对组织的使命、目标、愿景、价值观等部分的理解系统，也同样存在着没有把握作为一个整体的组织文化的变质，以及价值观概念的使用不严格等问题。使命、目标、愿景，通常至少蕴含了特定的价值观，它们不可能是纯粹事实维度的观念。

笔者认为，在本质上，任何层次的共同体的文化，无论是微观层次的共同体即各种组织的文化，还是宏观层次的共同体即社会的文化，都是共同体赖以安身立命的价值观系统。它要回答的问题是，共同体用什么样的意义系统引导和支持自身的存在，包括共同体究竟为何存在（即终极目的）、究竟如何存在（即方式过程）、以什么作为存在的目标（即结果指向）等。无论共同体文化是由共同体的发起者创立的，还是共同体发展到一定阶段后由管理者群体创立的，抑或由共同体内部的所有成员共同创立的，共同体文化的本质都是如此。例如，一个企业究竟是为了实现某种技术的长期领先而存在，还是为了创造客户满意的产品而存在；是为了实现自身的强大成长而存在，还是为了优质地服务于社会而存在，回答的就是企业存在的意义问题。

应该提醒的是，共同体的文化作为关于共同体究竟为何存在、究竟如何存在、以什么作为存在的目标等问题的回答，不仅是针对共同体整体主体的存在价值观要求，而且是针对作为共同体成员的所有个人主体的存在价值观要求。同时，共同体的文化尽管要求每一成员个人接受和服从共同体的存在价值观要求，但并不必然排斥或阻碍每个成员个人形成自己的特殊的存在价值观，相反，在现代社会的多数正常共同体中，成员个人都会形成自己的特殊的存在价值观，并且与共同体整体的存在价值观之间存在着相互作用，在正确引导下能够实现与后者的良性互动。

共同体的文化是一个共同体的灵魂，共同体的文化是否正确和适当，决定了一个共同体是否能够顺利发展，是否能够保持基业长青。一种健康而又具有真正生命力的共同体文化，除了合乎它所处的时代的根本精神、合乎时代进步的本质要求以外，在其内容上必定包含了深厚的人文关怀维度，而其中的一个重要方面，就是对情感价值的理解和信念，包括对情感价值的本质、情感价值对于共同体和个人究竟意味着什么、如何实现情感价值，以及情感价值的各种形式的正确认知和实践。

在现代的主要共同体类型——经济共同体、行政共同体、教育科技文化共同体中，由于以效率等功利目标为主导的价值目标，由于以工具合理取向的制度为支配制度，因而长期以来严重忽视了情感价值的重要性。这种存在方式不仅没有认识到时代发展对于实现情感价值的趋势要求，而且没有充分反映共同体成员对于情感价值的日益明显的追求，因而在共同体文化中缺乏充分和强有力的关于情感价值的元素。因此，要在当今的共同体中实现总体的情感健康目标和其他各种主体的情感价值目标，必须从源头上、从根本上建构、重塑和改革共同体文化。这涉及建构关于共同体整体所需要的情感价值的观念系统，正确定位情感价值在共同体的价值观念系统中的意义，阐明其他主要主体及其共存关系所需要的情感价值，建立共同体文化在实现情感价值方面的实践保持机制等。

首先，在共同体文化中建立关于共同体主体所需要的情感价值的观念系统，是建构能够充分重视和实现情感价值的共同体文化所必需的关键方面之一。应该指出，这一观念系统不同于关于共同体主体的整体价值观念系统，它只是后者的重要构成部分，旨在说明共同体整体所需要的情感价值是共同体的存在本性所要求的最高层次的情感价值，具有统一、引领、持久等本质特征，包含着不同的维度或种类，具有自身的有规律的实现过程等。

其次，在定位情感价值在共同体主体的整体价值观念系统中的地位方面，需要在以下三个方面做出明确说明。一是在共同体为何存在的界说和实践方面，明确情感价值的实现对于共同体生存发展的目的构成意义。明确把实现情感价值作为共同体存在所不可缺少的重要价值目的之一，把它或者作为与理性价值同样重要、或者作为仅次于理性价值的目的。换句话说，共同体既为了实现理性价值而存在，也为了实现情感价值而存在。在情感健康这一目的的构成维度方面，共同体文化必须明确指出和强调实现情感向上、情感活力、情感和谐、情感升华这些维度的必要性和内在意义。二是在共同体文化关于共同体如何存在的界说和实践方面，需要明确指出情感价值的正确实现方式和实现过程对于共同体的存在方式和存在过程的构成意义。也就是说，把情感价值的正确的实现方式和实现过程作为共同体存在方式和存在过程的内在构成部分，阐明它们与功利价值的实现方式、实现过程的同等重要性。在实现方式方面，明确指出和强调在共同体的制度中建立实现情感价值的专门方式以及建立符合情感价值实现要求的权力管理制度的必要性。在实现过程方面，明确指出和强调情感价值实现过程的独立性、不可缺少和持续性，找出和强调实现情感向上、情感活力、情感和谐、情感升华过程的一贯性。三是在关于共同体追求何种结果目标的界说和实践方面，共同体文化必须明确共同体的情感价值目标对于共同体的整体价值目标的构成意义，并具体确定共同体将要实现的情感价值目标的性质和状态。也就是说，必须明确，共同体的整体价值目标至少是非情感价值目标与情感价值目标的统一，无论是把情感价值目标作为主要的方面，还是把它作为次要的方面，抑或作为与非情感价值目标基本平衡的方面。应该指出，从本书对于目标和目的的不同理解出发，共同体的情感价值目标不同于共同体的情感价值目的。后者是共同体在情感价值方面的终极意义指向即情感健康，而前者则是共同体在情感价值方面所要达到的结果指向，即所要达到的情感健康的程度、层次、范围等。尽管共同体的情感价值目标没有共同体的情感价值目的那样重要，但在共同体的整体价值目标层次上，它却需要占有上面所说的那些重要位置中的一种。

再次，共同体的文化也需要对其他主要主体特别是它们的共存关系所需要的情感价值，做出明确充分的观念界定。一是在共同体内部的所有成员个体及其共存关系方面，共同体文化必须对所需要的主要情感价值做出说明和强调，包括个体层次上的情感积极、情感真诚、情感快乐、情感稳定等，以及个体之间的情感互信、情感关爱、情感互助、情感和谐等。共同体文化需要清晰地说明这些情感价值的实质内涵、主要特点，如何才能建立和持久保持它们，它们对于个体存在、个体共存所具有的本质意义等。二是在管理者与非管理者及其共存关系方面，其所需要的主要情感价值观念在共同体的情感生活中具有关键性，因此，共同体的文化也必须对此做出明确要求。（1）对于管理者和非管理者来说，要求他们都需要树立个体层次上的那些情感价值观念。（2）对于管理者来说，必须特别要求他们成为情感价值观念的榜样，要求他们树立热情、开放、宽容等情感价值观念，树立对非管理者的情感关爱、情感平等、情感支持等价值观念。（3）对于非管理者来说，考虑到时代正在改变他们在共同体中的从属地位，使得他们在精神上开始成为具有独立人格的存在者，在情感价值的实现上与管理者的地位越来越接近，因而需要他们树立情感独立、情感自信、情感自尊等价值观念。（4）对于管理者与非管理者的共存来说，考虑到当今共同体中突出存在的双方在情感上的相互隔阂、相互疏远、相互冷漠等问题，要求他们树立情感互信、情感共鸣、情感互进等方面的价值观念，成为共同体文化的一种重要要求。

　　最后，为了保证形成重视情感价值的共同体文化，也需要在共同体中建立能够有效促进实现情感价值的文化实践机制。一是确定共同体文化在实现共同体与个人的情感价值方面的作用和任务。共同体文化十分重要，但它毕竟不是共同体生活的全部，而是只能影响和规约共同体的业务规程、业务制度和权力管理制度，影响实际的利益活动和利益关系，同时，它的观念性质和特点也决定了它的作用只能是渐进的过程，这些都决定了只有明确它在实现情感价值方面的作用和任务，才能够在实践上真正发挥作用。二是在负责共同体文化实践的机构中，设立负责解释、宣传、推广、促进实现共同体与个人的情感价值目标的专门团队，赋予其能够有效达到目的的职责权力，包括检查、评价和监督等。三是建立能够有效促进实现情感价值的文化实践运转流程，包括能够促进实现情感价值的文化启动、文化助推、文化维持、文化评价等一系列步骤的实施。

六　创生和发展共同体生活的道德情感

人们的情感总是由于所追求的不同目的、所指涉的不同社会生活对象而分化为不同的存在形式。从这一角度看，人们的情感有追求道德目的和非道德目的的区别，有指涉道德对象和非道德对象的区别，因此，人们的情感能够产生道德情感与非道德情感的存在形式。非道德情感主要包括自然情感和功利情感。自然情感主要是人们为了实现自然生理的需求所产生的情感，而功利情感则是人们为了实现功利目的而产生的情感。对于功利情感的提法，人们可能会提出疑问，即认为情感在本质上是从人的内心自然发生的，而不是由功利引起的。然而，人们对功利性的追求的确能够导致从内心产生相应的感情。人们的情感生活现实可以证明这一点。当人们为了某种或某些利益而高兴、苦恼时，这种情感就是由对功利的追求所引起的，是功利性质或功利类型的情感，这与人们在追求道德目的的过程中所产生的道德情感如道德愉悦和道德苦恼是不同的。

从人类社会情感生活的整个历史进程及其基本经验来看，由于道德情感主要是以理性为基础的感性形式，是以道德理性或道德规范引导情感而形成的情感，所以，道德情感是人之为人、社会之为社会的本质情感，它比自然情感和功利情感等情感处于更高的层次、更高境界，是这些情感升华的最高目标所在。中国古代孔孟的仁政理论把培养仁爱、羞恶等道德情感而非自然欲望和功利追求，作为修身、齐家、治国、平天下的首要任务；西方近代的康德突出强调道德高于欲望和功利；以及冯友兰所提出的道德境界是高于自然境界和功利境界的人生境界，都从理论上表明这一点。

在当今共同体生活的情感维度上，最需要的是道德情感，或者说道德情感是共同体生活的最重要的情感价值。因为道德情感作为对自然情感和功利情感的超越，具有融解自然情感的各种苦恼、减弱或消除功利情感的各种冲突的作用，能够促进共同体整体的情感生活和谐。因此，建构共同体的道德情感是十分必要的。

1. 道德情感的本质、内容与种类

道德情感是人们在共同生活中以道德规范为指引、规约、影响下所产生的一种情感，而道德规范在本质上是道德理性，因此，道德情感在本质上是人们在共同生活中所形成的以道德理性为引导的情感。也就是说，道德理性是道德情感的灵魂。如果我们把道德与非道德看作是相互对峙而存在，那么，道德情感与非道德情感特别是自然情感、功利情感，也是相互对峙而存在的。

道德情感具有自身之为自身的本质。无疑，与任何其他一种情感一样，道德情感也是一定主体以生理为基础的一种心理活动，是一定主体对于某种刺激所产生的或肯定或否定的心理反应或心理行为。如自尊感、自豪感、羞愧感、助人之乐、对他人的关爱、对祖国的热爱等，都是一种心理反应，一种心理行为。这是道德情感与其他情感的共同性所在。

然而，道德情感的本质并不在于它的生理和心理特性，而在于它的社会和道德内涵。笔者认为，道德情感产生于人们共同生活的道德维度，是人们以对共同生活的道德需要的理性认

识为引导而产生的情感反应。由此，道德情感在本质上蕴含着人们在共同生活上的三个方面的规定性：道德需要为基、道德理性引导、情感目的实现。这三个方面的动态整体，是道德情感之为道德情感的本质。对于任何一种主体来说，无论是一个个体，还是一个群体，它们所产生的道德情感，在本质上都是如此。

其一，道德情感是以人们共同生活的道德需要为基础的情感，是人们在共同生活中实现道德需要而产生的一种情感，是对人们在相互交往、相互合作、共同发展方面的道德需要的情感反映。人们是社会性质的存在者，在本质上处于共同生活的过程中，而人们的共同生活总是产生各种社会性质的需要，其中一个重要维度或一种本质性的需要是道德需要。依据道德需要而共同生活，是实现良好共同生活的一个重要前提，由此，也必然会进一步产生相应的道德情感。

人们共同生活所产生的道德需要有很多。从人们共同生活所包含的"共同领域"来看，主要有人们在精神共存方面的道德需要和在利益共存方面的道德需要。人们在精神共存方面的道德需要，除了在情感自身维度上的需要以外，主要是人格平等、认知平等、意志自由、精神相互和谐等方面的需要。当人们充分按照这些需要而共存并产生情感时，这些情感通常就是充分的道德情感；当人们只是在一定程度上依照这些需要而共存并产生情感时，这些情感通常就是不够充分的道德情感；当人们违反了这些需要而共存并产生情感时，这些情感通常就是非道德的情感。人们在利益共存方面的道德需要，主要是利益的共同实现、公平正义、和谐平衡、共同利益高于个人利益等。当人们按照这些道德需要而共存并产生情感时，这些情感是基于人们在利益共存上的道德需要所产生的情感，而不是基于某个人或某些人的私利等非道德需要而产生的情感，因而，这些情感通常也是道德情感，而不是功利情感。

　　简言之，在人们的共同生活中必然会产生各种社会性质的道德需要，由此才会产生相应的道德情感。由于不存在孤立的个人，所以不会产生纯粹个人性质的道德情感。当然，共同生活中的不同个人，会产生不同的道德情感，而且，即使是在不同个人那里所分别产生的同一性质的道德情感，如前面提到的自豪感、助人之乐、对他人的关爱等，也会有程度、广度以及表现形式的不同，这是我们必须注意的。但这种状况并不意味着道德情感不是产生于共同生活的道德需要。

　　其二，道德情感是以道德理性为引导的情感。所谓道德理性，正是对人们共同生活的道德需要的认识。所谓人们依照共同生活的道德需要而共存，就是通过对这些需要形成理性认知，以这些理性认识为指引而实现这些需要。在人们共同生活中，道德理性主要表现为通常人们所说的道德规范。道德规范既包括一个社会中以理论形态存在的关于人们应该如何行动的道德原则、道德标准，也包括不具有理论形态的道德风俗、道德习惯。无论是前者还是后者，在本质上都是以理性认知为主导的，都是道德理性的表现形式。无论如何，道德理性的引导，是道德情感得以产生的方向或灵魂。没有它，就既不会形成真正意义上满足道德需要的道德行为，也不会形成道德情感。例如，一个人在听说增加薪水时而产生的功利喜悦，就不属于道德情感。需要注意的是，这里所说的道德理性的引导，不仅包括人们以道德理性为引导而把已有的非道德情感转化为道德情感，而且包括人们以道德理性为引导所形成的与非道德情感无直接关系的新的情感。无论是哪一种情况，也都是道德理性融合于感情之中，属于中国儒家所说那种在道德上情理合一、情理交融的状态。

　　在这一点上，孔子的仁爱学说最能够说明问题。孔子所说的作为仁之本的孝与悌，即子女对父母的孝顺和兄弟之间的关爱，虽然都以血缘纽带为基础，但都应是以道德理性为引导的情感——道德情感，而不是纯粹自然血缘性质的情感。而孔子由此而扩展开来的"仁者爱人"，以及以仁爱施政，则是更加广阔的人际道德情感和治理方面的道德情感。显然，孔子所提倡的仁爱，就是一种情理合一、情理交融的道德情感。

另外，亚里士多德关于伦理美德与理性之间关系的讨论，康德关于敬重与理性法则之间关系的论述，虽然并不是直接专门分析道德情感的，但对我们把握道德理性在形成道德情感中的根本作用，也有着重要的启示意义。亚里士多德认为，伦理美德作为人们行为和感受的中道，作为关系到处理情感、处理快乐与痛苦的一种品质，作为一种具有选择能力的品质，是受到理性规定的，理性是伦理美德的引路者。康德提出，对于道德法则的敬重是唯一能够完全先天认识的一种情感，它产生于纯粹实践理性，也仅仅听命于纯粹实践理性，是对人之自然秉好、本能自爱的超越，因而可以称之为道德情感。对于人类的存在来说，这种道德情感是唯一而同时无可置疑的道德动力。

从亚里士多德和康德的思想中可以直接或间接地看出，道德理性的引导，不仅是道德情感得以形成和持存的条件，而且是道德情感得以形成和持存的灵魂。

其三，道德情感是情感目的的实现。所谓情感目的，不是情感本身具有目的，而是人类作为理性和社会存在者所要求的情感生活所须达到的终极目的。显然，人们的共同生活在情感上的终极目的不是非道德维度上的情感——既不是以血缘关系为基础所产生的自然情感，也不是在功利价值追求过程中所产生的功利情感，而是在道德理性指引下实现道德需要的基本过程中所产生的道德情感。

道德情感作为人们共同生活的终极情感，有着不同于非道德情感的独特而又最高的存在状态。

首先，道德情感是人们共同生活的情感的完满状态，它无须外求于其他情感或非道德情感。用柏拉图和亚里士多德的"自足"概念来说，道德情感是情感达到了自足状态，即情感自身的至善状态。

其次，道德情感是人们共同生活的情感的最高层次的价值状态，是在价值上高于非道德情感的情感。虽然，在人们的共同生活中，总是会产生非道德维度的情感，特别是自然情感和功利情感，但道德情感在价值层次上都高于它们的价值。

最后，道德情感是人们共同生活的情感的超越状态，或者说是具有超越性质的情感状态。所谓超越性质，就是从无到有，或从原有到新有。从道德情感的产生途径来看，它的超越性质非常明显，而且存在着多种情况。第一种情况是不针对任何其他道德情感而产生的新的道德情感，这是以前在主体的心灵活动中没有过的，是一种全新的感受经验，同时，它也不是通过对任何其他情感如自然情感或功利情感的改造而产生的。第二种情况是在对非道德情感的超越过程中产生的道德情感，它扬弃了非道德情感的非道德特性，如自然情感的自然特性、功利情感的功利特性，使之升华为具有道德特性的道德情感。也就是说，这种情感下产生的道德情感，是以原有的非道德情感为超越对象的。第三种情况是在对原有道德情感的发展或再超越过程中产生的新的道德情感，它尽管以原有的道德情感为前提，但一般比原有的道德情感更加广阔或高级，意义更加重要、更具本质性。第四种情况是在对原有道德情感和非道德情感共存状况的超越过程中产生的新的道德情感。这种情况比较复杂，涉及对两种不同性质的情感的特定关系状况的把握、调整、改变、综合，以及塑造或开发新道德情感的过程。

道德情感之所以具有超越性质，是因为它的活动的根本指向，是人类之为人类的那些高级善，因而它是一种以人类的高级善为价值归属的高级情感。这种情感的不断生成和发展，无论在个体层次上还是在群体层次、民族层次上，都意味着它在进行着某种形式的超越性建构，不断为实现更有尊严、更加美好的情感生活而前行。

道德情感在本质维度上的这三个规定——道德需要为基、道德理性引导、情感目的实现，是向度不同而又相互贯通的过程统一体，任何一个规定都不能孤立地存在。道德需要为基是内在前提，也就是说，它并不处于道德情感之外，而是处于道德情感之中。道德理性引导是灵魂，它贯穿于道德情感的所有内容和过程始终。情感目的实现是最终结果，它是道德情感不同于非道德情感的特质所在。简单概括它们之间的关系，就是，前提（道德需要为基）总是同时内在于灵魂（道德理性引导）和最终结果（情感目的实现）之中，灵魂总是时时引领着前提和最终结果，最终结果总是必然凝结着前提和灵魂。

道德情感除了具有自身的特殊本质，也具有不同于其他情感的独特内容。从动态结构整体的角度看，道德情感的内容包含两个要素和一个过程：道德情感主体、道德情感对象、道德情感过程。所谓道德情感主体，也就是在道德理性引领下而产生的情感主体，当一定的主体在道德理性引领下行动并且也产生了道德情感时，它就成为道德情感的担当者、评价者、体验者。所谓道德情感对象，也就是在道德理性引领下所产生的情感对象，当一定的主体依据道德理性而对某种言行或其他对象进行审视时，如果由于这些对象而产生了道德情感，这些对象就成了道德情感对象。所谓道德情感过程，是一定主体在道德理性规约下行动时所形成的对道德对象的喜悦、自豪、关切、苦恼、愤怒、悲哀、耻辱、忧虑、恐惧等感受过程。

道德情感的要素和过程，也是相互关联和不可分割的有机整体。就道德情感主体来说，它总是指向或相对于道德情感对象的主体，也总是处在道德情感过程中的主体，不存在离开后两个方面而孤立存在的道德情感主体。就道德情感对象来说，它也总是关联于道德情感主体，也总是处于道德主体所形成的道德喜悦、道德自豪、道德自尊、道德愤怒、道德悲哀、道德耻辱、道德忧虑、道德恐惧等情感过程之中的对象。就道德情感过程来说，它本身就是道德情感主体所展开的过程，是道德情感主体对于道德情感对象所进行的感受、评价、体验过程。

从以上讨论可以看出，在道德情感的内容中，道德理性是贯穿于其中的方向、根本、灵魂，只有在道德理性的引导和规约下，才有可能产生道德情感。没有道德理性的引导和规约，没有人们对道德理性的遵从、践履，就不可能形成道德情感主体、道德情感对象、道德情感过程。由此也可以得出，一个主体的任何道德情感的产生，都需要以认识和接受道德理性为前提。

道德情感有着不同的形式或种类。尽管任何道德情感都是在人们的共同生活中产生的，但在意向指向上却存在着重点的不同。进一步说，任何道德情感都是以某种主体（个体、群体、社会）为担当者而同时指向一定对象的道德情感。从这种关系的角度出发，可以把道德情感分为三大类。

第一大类是一种主体在和其他主体的共同生活中所形成的主要指向自身的道德情感，包括自尊情感、自豪情感、羞耻情感、骄傲情感、自我安慰情感等。这些情感，在多数情况下产生于个体主体，在很多情况下也会产生于群体主体。应该强调指出，这些情感虽然经常以个体为主体，但所反映的却是在个体与其他主体的共存关系或共存过程，而不是纯粹个体自身的情感。

第二大类是一种主体在和其他主体的共同生活中所形成的

主要指向他者（他人、其他群体、社会）的道德情感，包括热爱、关爱、爱国、忠诚、同情、尊敬、感恩、厌恶、憎恨、反感等。这些道德情感同样主要产生于个体主体层次上，同时，也经常产生于群体主体层次上。同样，尽管这类情感主要是指向他者的，但也不意味着它是一种主体对其他主体的单向情感过程，而是意味着不同主体之间的情感互动过程。

第三大类是一种主体在和其他主体的共同生活中所形成的指向自身与他者相互关系的道德情感，包括友谊情感、互助情感、相互尊敬、相互尊重、自由维度的情感、平等维度上的情感、正义维度上的情感、共命运维度的情感等。应该指出，这里之所以在自由、平等、正义、共命运的前面都加上了"维度"一词，是因为，在这些维度上，不仅会产生情感活动，也会产生认知活动，而且还会产生意志活动。也需要指出，不能把"……感"都理解为是情感，如正义感、责任感、集体感等，因为这些"感"可能只是道德认知意义上的感觉，而不一定就是道德情感。

在各种主体的共同生活中，在个体与个体的共同生活中，在群体与群体的共同生活中，都会产生第三大类道德情感。当然，友谊情感、互助情感、相互尊敬、相互尊重这些道德情感，主要产生于个体与个体的共同生活中，而自由维度上的情感、平等维度上的情感、正义维度上的情感、共命运维度上的情感，则主要产生于个体与群体、群体与群体的共同生活中。

2. 创生和发展共同体生活的道德情感所需坚持的基本指导理念

道德情感的本质规定、道德情感的活动规律、道德情感在各种情感中的高级地位、共同体和个体在道德情感建构方面的相互关联性，决定了创生和发展共同体生活的道德情感的必要性，也决定了创生和发展共同体生活的道德情感所须坚持的基本理念。对于管理者来说，需要努力把握相关的理念，然后明确这些理念的头等重要性，并自觉地坚持把它们付诸实践。依据这种思路，本书认为，以下四个理念是最为重要的指导理念。

第一，道德情感的本质——人们的道德需要为基、道德理性引导、情感目的实现的统一，决定了道德情感是共同体情感创生和发展维度上的根本要求，因此，在情感价值维度上，必须把道德情感的创生和发展作为共同体情感生活的主要方向和目标，同时，把它作为共同体生活的根本价值目标之一。对于共同体整体的健康生活来说，这是具有决定意义的一个方面。忽视了这一方面，或者对这方面没有达到高度自觉的认识并认真付诸共同体的生活实践，将会对共同体的健康生活造成本质性的不良后果。

第二，道德情感活动作为一种高级的情感活动，具有不以人的意志为转移的多维度的规律，这决定了在道德情感的建构和发展方面，必须充分认识和遵守相关的各种规律，而不是依据主观想象或任意性来进行。道德情感活动既包含情感活动的一般规律，如在正面维度上，它同其他情感活动一样，都要求心理健康和生理健康，都是由开始到发展的过程。同时，道德情感活动也包含着诸多特殊规律，如它的形成和发展是更加缓慢的过程；再如，它突出需要理性的引导。因此，只有认识和遵守各种相关规律，才能够实现共同体在道德情感方面的目的和目标。

第三，道德情感在各种情感中的最高意义地位，决定了必须把道德情感作为共同体生活的头等重要的情感价值，必须把道德情感置于引领自然情感、功利情感等其他情感的地位。如前所说，在共同体和个人的情感生活中，自然情感和功利情感有着自身的特定意义，也是共同体和个人的情感成长所不可缺少的。不能简单地看待它们的内在价值，同时，它们的地位确实处于道德情感之下，因此，在通常情况下，使它们从属于道德情感的创生和发展是正确的。当然，要做到这种从属，需要认识这三种情感的各自的不同特点、不同存在方式、不同活动规律，因势利导地进行，而不能采取强迫性、强制性的手段。

第四，共同体和个体在道德情感建构和发展方面的相互关联性，决定了必须高度自觉地在共同体和个体两个主体层次上同时和协调地进行道德情感的创生和发展，实现共同体和个体在道德情感上的一体共进。无疑，在一般情况下，共同体在其整体上所要求的道德情感具有整体性、统一性，众多个人所要求的道德情感则存在诸多差别，因而前者的道德情感一般大于和高于众多个人的道德情感。由此，在道德情感的创生和发展中，把握这种差别是重要的，然后，也需要针对共同体和个体双方成长的不同特点、不同任务，采取不同的方式。与此同时，也不能把双方的道德情感创生和发展分割开来，必须使它们形成相互协调、相互促进的共同过程。

3. 共同体生活的道德情感创生和发展所需要的基础

这里所说的基础，指的是能够促使道德情感创生和发展的共同体的存在方式。这里主要从道德情感的本质规定——道德需要为基、道德理性引导、情感目的实现及其统一——的要求来进行讨论。

一是为了实现以道德需要为基，必须在共同体中建立充分适合于人们产生道德需要的共同生活方式，特别是制度方式。这首先要求探讨和明确人们共同生活必然会产生哪些基本的道德需要，这些道德需要的本质意义、地位关系、实现条件等，然后创造相应的人们共同生活的方式或制度。如果判定人们的共同生活主要会产生精神维度的道德需要和利益维度的道德需要，那么，必须对如何安排它们之间的地位关系做出明确的评定。无论是判定哪一类道德需要更加根本、更加重要，还是判定两种需要可以大体平衡，都必须建立相应的人们共存的生活方式，促使产生相应的两类道德需要的关系。

　　二是为了实现道德理性引导，必须建立促进人们道德理性形成和发展的主要认知和实践途径，以便在条件成熟的情况下为道德情感的创生或发展提供理性方向引导。人们的道德理性的形成和发展，除了以道德需要的充分产生为前提以外，还需要建立合乎道德理性自身要求的具体途径。（1）建立人们能够充分认识道德理性的本质、特点、作用以及道德理性对共同体和个体生存发展的根本指导意义的认识机制，包括建立定期就道德认知问题进行对话讨论、定期评估人们的道德认识水平的平台，有助于丰富和深化对道德理性进行理解的常规措施，有助于创立和发展关于道德理性理论的途径等。（2）建立把道德理性付诸实践的有效机制，及时把相关的道德理性观念付诸共同体的道德实践，引导个体的道德行为。显然，即使共同体的大多数人形成了比较成熟的道德理性观念，如果只是让这种观念停留于人们的头脑中而不去把它变为人们的道德实践现实，那么，也很难形成这种观念对人们情感生活的实际引导作用，即使形成了实际引导作用，也难以长期持续下去。

　　三是针对情感目的的实现，需要建立能够有效促进人们创生和发展道德情感的主要机制。（1）建立相应的认知机制，使人们能够充分认识道德情感的根本性质、至上价值、基本特点、内容种类、活动方式，它与自然情感和功利情感的实质不同，它与道德理性的关系，它在道德生活中的重要意义，它在共同体整体生活中所具有的不可缺少的地位，等等。这是使人们形成和发展道德情感的认知前提。（2）建立促进人们创生和发展道德情感的过程机制，包括能够正确判定人们的情感状况和情感条件、能够有效促使道德情感产生的机构，以及使人们能够有效超越自然情感和功利情感而形成道德情感的具体方式（如创造减弱人们产生自然情感和功利情感的条件，建立促动人们以道德理性引导它们的精神激励方式等）。（3）建立评价、表彰、赞美、弘扬在人们道德情感方面的模范行为的机制，使人们形成以道德情感为光荣、自豪、骄傲的氛围，形成积极努力创生和发展道德情感的局面。

四是在针对实现道德需要为基、道德理性引导、情感目的的有效统一方面，需要在相关的层次上建立多个整体性质的实现机制。（1）需要建立把这三个方面有机结合起来的机制，使它们相互激发、相互促进、一体发展。这包括建立能够正确把握和处理它们之间动态关系的专业团队，确立能够使上述三个方面协调一致的基本手段等。（2）需要建立统领整个道德生活、使之能够长期健康发展的领导机构，以便在道德生活整体上为实现上述三个方面的统一提供领导条件。（3）在道德与利益的关系处理问题上，或者坚持道德高于利益、引领利益的实践原则，建立道德优先于利益的机制，或者实行道德与利益基本平衡的原则，建立相应的制度。只有这样，才能为达成上述三个方面的统一提供一种重要关系支撑。显然，如果长期把利益置于高于道德的地位，那么，将会严重抑制人们产生充分的道德需要，严重影响人们形成深入和坚定的道德理性，严重制约情感目的的完整实现。（4）在利益分配方面，建立公平正义的制度，使之在根本上有助于人们在利益生活维度上产生道德需要，形成正确的道德理性观念，创生和发展道德情感。（5）在共同体生活的所有主要制度方面，都需要尽可能达到基本完善的程度，以便为实现道德需要、道德理性和道德情感的良好互动提供全面的制度条件。

第三章

正确认识和建构理性在管理中的作用

　　为了清楚讨论问题的需要，这里先就本章所使用的四个基本概念——管理、理性、主体、共同体的含义以及本章的标题做一简单说明。这里所说的管理，是一个组织或共同体中的直接和间接管理者在理性观念引导下所进行的计划、指挥、协调、控制等方面的实践。这里所说的理性，指的是各种主体所具有的把握事情的本质并由此去进行实践的能力和过程，包括理性认识的能力和过程与理性实践的能力和过程。正如康德所说，尽管人类的理性只有一个，但它有着理论和实践两个维度的存在。而这里所说的各种主体，则不仅包括处于社会和群体中的成员个体，而且包括社会整体、社会整体中的各种群体或组织。另外，本章较多使用的"共同体"概念，和亚里士多德所说的共同体在实质上相同，指的是人们通过一定的社会方式所结合成的统一体。在微观层次上，企业、行政单位、文化单位、学校以及其他各类组织都是共同体；在宏观层次上，国家或社会是最高的共同体。所谓理性在管理中的作用，和管理中理性的作用是一个意思。本书一般使用前者，为了表达的顺畅，在个别地方会使用后者。

一　管理的理性要求

应该事先指出，这里所说的"管理"（management 或 administration），其所指是广义的，意思是对一个共同体的引导和协调活动。因而，实际上，就"管理"概念与时下所说的"治理"（governance）概念来说，两者并无本质上的不同。在西方的语境下，这两个概念在语义上的确存在差别。管理是协调人们的活动而实现共同体目标的过程，而治理则包含统治和管理两个方面。从人类社会的国家领导体制的历史演变过程来看，在古代社会和近代社会，人们对国家的领导一直以统治为主、行政管理为辅。而从 20 世纪中叶以来，越来越多的国家的领导体制开始强调行政管理的重要性，强调多元主体共同参与领导的国家治理结构。而从现代企业组织的领导实践来看，则经历了单一领导主体（管理者）到多元领导主体（股东大会、董事会、经理层）的转变。对于以多元领导主体为基础的企业领导体制的概念命名，西方研究者们使用的是治理（governance）。但是显然，至少在自从企业产生以来的领导实践的历史中，这种命名并不意味着治理不属于管理，相反，治理是管理的一种历史形式。现代股份有限公司的领导组织机构通常都是如此。早在现代管理理论的创始人之一法约尔的工业管理与一般管理理论中，已经初步描述和分析了企业中由股东大会、董事会、经理层所组成的法人领导结构的功能和作用。①因此，从领导体制的历史和现状来看，在名称上使用管理还是治理，并无实质的差别意义。本书所使用的管理概念，包含了

---

① ［法］H. 法约尔：《工业管理与一般管理》，周华安等译，中国社会科学出版社 1998 年版，第 77—79 页。

治理的含义。

　　无论人们在概念上如何界定管理，都不影响管理在本质上要求以理性作为引导这一客观事实。也就是说，管理在本质上是理性取向的。之所以如此，归根到底是由于，任何层次的共同体都要求它的管理必须获得成功，而这又要求管理者以及其他成员必须对管理的各种相关规律形成相对正确的理性认识，并且必须按照这种理性认识去指导管理实践。

　　一个共同体的管理之所以必须获得成功，或者说一个共同体之所以把成功作为管理必须获得的基本价值，是因为任何一个共同体的活动都包括管理活动和由这个共同体的性质所规定的业务活动（或操作活动），管理活动是组织和协调业务活动的一种活动，这两类活动的成功与否，共同决定着一个共同体能否实现长期持续的生存和发展。因此，虽然仅仅在管理上不断获得成功，并不一定能够保证一个共同体的长期持续生存发展，但却是后者的一个前提。例如，在一个企业的各种活动中，有由这个企业的性质所规定的业务活动，如一个计算机生产企业中一线人员的计算机生产活动，同时，这种操作活动，是通过组织和协调等管理活动而进行的。一方面，由于业务活动本身存在着广义的技术问题，所以，其广义的技术的特定水平，直接规定着技术操作活动的成果的大小；另一方面，只有对业务活动的管理获得成功，一定技术水平下的业务活动才能取得相应的成果。

　　管理所需认知和遵守的各种规律，可以对共同体整体的生存发展活动的管理和对共同体整体生存发展活动的各个构成环节的管理，以及共同体生存发展的历时性过程来进行分析。同时，管理所需认知和遵守的各种规律也是一个系统，对于这些规律之间的内在关联也需要做出理性的把握。

　　首先，在对共同体整体的生存发展活动的管理方面所存在的主要规律，是实现共同体有机运转和健康持续生存发展方面的规律。

在实现共同体的有机运转方面，需要使包括管理活动在内的共同体的各种活动之间形成协调一致的关系。各种活动之间在功能和方式上总是存在着差异，如何既保持差异又把它们整合为一个统一的有机关系体，有着特定的规律。一是不同的活动具有不同的性质、特点和规律，必须对它们做出正确把握，由此确定使这些活动得以顺利进行的正确方式。二是不同的活动在整个活动体系中具有不同的地位，这也是必须正确认知和付诸实施的。三是这些活动之间存在着特定的相容度，必须找到使它们有效结合的方式。例如，对一个国家来说，存在着经济活动与非经济活动、物质活动与精神活动、利益活动与道德活动，以及管理活动与非管理活动等不同种类的活动，它们是实现国家以及个人的多种需要而必须进行的有实质差别的活动，只有正确把握它们，采取正确的管理措施，才能使它们形成良性的相互促进和协调发展。

在实现共同体健康持续的生存发展方面，则涉及更多方面的规律。一是需要不断实现巴纳德所说的效果和能率及其统一，即不断实现共同体的目的、不断充分获得共同体内部成员个人的贡献以及这两个方面的统一。二是需要正确处理共同体发展与个人发展的关系，使双方实现和谐互动、相互提升。在什么样的内外条件下必须以共同体发展优先于个人发展或者相反，或者必须使双方保持相对平衡，以及在什么样的历史阶段上需要创造什么样的制度、建构什么样的价值观引导体系，都是有规律的，都必须依据规律采取行动。观察现代社会中各种类型的组织可以看到，在有些组织中实行组织发展绝对优先于个人发展的管理方式是合理的，而在有些组织中实行这样的管理方式则是不合理的。三是需要建立共同体与外部环境之间的共存共荣关系。

其次，在对共同体整体生存发展活动的各个构成环节的管理方面，也存在着如何才能正常建立各个环节和如何使它们正常运行的规律。至于一个共同体整体生存发展活动究竟有哪些环节，巴纳德所提出的正式组织有三个构成要素的观点比较合理。下面的分析是以这三个环节为对象的。

在对第一个环节即共同体的生存发展的目的和目标的设定上，在如何才能做到正确设定这一关键方面，存在着规律。一是需要正确认识共同体的性质，它对于共同体的目的和目标设定具有基础意义。一个共同体是经济性质的、文化性质的、行政性质的，还是社团性质的，决定了这一共同体的不同目的和目标定位。二是需要正确认识共同体的内部一般状况，包括共同体整体的能力水平、共同体成员个体的知识和道德素质、已有的制度规则的可调整的弹性等。这些方面都影响着共同体目的和目标的设定。三是需要正确认识共同体所处的外部环境状况以及它和外部环境的关系状况，包括共同体对于环境的影响程度，环境对共同体的制约程度，共同体和其他共同体的力量对比、竞争的程度与合作的可能等。这些因素都在很大的范围内制约着共同体目的和目标的设定。

在对第二个环节即建立共同体的沟通体系方面，至少在如何才能充分有效而又节约成本这一维度上存在着规律。如何在管理者与非管理者之间建立起简捷、高效而又正当的沟通机制，如何在上下级之间实现及时充分的上传和下达，如何做到各部门之间及时有效地对发生的相关问题进行横向沟通，都是有规律的。巴纳德在建立有效沟通体系方面所提出的那些原则要求，正是对各种相关规律的反映。

在对第三个环节即调动和激励成员做出最大贡献方面，在如何调动和如何激励方面存在着各种规律。如何以正当的方式激发人们的主体性、创造性，使他们发挥出既合乎人性和伦理要求又合乎组织特殊要求的力量，涉及对组织成员的人生理想、加入组织的动机、所追求价值次序等方面的正确把握，包括分析它们得以产生的根源，检视它们所具有的合理性程度，找到实现或重构它们的恰当方式。组织成员的理想、动机、追求是多种多样的，有物质方面的和精神方面的，功利性的和非功利性的，个人性质的和社会性质的，等等，这都需要理性具体地去辨认和分析，并且付诸管理实践。巴纳德在分析组织得以持存的能率条件时，间接地指出了这一点。

再次，在一个共同体生存发展的历时性阶段跃迁或转型过程方面，也存在着不以人的意志为转移的各种规律。一个共同体生存发展的不同阶段，有着不同的目标任务要求、不同的形势状况，从一个阶段向另一个阶段的转变，在转变所需的前提条件、转变过程的健康要求、转变之后共同体发展方式的转换等方面，都存在着客观性的要求。其一，一个共同体的任何历史阶段的转变，必须具备基本成熟的内外条件。如果内外条件没有达到基本成熟，管理者以自己的意志强行推进转变，就只会带来挫折或失败。其二，在转变过程的健康要求方面，如何使转变过程平稳有效推进，如何有力地统一人们的思想、意志和行动，如何正确调整各种利益主体的利益关系，都存在着相应的规律。尤其是在调整利益关系方面，由于这关系到共同体整体、管理者和非管理者、每一成员的切身利益，因而调整的过程通常极其复杂、极其困难。其三，在转变之后共同体发展方式的转换方面，也存在着稳步前进和大胆创新、平衡发展和重点突破、内涵式发展和外延式发展等关系方面的规律。仅就稳步前进和大胆创新的关系的处理来看，一般来说，当一个共同体刚刚完成转变而进入新的历史阶段之后，由于各个方面的基础都有待巩固，因此，要求共同体采取方向明确、稳步前进的发展方式；而当共同体的发展达到初步巩固以后，则要求采取稳步前进与开拓创新相平衡的发展方式；而共同体达到充分发展以后，则通常要求共同体采取以大胆创新为主导的发展方式。

最后，管理所涉及的各种规律也是有着内在联系的复杂的结构体系。在共同体的整体活动层次上的不同规律之间，在共同体活动的构成部分层次上的不同规律之间，在这两个层次的不同规律之间，在共同体生存发展的不同历史阶段的规律之间，在共同体的共时性活动的各种规律与历时性活动的各种规律之间，都存在着特定的动态关联，存在着共同发生作用的机制，存在着主要和从属的地位关系，存在着历史性的表现形式。

需要指出，我们以往很少进行，至少很少自觉进行对各种规律之间内在联系或结构体系的研究。例如，我们对当今社会这种共同体的各种规律的认识，经常是认识到了经济如何通过市场经济体制而实现效率的规律，而很少去研究这种经济规律与社会整体的运动规律之间的结构联系，很少去研究这种经济规律与政治生活的规律、文化生活的规律、自然的规律之间的结构联系，因而也就难以自觉地采取与上述规律的各种结构性联系相符合的管理实践，这就必然会导致社会内部不同领域生活之间发展的不平衡和社会整体发展的不够稳定。由此来看，明确提出和强调这一点，对于推进和完善这方面的理论研究和管理实践是十分必要的。

总之，管理所涉及的上述各个方面，都是有规律的，只有管理者和非管理者充分发挥自身的理性能力，建构起强有力的共同理性，才能获得正确的认知，采取正确的管理行动，取得管理的真正成功。

二　理性在管理中发生作用的主体的层次

理性在管理中的作用，无论是在社会整体的管理中的作用，还是在社会整体中各种群体的管理中的作用，从主体的角度看，似乎就是直接承担管理任务的管理者的理性的作用。但实际上，真正的情况比这复杂和深刻得多。深入地分析可以得出，在管理中起作用的理性，总是具有社会性质的理性，而从主体的角度看，这种理性虽然以管理者为直接主体，但同时又在很大程度上渗透和表征着社会整体的理性、各种社会群体的理性以及非管理者的理性。

理性总是一定主体、一定人们的理性。因而首要的问题是，社会整体和群体能够作为主体而存在吗？社会整体和社会中的各种群体，都是人们在一定方式下形成的关系体，而不是任何一个或一些人，也不是所有社会成员的总和，说它们各自具有理性，这种理性的主体是谁？这两种类型的理性是如何存在的？无疑，这些问题都是前提性的问题，需要认真做出回答。

就社会整体来说，它的确是全体社会成员在一定关系下的结合体，但显然，它的历史演变和当下现实存在，是在特定的理性的引导下展开的，而且它的存在历史已经表明，是这种特定的理性引导它取得了到目前为止的生存发展的成功。因此，社会整体的理性，是使社会成为社会、使社会不断取得生存发展的基本成功的那种统一理性。这里所说的统一理性中的"统一"，指的是这种理性把社会的所有成员联合为一个整体，或者说这种理性引导着社会成员的整体行为朝着实现共同的目标而前进。当然，由于一个社会是集中地通过社会管理者的理性的作用而前行的，因而，在大多的时段里和多数情况下，社会管理者的理性在基本或很大程度上代表了社会整体的理性；在一定时段和一定情况下，也有可能完全代表了社会整体的理性。然而，最后这种情况并非是普遍情况，因为，一则社会管理者的理性可能在视野、深度上存在不足，因而没有全面认识到社会整体的理性的本质要求；二则社会整体的运动出现了空前复杂的形势或从未有过的崭新情况，社会管理者的理性在一定时期内难以获得正确的认识；三则由于他们可能被自身利益所拖累，因而即使在他们已经认识到社会整体理性的本质要求的情况下，也经常不能够按照这种要求进行管理实践。

既然社会整体是具有理性的，那么，这种理性的主体当然是社会整体。尽管并非社会的所有成员都自觉意识到它，尽管有的社会成员对于它的认知可能是朦胧的、不明确的，甚至是片面的和错误的，但可以肯定的是，至少有的社会成员在一定时期内自觉正确地认识到了它，并且依照这种认识最终引导了全体社会成员的行动。因此，社会整体的理性，可以理解为在一个社会的历史存在中发挥着基本正确而又在总体过程上起着主导作用的统一理性。

同时，一个社会中的各种群体即每一个群体也是具有理性的，这与社会整体具有理性的情形在本质上相同。每一群体的理性，当然是以群体为主体的，是支配群体的存在过程、使群体成为群体的统一理性。它发生作用的范围主要是在群体之内，比社会整体的理性发生作用的范围要小得多。同时，从重要性的程度来看，群体的理性一般处于社会整体的理性的重要性之下。即使是所有群体的理性的总和，在重要性上一般也低于社会整体的理性。

社会整体的理性和群体的理性的存在，可以在人们经常说的下列表达中得到证明。当人们说正确处理个人与组织的关系、个人与集体的关系、个人与社会的关系，坚持组织利益高于个人利益、集体利益高于个人利益、社会利益优先于个人利益时，就是分别把组织、集体、社会作为一种主体来看待的。这一点，巴纳德在讨论个人与集体的相互作用这种社会关系时所提出的集体也是一种特定主体的观点，是一个很好的启示。

另外，在管理中发挥作用的管理者的理性，除了受到社会整体的理性、各种群体的理性的影响以外，从长期过程的角度看，也必定受到非管理者的理性的影响。也就是说，非管理者在共同体中的长期生活、与管理者的长期共处，也总是会从自身的处境出发提出关于共同体的生存发展的目标、方式、战略、利益分配等问题的某种理性认知和实践要求，这也总会或多或少地使得管理者去思考、吸收、运用非管理者的这些理性成果，使得管理者的管理理性更加全面、更加正确，领导共同体取得更加有效的成就。

为了能够清楚地讨论问题，也有必要对管理者（或管理主体）的理性，做出几点明确说明。第一，这里所说的管理者，指的是所有直接和间接参与了管理的人们，而不是仅仅指有明确管理者头衔的人们。这一说明很重要，因为在历史上，管理本来就不完全是具有管理头衔的人们的活动，而在当今的管理中，管理者和非管理者的区别更是正在变得越来越微弱。第二，对于管理者的理性，从主体层次上无疑也可以分为以社会为管理对象的所有管理者之整体的理性、以每一群体为管理对象的所有管理者之整体的理性，但在本部分下面的讨论中，所说的管理者或管理主体的理性，是同时针对社会和群体这两种管理对象的，不再对理性在社会管理中的作用和在群体管理中的作用进行区分性的讨论。第三，管理者或管理主体的理性，由于本身是在社会整体的理性、各种群体的理性以及非管理者的理性的影响下形成的，因而在一般情况下，它都在很大程度上表征或反映了后三种理性，同时，它又不同于后三种理性；由于它和后三种理性不仅相互关联，而且处于相互作用的过程之中，因而，这里存在着四种主体的理性，这四种理性是在相互影响、相互制约、相互促进的过程中向前发展的。

下面，笔者将分别讨论这四种理性各自的特点以及它们之间的相互作用。

一个社会整体的理性是历史地形成的，具有历史传承下来的性质内涵、活动方式、价值指向等，这些方面都无形地影响着所有直接和间接参与管理的管理者以及其他成员的理性，包括发生和发展意义上的促生、渗透、形塑、提升、修正、改变等。在性质上，一个社会的整体的理性，总是具有特定的性质，如它究竟是群体福祉优先的理性，还是个人权利优先的理性；是强调人们和谐一致的理性，还是强调人们的独立多样的理性；是功利实用优先的理性，还是道义责任优先的理性；是重科学的理性，还是重人文的理性；是工具主导的理性，还是终极目的主导的理性。在活动方式上，是以综合统一为主，还是以分析划界为主；是以经验归纳为主，还是以观念演绎为主。在价值指向的重点上，是主要致力于求真，还是主要致力于求善；是以追求认知成就为主，还是以追求实践成就为主；是以创新发展为主，还是以稳妥为主。同时，无论在性质内涵上，还是在活动方式、价值指向上，这些方面中的每一对关系，也都可能发生双方大体平衡的情况。

一个社会整体的理性的上述情况，不仅直接影响着其中各种群体的理性，而且也直接影响着各种群体中直接和间接参与管理的管理者的理性以及其他成员的理性，无论是在理性认知的能力、方式、目标定位方面，还是在理性实践的能力、方式和价值取向方面，都是如此。在通常情况下，这种影响是决定性的。

　　就社会整体的理性对社会中各种群体的理性的影响来看，各种群体的理性虽然由于这些群体的性质、任务、运行方式的不同而存在着诸多差别，但这些群体的理性的本质特征、能力和范围、在认知和实践方面发生作用的方式等，都在一定程度上表征着社会整体的理性。例如，中华民族的理性，作为中国社会整体的理性，在性质上是人们的共同的社会福祉优先、强调人们和谐一致的理性，这种性质也深刻影响了今天中国社会中不同领域的多数群体的理性认知和价值取向。

　　就社会整体的理性对任何一种群体的管理者的理性的影响来看，这种影响既通过这一群体整体的理性，也直接达及管理者的理性，包括对管理者的决策方式和实施决策的方式、管理者对自身群体的价值目标选择，以及确立管理原则、制定管理制度、指挥和协调人们的行为等方面的影响。这里仅仅以管理者的管理是采取集权原则还是采取分权原则为例来说明这一问题。管理者究竟采取这两种原则中的哪一个原则，从根本上取决于组织的任务特点、发展阶段、外部环境状况等因素，但如果一个社会整体的管理在历史传统上一直采取的是集权原则，也会历史地或现实地传递给或至少影响着社会中各种群体对集权管理原则的认知和实践选择。

　　就各种群体的理性对于任何一个群体的管理者的理性的影响来看，由于各种群体的理性在构成或特征上，一方面已经在很大程度上体现和表征了社会整体的理性，另一方面也带有自身的特殊性，因而，每一群体的理性对自身内部的管理者以及对任何其他群体的管理者的理性的影响，一般也在一定程度上包含了社会整体的理性和其他群体的理性的某种影响在内。也就是说，一个群体中的管理者的理性，总是在一定程度上反映了社会的理性和其他群体的理性的性质、特点、内涵、价值取向、运行方式等。

应该指出，对于一个实践性质的群体的管理来说，理论性质的群体的理性研究过程和成果的影响通常最为明显。所谓理论性质的群体，包括了从事自然科学研究、社会科学研究、人文科学研究的各种群体。其中从事管理学研究的群体的理性研究过程和成果对管理者的理性的影响最为直接，而从事哲学研究的群体的理性研究过程和成果对于管理者的理性的影响最为深刻。

从现代管理实践的历史来看，现代管理学研究所获得的许多理性成果，都对现代管理者的理性产生了不同程度的促进或推动。泰勒和法约尔以科学理性为实质的管理理论、韦伯以工具理性为主要研究内容的层级制理论，直到今天依然被多数企业和行政组织的管理者作为理性管理实践的基本形式。梅奥的人际关系和"社会人假设"理论、巴纳德的正式组织理论，也以渐进而日益明显的力量改变着现代管理者的理性观念和实践方式。德鲁克以经验实证为突出特点的企业目标管理理论、沙因以基本假定为主要内容的组织文化理论，都在很大程度上变成了当今许多管理者对自身所处的组织进行管理的指导原则。

现代以来的哲学研究者群体的某些理性成果，特别是管理哲学研究者群体的某些理性成果，则以非常独特的方式对现代管理者的管理实践产生了重要作用。

就一般哲学理论研究的影响来看，在西方，现代以来的哲学形成了分析哲学、人本主义、后现代主义这三种思潮，如果说分析哲学是否对西方现代管理产生了影响这一点还有待确定的话，那么，人本主义和后现代主义的影响则应是可以肯定的。人本主义哲学的主题是研究人存在的意义、价值、自由选择和责任以及意志、情感、直觉在人的生存中的地位，强调个体的独一无二性。反思现代不同管理模式的演进和转换可以看出，人本主义哲学对个人的自主性、价值观和情感等因素的强调，从哲学理念上首先促动了管理学研究者马斯洛、沙因、圣吉等人对组织中的个性和人格、价值观问题、情感问题、个人愿景与组织愿景的统一等问题的研究，这一研究的进展过程连同越来越多的组织对人本管理的迫切需要，共同导致了现代组织管理人本主义管理模式的产生。至于后现代主义，它的主要内容是批判现代性的思维方式和实践方式，力图超越现代性的局限，提出了非中心、非本质、不确定性等观点。就后现代主义对管理的影响来看，有一点应该可以确定，就是它对不确定性的强调，首先引起了管理学者对组织内外形势的不确定性方面的研究，并最终使一些管理实践者也开始明确关注管理中的不确定性问题。

在我国，20 世纪 80 年代以后对中国古代哲学的研究，对我国的企业和国家管理者的理性认知和管理实践，产生了十分明显的有力建构和促进作用。最突出的是对中国古代哲学中和谐思想包括天人和谐、社会和谐、人际和谐、自我精神和谐思想的阐发，直接被某些管理学者和管理者运用到管理实践中。现在来看，"和谐管理"不仅是许多管理研究者的理论口号，而且成为许多企业管理者的实践原则。而中国共产党把社会主义和谐社会建设作为社会发展的主要目标，并大力进行建设实践，也显然在中国古代哲学和谐思想的研究和传播过程中获得了重要营养。

就管理哲学研究成果对管理的影响来看，现代西方的谢尔登以划分管理的科学和伦理维度为基础的管理哲学、福列特以"融合的统一体"观念为核心的企业管理哲学，已经以或隐性或明显的方式，越来越强有力地扩大了 20 世纪 30 年代以后企业管理者的哲学视野和辩证思维能力。圣吉以系统思维为灵魂的五项修炼和学习型组织哲学理论，也在 20 世纪末的许多企业管理中风靡一时。而 20 世纪 80 年代以来在企业管理中仍然突出进行的所谓价值观管理，除了企业管理中价值观问题的凸显这一现实推动之外，在观念源头上则可以肯定地说，是近现代哲学长期对价值观问题的研究过程和成果通过现代管理学而渗透到了管理者的理性认知和管理实践中的结果。因为考察现代管理学对于所谓价值观管理的研究可以看到，对于什么是价值观、价值观的特点、价值观对于人们存在的意义等一般问题的界定，基本上都是对哲学领域关于价值观研究的结论的借鉴和阐发，而这些结论又被企业管理者运用到了价值观管理的实践中。

我国的管理哲学研究，是伴随着社会主义现代化建设和改革开放的时代进程而产生和展开的，到今天已经取得了比较突出的理论成果。其中，有一些成果也直接或间接地影响了我国管理者的管理实践。一个最显著的案例，就是由不少学者根据对中国古代管理哲学思想和管理实践的研究所提出的"中国式管理"概念，已经被一些企业管理者实实在在地应用到对管理模式的探索中。如南方深圳的某软件公司所进行的改变原有的家长式管理、建立兄弟式管理的实践，就是公司董事长在接受了"中国式管理"概念后所进行的典型的管理模式探索试验。

自然，这里强调指出社会整体的理性、各种群体的理性以及非管理者的理性对管理者的理性的多方面影响，并不是意味着管理者的理性完全被动地处于前三种理性的支配之下。由于管理者直接承担着管理任务，直接面对经常变化着的内外形势，深刻经历着共同体生存发展的不同阶段，因而他们必须不断建构、修正、完善自己的理性能力和活动过程，力求对所遇到的新情况、新问题做出尽可能正确的理性判断，指导包括自己在内的所有成员的一体行为实践。这意味着，管理者的理性，在一般情况下并不是社会主体的理性、各种群体的理性、非管理者的理性的简单和完全的复制或运用，而是自觉不自觉地思考、吸收和运用了上述三种类理性的某些因素、某些方面。

因而，在管理中，所谓管理者在管理中发挥"自身理性"的作用的过程，本身就是与社会整体的理性、各种群体的理性尤其是管理者所处于其中的那个群体的理性，以及非管理者的理性之间无形的相互作用过程。这种相互作用过程，在多数情况下，是社会整体的理性和管理者所处于其中的群体的理性处于主导地位，与它们相比，管理者的理性处于次要地位。当然，社会整体的理性对于管理者的理性的主导，比起群体的理性对于管理者的理性的主导，要更加稳定、强大、有力。因为在一个较小的群体中，经常会发生管理者的理性对这个群体的理性形成支配的状态。与此同时，也需看到，就管理者的理性与非管理者的理性的关系来看，一般情况下，前者的理性主导着后者的理性。同时，必须认识到，在管理者身上集中发生的这四种理性的相互作用过程中，在一定条件下，不同理性的主导地位和非主导地位会发生转换。在特定的历史阶段、特定的情境下，在紧迫情况下，在一个群体或社会发生历史阶段变革的条件下，管理者的理性经常会取得支配社会的理性、群体的理性的地位。因此，我们对它们之间的地位关系，不能简单地做出绝对固定的判定。

三　理性在管理中作用的特点和维度

所谓理性在管理中的作用的特点，是相对于理性在非管理活动中的作用的特点而言的。也就是说，理性在管理之中的存在，是以管理的本质要求为展开过程的，是由管理在共同体中起作用的方式所规定的。

应该事先澄清的是，由于在任何共同体中都存在管理，因而人们很容易把管理与管理所组织的其他活动等同，误认为共同体的所有活动都是管理。例如，我们会听到人们说，经济活动是管理，科技活动是管理，文化活动是管理等。实际上，这种表达是不正确或不准确的。如本章第一部分所指出的，需要把一个共同体的所有活动区分为业务活动（或操作活动）和管理活动。如经济组织中的生产者直接从事的产品生产的活动，科技组织中的科研人员所进行的研发和应用活动，文化组织中一线人员所从事的文化产品制作和推广活动等，都是业务活动，而管理活动是管理者所从事的计划、组织、协调等活动。业务活动与管理活动存在着质的不同。当然，管理活动是直接作用于业务活动的。

说明了这一点之后，我们再来看理性在管理中的作用的特点。这里将主要从共同体的运转发展过程对基本管理任务的要求的角度进行分析。

由于任何一种共同体的管理首先都是对共同体整体的管理，因而实现共同体整体的健康生存发展，是管理的根本目标，而管理本身就是确定共同体的目的方向、整合协调人们的力量、平衡各种关系的活动过程，这就决定了理性在管理中的作用的特点。这就是说，管理者的理性必须服务于一个共同体的基本管理任务要求。

第一，在确定共同体生存发展的目的方向上，理性所发挥的作用是引领性质的。或者说理性在管理者所从事的这个方面的管理活动中，是一种引领性质的理性。所谓引领，一是只有它才能确定正确的目的方向，二是也只有依靠它才能够把目的方向坚持下去。

一个共同体究竟为了什么而存在这一目的方向问题，是一个共同体之为共同体的灵魂和意义所在，即它的安身立命、终极归依所在。一个共同体的存在有了正确的目的方向，就是有了共同体前进的根本的、无穷的价值动力来源。同时，这对于共同体成员的存在也具有根本意义。它是统一共同体成员的思想和行动，使他们形成对共同体的归属感，把自己的人生价值的实现与共同体的正确目的的实现结合起来的最为关键、最具本质性的一环。

确定共同体生存发展的目的方向，只有管理者乃至非管理者以理性思考为根本，发挥他们的理性在精神活动中的主导作用，才能够真正做到。如果他们以自身的非理性的精神活动，包括感觉、知觉、情感、意志、直觉、灵感、想象等活动为主导，就只能达及事情的非本质方面，而不能够在共同体生存发展的目的方向问题上形成正确结论。

同时，在对共同体生存发展的目的方向的始终如一的坚持上，一方面，人们只有主要依靠理性的力量、依靠理性能力的不断建构才能保持坚定，而依靠自身的非理性的力量和能力则不可能长久持续下去；另一方面，对目的方向的这种坚持，对于实现共同体的长期持续健康发展具有根本意义，这也就决定了人们必须以理性分析、理性判断来引导共同体的各种活动，不断朝着组织的目的方向迈进。

中外许多管理哲学思想家在探讨不同层次的共同体时，都深刻认识到了理性对于共同体的正确目的方向的确定和坚持的引领意义。例如，在古希腊，柏拉图和亚里士多德的城邦治理理论，都自觉认识到并明确强调了理性对于城邦方向的引领作用，把理性所确定的至善即全体公民的幸福作为城邦治理的根本目的方向。在现代，巴纳德的组织理论，在指出直觉、想象、灵感等因素在组织决策中的重要作用的同时，也明确坚持了理性对于组织方向的确定和引导的头等意义。① 中国古代的孔子和孟子的治国理论，把国家的安定太平作为国家治理的根本方向和目标，在实质上也同样是强调理性在国家治理中的方向引导地位。在当代中国，邓小平的治国思想尽管强调大胆试验和探索，但他的治国思想在实质上也同样把科学的理性认知作为引导国家发展方向的灵魂。他在思考改革国家的决策体制时对建立科学决策体制的强调，他在思考政治体制改革时对于社会主义民主和法制的强调，都充分表明了他对所要解决问题的高度理性审视。

顺便指出，这里所说的目的（purpose），与人们通常所说的目标（objective）存在着不同。一般而言，目的是目标的本质和归依，目的从根本上决定目标，目标是对目的的具体化或具象化，是对目的的指标界定或描述。就一个共同体的存在来说，如果它的存在目的是实现全体公民的福祉，那么，它的存在目标则是对上述目的的具体化的说明，包括全体公民的生活富裕程度、精神健康程度、社会安定程度等。

第二，在对共同体的业务性质的活动和结构功能运转的管理上，理性的作用具有整合性特点，或者说理性在这一方面是一种整合性质的理性。

任何一个共同体的业务活动都是多领域、多方面的。在宏观层次的共同体——整个社会中，其经济、政治、文化、教育、卫生等各个领域都存在着业务活动，只有把它们整合起来，才能实现它们的有机统一运转。这正是理性在管理中的一种重要作用。在微观层次上的各种共同体——社会中的各种类型的组织中，也存在着由各种共同体自身的性质所决定的业务活动，如企业组织中的生产活动、销售活动、财务活动、招聘

---

① ［美］C. I. 巴纳德：《经理人员的职能》，孙耀君等译，中国社会科学出版社 1997 年版，第 146—147 页。

活动，教育组织中教师的教学活动、科研活动，招生人员的招生活动，政治行政单位中办公人员的会议安排活动、宣传人员的宣传活动、存档人员的存档活动等。对于每一种组织中的各种业务活动，也必须进行整合或统一，才能使这一组织正常存在下去，这也是由这些组织的直接或间接的管理者发挥理性作用而实现的。

从功能结构的角度看，一个共同体的业务活动一般都是在共同体内部的不同单元或部门中进行的，这些单元或部门承担着不同的操作功能，组成了共同体的操作功能结构。为了实现共同体的有机整体运转，也必须把这些单元或部门的功能结构进行整合。这要求管理主体在理性上找到有效的整合方式，以此来进行这方面的决策和实施决策。否则，一个共同体的功能结构将处于分割状态，难以健康长久地运行下去。

应该指出，在共同体的整合问题上，现代西方的一些管理思想家已经从不同角度做出了富有启发意义的探索。早在20世纪30年代前后，福列特的企业管理哲学理论就把使企业的各个方面融合为一个协调一致、健康运转的统一体，作为检验企业管理或工业管理是否成功的首要标准，并且在如何实现这一任务上突出强调了形成客观的科学认知也即理性认知的关键作用。[①] 20世纪80年代中叶，沙因在其开创性的组织文化理论中，把对组织内部成员的整合需要作为产生组织文化的一个重要来源，并提出了在这方面一般会形成的若干基本假定。[②] 沙因和福列特所做的研究虽然角度不同，但却都深刻认识到了共同体内部整合这一本质要求。因此，从在管理中理性的承担

① ［美］玛丽·福列特：《福列特论管理》，吴晓波、郭京京、詹也译，机械工业出版社2007年版，第2—19页。

② ［美］埃德加·沙因：《组织文化与领导力》，马红宇、王斌等译，中国人民大学出版社2011年版，第45—46、81页。

者——管理主体来看，无论是领导者，还是可能参与管理的一般员工，在这方面的理性都必须是一种整合性质的理性。

第三，在共同体的共时性运转、历时性过程上，理性的作用具有共同体实现健康存在所要求的基本的动态平衡性特征。理性在这一方面可以称之为动态平衡性质的理性。

任何一个共同体，无论是在共时的运转维度上，还是在历时性过程维度上，在一般情况下，都需要达到各个方面的基本动态平衡。这都需要管理者的理性在认知和实践方面发挥主导作用。在共时的运转维度上，在共同体的各种活动之间、各个部门之间、各种功能之间、各个层次之间，以及共同体与外部环境之间，都需要保持基本的平衡状态。一旦这些关系中的某个或某些关系出现较大不平衡，必须及时找到原因或根源，加以妥善解决，重新恢复基本平衡。需要特别加以指出的是，在需要保持的这些平衡中，保持共同体与外部环境的平衡，与保持共同体内部的平衡同样重要，有时候甚至更加重要。对于这一点，巴纳德的组织理论给予了突出强调，无疑有着合理的现实观察依据。在历时性过程维度上，当一个共同体在从旧的阶段向新的阶段转变或过渡的过程中，在改变旧的制度、结构、利益关系而建构新的制度、结构、利益关系的过程中，也需要保持共同体健康行进所要求的起码的动态平衡，因为，在这种情况下，很容易出现较大甚至比较严重的不平衡，而一旦出现这种情况，会对共同体的生存发展产生明显的负面影响。

下面将简单考察理性在管理中的作用的维度问题。可以肯定地说，理性的这种作用是多层次、多维度的。从管理的任务环节的角度，存在着理性在计划、组织、指挥、协调、控制这些环节上的作用，存在着理性在确定共同体目标、协调人们的活动、进行组织利益分配方面的作用。从管理所涉及的共同体内外形势的角度，存在着理性在共同体的内部整合与应对环境两个层次上的作用。从管理所涉及的事实与价值来看，存在着理性在事实维度和价值维度上的作用。为了避免和前面的内容发生重复，特别是为了聚焦现代管理的突出问题，这里将主要讨论理性在管理的事实维度和价值维度及其关系上的作用。

理性在管理的事实维度上的作用，主要是提供对共同体存在过程中各种广义技术上的"事实"的尽可能客观和正确的认识，解决如何实现共同体的"事实性活动"的效率问题。

任何一个共同体的广义技术上的"事实"或"事实性活动"，都有效率问题。在整体层次上，一个共同体的运行所包含的一个基本方面是人们的广义技术维度的"事实性整体"的活动，这种活动如何进行才是有效率或最有效率的，是有客观要求的。一个最重要的方面是取决于"事实性整体"的各个部分的活动之间是如何结合在一起的，它们的结合方式是否合乎广义技术上的要求，以及合乎的程度如何。在共同体的构成部分层次上，每一部分中人们的广义技术维度的活动如何进行才有效率或最有效率，也是有客观要求的。这主要取决于这一部分中各个个体的这方面的活动是如何结合在一起的。

这两个层次的技术活动的效率如何，又都涉及对人员的任务安排、组织结构安排、操作规范制定、制度章程制定、过程控制、绩效评价等方面的管理活动。对于所有这些方面的管理，都需要管理者充分发挥理性的作用，去获得尽可能客观、实证、准确的认识，并以此指导自身的管理实践。唯有如此，才能实现最大和最可靠的技术上的效率，并为管理者处理共同体的价值问题提供事实前提。

实现"事实性活动"的效率，是一个共同体生存发展的一种基本要求，对于现代以来处于高度竞争中的各种类型的主要共同体来说尤其如此。没有效率或效率低下，将使一个共同体在竞争中处于不利地位，甚至最终导致难以生存下去的后果。

因此，当今的企业组织、教育组织、文化组织以及人类的各种国家社会，几乎都把获得稳定可靠的效率作为自身生存发展的最重要的一种保障，作为管理的头等重要任务之一。

从理性在管理的事实维度上的作用的历史过程来看，它在事实活动的效率的获得方面，已经取得了丰硕的实践成果。其中，理性在共同体技术结构和技术制度方面所形成的层级制这一实践成果最为突出、最为典型，对现代共同体及其成员的生存发展产生了至关重要的影响。现代古典管理学的重要代表人物韦伯，曾经对层级制在技术上的效率的稳定和可靠，做过集中的考察和分析。无疑，层级制的本质，就是广义技术维度的效率至上，或韦伯所说的目的工具理性至上，而它的最大缺陷，也就在于把人仅仅作为实现效率的手段，而严重压制和损害了人们的自由创造、意志自主、平等共存、情感需求等人文和社会价值要求。

就理性在管理的价值维度上的作用问题来说，主要是认识和解决共同体生存发展所必然产生的各种主要价值问题。考虑到现代西方价值论研究在价值的本质以及理性和价值是否存在关联的问题上存在着激烈的争论，这里需要先就理性能否在价值事宜上发挥自身的基本功能，对价值问题形成理性认知，引导人们正确进行价值实践这一问题做出回答。审视现代以来人们在这一问题上的争论可以明显看出，争论的关键在于对价值的本质或价值判断存在着不同的理解。笔者认为，无论是把价值的本质理解为情感情绪（史蒂文森、艾耶尔），还是理解为兴趣（培里），① 抑或把价值的本质理解为"意动"（拉蒙

---

① ［美］R. B. 培里等：《价值和评价》，刘继编选，中国人民大学出版社1989年版，第43、45、49、51、60页。

特），① 都无法否认人们的理性能够获得对价值的本质和特点的正确认识，能够对任何一种价值判断的性质、内涵、根据等方面做出分析，形成对这种价值判断的理性认知，进一步说，人们的理性也能够对各种价值问题做出正确判断。因此，在这一点上，笔者同意美国哲学家杜威的观点：价值判断在根本上是一种以认知为基础的判断。② 当一个人真诚而非虚假地做出"这件事是好的或善的"这样一种价值判断时，一定是建立在对这件事之于特定主体的意义的认知基础之上。由此，可以肯定地说，理性在管理的价值维度上能够发挥自身所特有的基本作用。

理性在管理的价值维度上的作用，与它在管理的事实维度上的作用形成鲜明对照。它以共同体存在的意义为核心关注。在认识上，它一开始就强调管理的事实认知的"目的"指向，强调事实认知对特定主体的意义；在实践上，它强调为谁而实践，这种实践会带来何种价值、多大价值，强调实践结果的合意性（desirability），强调管理实践和共同体的其他实践的结果是否和在多大程度上实现了共同体生存发展的需要。

如果说理性在管理的事实维度上的作用在于弄清管理所涉及的事实"是什么"，解决如何实现事实维度的效率或如何安排和建构事实活动才能够实现效率的问题，那么，理性在管理的价值维度上的作用，则在于弄清管理所涉及的价值的"为什么"，包括弄清为什么要选择某种价值、以什么根据来安排不同价值之间的优先顺序、以什么尺度解决各种价值冲突，以及弄清为什么要实现事实维度的效率、为了谁而去实现效率、实现效率后所获得的价值应该如何分配等问题。

---

① ［英］W. D. 拉蒙特：《价值判断》，马俊峰、王建国、王晓升译，中国人民大学出版社 1992 年版，第 24、248 页。

② ［美］约翰·杜威：《评价理论》，冯平、余泽娜等译，上海译文出版社 2007 年版，第 24、28、60 页。

理性在管理的价值维度上的作用，从价值选择的角度看，主要是确定价值选择的正当性根据，这无疑包括许多方面。一是一个共同体，究竟选择什么价值作为共同体整体的根本的目的善，这种善的本质内涵如何，它的充分根据何在。二是选择什么样的价值作为手段价值，特别是所建立的制度所依据的价值顺序关系是否合乎共同体及其全体成员生存发展的要求。三是对于共同体与每一成员个体之间、共同体与外部环境之间、共同体内部的所有成员个体之间，确定什么样的权利价值与义务价值及其关系，包括用什么样的方式或标准分配共同体所创造的作为结果的利益等，都需要做出正当性的分析。四是如何处理管理者和非管理者双方的价值实现之间的相互关系，实现双方价值的有机互动，也需要确定可靠的基点。五是如本书第一章所指出的，共同体的生存发展必定会产生许多实质性的价值冲突，如何解决这些价值冲突，也有正当性尺度的问题。

这就是说，上述五个方面的价值选择，都必须确定其正当性的根据，因而都需要充分发挥和建构管理者和非管理者的理性力量才能完成。在这方面，理性所需完成的任务比在事实维度上的任务更加复杂。因为，这些任务的完成状况，不仅关系到共同体整体的健康生存发展，而且关系到共同体的内部成员以及其他相关者的健康生存发展；不仅关系到管理者与非管理者的价值追求之间的和谐共存，而且关系到共同体所有相关者的价值追求之间和谐共存。一句话，关系到对所有相关者都性命攸关的价值意义所在。

四　理性在管理中作用的过程性

理性在管理中的作用，如同理性在其他活动中的作用一样，都是一个过程，或者说理性在管理过程中是过程理性。本部分将具体探讨这一问题。从这一问题的一般性出发，结合现代管理实践对理性的突出要求和现代管理思想对这一问题的研究，这里将主要讨论理性在管理中作用的过程性的本质即不断超越性，以及无限性与有限性之间相互开启不可分割的运动。

理性在管理中的作用的过程性，在本质上指的是，理性对于管理的引导，是一个不断超越自身的过程，即不断建构、提高、修正、完善自身的过程。之所以如此，一方面是因为共同体的生存发展是过程性的，总是对它的管理不断提出新的要求；另一方面是由于人们的理性自身的本质的特点，即对于管理所涉及的各种规律的认知和由此所进行的实践也是一个过程。

应该提前指出，理性在管理中的作用过程，尽管的确是理性和实践相互影响、相互制约、相互促进的互动过程，但从根本上看，理性的作用是由管理实践以及共同体的其他实践所推动的。马克思关于实践决定理论、实践决定理性的观点是正确的、深刻的。因为人们的各种实践总会遇到新的情况，包括在实践的对象方面总会遇到新的规律或遇到原有规律的新的作用范围，在实践所使用的手段的适用性和有效性等方面总会发现新问题，而实践的外部环境也会发生新变化，实践的结果可能没有达到预期目标，以及一个共同体在完成了一定时期的实践目标和实践任务以后，又总是去完成新的实践目标和实践任务，等等。这就要求人们必须不断使用理性、建构理性特别是建构交互理性去进行深入思考，不断获得新的或更加正确的理性认知，制订新的实践计划，形成新的实践过程。

也就是说，实现共同体生存发展的管理和其他实践本身是超越性的，这种超越性从根本上决定了理性在管理中的作用的超越性。

理性在管理中的作用的不断超越性，可以从理性在管理中所建构的认知能力和实践能力两个角度加以分析。应该预先指出，理性在管理中建构认知能力和建构实践能力的过程，在很多情况下并不同步或完全同步。也就是说，已经建构起来的认知能力不一定马上被运用到对实践的指导过程中，反过来，已经建构起来的实践能力也不一定立刻会推动认知的发展。这两种能力的建构过程在一定条件下也会发生不一致甚至冲突。这主要由一个共同体的现实需要和历史惯性之间经常发生的矛盾、建构认知能力和建构实践能力所需的条件的差别，以及不同主体在认知和实践方面所付出的总体努力的不同分布所致。

从理性在管理中所建构的认知能力来看，理性的超越性在认知能力层次构成上主要表现为在认知概念框架、核心引导理念、思维方式等方面的不断创造、发展、丰富和深化的过程，在正确性程度上表现为理性在这些方面的建构是从相对正确到更加正确的过程。对理性在层次构成上的超越性的分析，考虑到人们已经对管理的思维方式进行了不少研究，这里将主要讨论前两个方面。而对于理性在正确性程度上的过程超越性问题，将把上述两个层次放到一起，一并进行讨论。

在层次构成上的认知概念框架方面，人们的理性所形成的管理认知概念是一个不断增加、过程批判、嫁接组合、提出全新概念的过程。首先，管理的认知概念的增加和丰富，本身就是认知工具力量的扩大。现代以来人们已经依靠理性提出了许多具有认知功能的管理概念。其次，对于原有概念进行批判。这种批判经常不一定全面，但毕竟增加了新的思考视野，激发了人们的再思考。例如，在对组织中人性的认识方面，现代以来梅奥所提出的"社会人"概念、西蒙所提出的"有限理性人"概念，都对近代斯密和李嘉图所提出的"理性经济人"概念进行了批判，虽然这些批判主要是一种实证的分析，在本质上存在片面性，但毕竟提出了重要质疑，引发了对这一问题的进一步讨论。再次，对原有认知概念进行嫁接组合。这等于把原来的同类或不同类的认知概念结合起来，形成了适应于新的认知对象的概念，因而具有重要的创新意义。例如，现代管理哲学在组织存在的目的和意义的认知方面，把管理概念与伦理概念相结合，形成"管理伦理"概念；把价值观概念与管理概念相结合，形成"价值观管理"概念。这些通过嫁接组合所提出的概念，虽然有的未必十分恰当，但却大大丰富了对组织为何存在的根本意义的揭示。最后，提出全新的概念。这意味着提出了一种全新的认知角度或方式，具有根本的创新意义。如在对组织的本质的认识方面，韦伯所提出的目的合理性或工具合理性（或译作"工具理性"）概念，巴纳德所提出的正式组织概念，以及他和梅奥提出的非正式组织概念，都形成了对组织的本质的崭新认识。

在层次构成上的管理的核心引导理念的建构方面，理性的作用也是一个不断创造、丰富、矫正的过程。一是创造管理的新的核心引导理念，这是从无到有意义上的改变，因而具有变革意义。例如，泰勒所提出的科学管理理念，尽管从内容上看并不很成熟，但毕竟是在管理方面的一种新的核心引导理念，因而对于当时和后来的管理理念和管理实践，产生了重大影响。而从谢尔登到麦格雷戈再到马斯洛等人所形成的人本管理理念，也是如此。二是丰富管理的原有核心引导理念。这是理性在这方面的一种非本质性的超越，但也具有重要的发展意义。例如，德鲁克所论述的关于企业管理的社会责任这一引导式理念，实际上自觉不自觉地继承了20世纪20年代谢尔登所提出的工业管理的社会责任理论，同时，补充了企业管理所依赖的具体环境内容（社区、资源、自然环境）。虽然他的思想在哲学的深刻性上无法与谢尔登相比，但这种在具体化上的丰富，使得管理的社会责任理念更具操作意义。三是对原有的核心引导理念的局限进行矫正，这经常意味着提出了更加全面或更加合理抑或更高层次的核心引导理念。这是一种对原有核心引导理念的最常见的发展形式。例如，谢尔登提出，对物的管理由于物是有规律的，因而能够形成科学，而对人的管理则由于人是变化的而无法形成科学。这显然存在着缺陷。所以，福列特明确提出，对人的管理也是有规律的，也能够形成科学。这是一种在更高层次或广义的科学意义上所做的纠正，因而视野更加广阔，观点也更加合理。

理性在管理中的作用的不断超越——无论是在管理的认知概念框架方面的不断超越，还是在管理的核心引导理念方面的不断超越，都是一种从相对正确到更加正确的发展过程。一切直接或间接参与管理的主体对管理所涉及的各种规律的认知，都是在一定的有限制的条件下进行的，都首先会受到这些主体以及共同体所有成员的已有理性能力和实践能力的限制。同时，管理所涉及的各种规律的展开也是渐次的过程，它们会依据条件的不同和变化而呈现出不同的表现形式。这都决定了在一定历史阶段、一定情境下的管理主体对于管理的相关规律的认识，不可能穷尽一切方面、一切内涵，所获得的理性认知也只能具有相对的正确性。随着管理主体以及其他成员的认知和实践能力的提高，随着各种规律的充分展开，他们对各种相关规律的认识会更加全面、更加充分、更加正确。例如，在认知概念框架方面，韦伯所提出的目的合理性或工具合理理性概念，揭示了人们的社会行为特别是层级制组织行为的"手段—目的"本质，是一种正确的认知概念，但这种正确也是相对的正确。由于韦伯用这一概念审视层级制中人们的行为，因而看到的只是效率至上的完全冰冷的利益关系，只是丧失了感情、激情、相互信任的行为。这就不够全面。因为即使在最严格的层级制中，也必然或多或少地包含了人们之间的非工具合理性行为，包括人们之间的非工具性质的观念交流、情感的交流、真诚互助以及非正式组织的多数交往行为等。这些方面，对工具合理性行为所造成的负面后果具有一定的消解、缓冲作用，对于人们的人文价值的实现具有积极意义。

从理性所建构的管理的实践能力来看，理性的作用主要表现在对共同体的组织结构和管理制度的不断建构、改进、完善和提升上。

就任何层次的一种共同体的组织结构的不断建造、改进和完善来看，不同的社会历史条件，一个共同体的不同发展阶段，它所遇到的不同形势、它的成员个性能力的不同发展状况，综合地要求建立相应的组织结构，并且在前行过程中要求完善、改进共同体原有的组织机构，或改变旧的、已经失去基本合理性的组织结构，建立适应新情况、新任务要求的组织结构，这些管理实践都是在共同体成员尤其是管理者的理性的引导下实现的，因而表明了理性在这方面的不断超越性。例如，从现代管理的历史过程来看，在共同体的内部职责完成方面，大多类型的共同体在一开始普遍采用的是金字塔式的层级制组织结构，而到今天则出现了日益增多的网络式的扁平制组织结构；在共同体的内部职能构成上，不少共同体也经历了从部门严格划界的职能分割结构到建立贯通各个部门的职能统一结构的过程。这些都标志着理性在共同体组织结构上的作用的不断提升。

就管理制度的不断建构、改进、完善来看，共同体的动态存在过程所出现的具有实质意义的新问题、共同体内部成员在一定条件下所形成的自我意识的空前觉醒、共同体外部竞争形势的重大变化等因素，通常要求对管理制度进行调整、改进、完善，在一定条件下甚至要求对制度进行变革，这也决定了人们的理性在这方面作用的超越性，即人们必须调动理性来分析这些新情况，引导人们完成在管理制度方面的新任务。例如，对比我国改革开放前后的高校内部的管理制度可以发现，外部社会环境的重大变化特别是市场经济竞争体制的引入，导致高校之间发生激烈竞争，因而迫使高校内部管理制度发生变革。如在绩效方面，从过去不重视任务绩效到今天高度重视绩效，建立起了标准明确的"任务绩效"考核制度；在人才管理方面由不够重视人才到高度重视人才，建立起了相应的人才管理制度和管理机构。尽管在这样的过程中，也导致某些高校的管理者制定了某些不合理的制度规定，如有的高校建立起了在教学科研工作方面对教师的末位淘汰制这种并不符合教师工作本质要求的竞争制度，但建立绩效考核制度，的确是市场经济竞争体制这种外部环境对教育领域的根本影响和基本要求。

仅仅从现代企业管理制度的演变发展来看，也表明了理性在管理制度建构方面的不断超越性。从现代初期多数企业实行管理者对一般成员进行集中控制的权力制度，到当今许多企业根据自身的发展状况和外部环境的变化，建立起福列特所说的以"事实控制"为主的相对分散的权力制度；从以往多数企业实行刚性命令主导的管理制度，到今天不少企业实行柔性协调为主的管理制度；从比较普遍的领导专断式管理制度到越来越多的员工参与式民主管理制度，都表明了理性在管理制度方面随着共同体内外形势的变化而做出新的具有变革意义的实践选择。实际上，现代以来企业的管理制度的这种演变发展过程，是一个相当艰巨的过程，因为其中涉及企业管理者的利益和一般员工的利益之间的关系格局变动这一复杂方面。然而，最终的结果，还是人们的理性的力量和理性能力的不断建构和壮大，取得了支配这一变革过程的地位。

总起来说，理性在管理中的作用，无论在管理认知方面，还是在管理实践方面，都是一个永无止境的辩证发展过程。从合理性的角度看，一种新取得的"合理"的管理认知和管理实践，一方面，就其仅仅是理性对管理的某种或某些规律抑或对它们的某些主要方面的认知和运用来说，本身就是一种"相对合理"；另一方面，这种"相对合理"与先前并不存在这样的状态相比，已经是"更加合理"。也就是说，理性的这种不断取得新的"合理"的管理认知和管理实践的过程，本身就是对"合理"的不断超越。

理性在管理中的作用的这种超越性，在本质上是理性的有限与无限的一体运动，是有限开启着无限、无限开启着有限的辩证过程。

管理中的理性，或所有与共同体管理相关的主体的理性，总是能够在一定条件下基本把握管理所涉及的主要规律或各种规律，在一定条件下能够制定基本正确的政策，能够基本正确地实施决策。这里的"条件"和"基本正确"，已经表明理性在管理中的作用的有限性。与此同时，这种有限性也已经开启着理性在管理中的作用所具有的实质意义的无限性。这意味着，第一，理性在一定条件下能够深入到管理的"规律"层次，而把握了管理的规律，就把握了管理的本质和趋势，因而就是从根本上把握了管理的无限未来，打开了管理的无限领域，因而表明了理性作用的无限性。第二，只要管理主体真正按照所获得的规律性认知去指导管理实践，就能够取得管理实践的基本成功。第三，理性能够不断打破已有的对管理规律的"基本正确"认知和运用边界，能够越来越全面、越来越深入、越来越正确地把握管理的规律，能够不断取得管理实践的成功。

同时，既然理性在管理中的作用的这种本质上的无限性方面，总是处于同特定的主客观条件的联系之中。也就是说，理性对于管理规律的把握和对管理实践的引导，在一定条件下，总是只能达到基本层次或基本正确的程度，因而只是达到了管理规律的特定范围，还存在着有待探讨和实践的无穷领域，这就意味着理性在管理中的作用，即使是对于管理规律的把握也是有限的，它只有不断获得对规律的新的有限认知和对管理的新的有限引导，朝着更加全面、更加丰富、更加深刻的方向行进，才能使管理不断持续和发展下去。这就是理性在管理中作用的无限性开启着这种作用的有限性。

理性在管理中的作用过程的有限性和无限性，也表现为理性对管理的认知和引导会发生片面和错误而又能够矫正片面和错误的过程。理性的无限性并不意味着理性在任何时候都会正确，理性的有限性也并不意味着理性在任何时候都会犯错。理性的有限性和无限性的辩证运动，已经包含了理性会陷入错误的可能：一方面，理性是以基本准确、相对正确这种有限而开启无限的，而这种基本准确、相对正确已经是"不全面的"，或带有一定程度的片面性；另一方面，理性是以能够指向全面、指向未来的无限而开启有限的，而这种指向全面、指向未来也总是处于不断划界这种有限的过程之中。

理性在管理中之所以会犯错，除理性本身的有限与无限运动以外，管理者对自身利益的考量经常是十分重要的原因。这通常有两种情况。一种情况是管理者对于某种利益的努力或坚守使得他的理性在无形中陷入了迷局，其理性很难做出正确的管理判断。另一种情况是管理者在坚定而又自觉地去维护或取得某种利益时，其理性有意识地处于错误之中，或自觉地坚持错误，而不去选择正确的管理方式或方向。

从理性在管理中作用的上述不断超越性来看，西方近代以来对于理性在管理中的作用问题上历时地形成的有限性观点和无限性观点的对立，特别是管理行为理论的代表人物西蒙所提出的有限理性及其对他所说的古典经济学的无限理性的批判，尽管存在着深刻的合理性和启发意义，但也存在着片面之处。

西蒙认为，以斯密和李嘉图为代表的古典经济学所提出的"理性经济人"假设——资本主体能够在朝哪个领域投资、哪个方向投资、如何投资等问题上做出正确的理性决策，实现资本增值的最大化，因而最终能够促进社会利益的最大化——假定了"经济人"的理性是无限的，即他们能够在决策中找到所有可供选择的方案，能够预见所有可能的决策实施的后果，能够找到一种完整的价值评价系统作为对选择一种最佳方案的决策标准。西蒙认为，现实中的任何经济人都不可能具有上述无限的理性能力，因而这种经济人假设是不正确的。西蒙由此提出了管理决策的"有限理性"（或译作"有限合理性"）概念以及用令人满意的选择代替最佳选择，并明确以此作为他的管理决策理论或管理行为理论的一个重要基础。①

笔者认为，西蒙的这一理论对于理性在管理中的作用问题的研究，无疑具有重要的推进意义，特别是能够激发后来的人们对于这一问题做出进一步研究。但与此同时，他的理论也存在着两个方面的问题。

首先，他把古典经济学所隐含的经济人假设判定为具有无限理性的经济人假设，虽然基本上可以成立，如斯密的经济人假设包含着对经济人理性能力的充分信任判断，明确提出在投资事宜上，资本主体能够做出基本正确或比政府更加正确的理性判断，但西蒙却没有认识到，古典经济学所隐含的经济人假设，也存在着对经济人的理性有限性的认识。这就是经济人的理性无法洞见无形的"看不见的手"的巨大力量，他们的理性力量的最终指向是被"看不见的手"所支配的。从本质上看，斯密所说的"看不见的手"，正是无限理性的化身，不过

---

① ［美］赫伯特·A.西蒙：《管理行为》，詹正茂译，机械工业出版社2006年版，第86—90页。

它总是以"上帝总会使所有人都获得幸福"这一无形的神圣力量支配着人类经济社会生活的方式而表现出来的。

更加根本的是，西蒙所提出的有限理性概念也只是看到了理性在管理中作用的有限性方面，而没有认识到其无限性的方面，尤其是没有认识到理性的有限与无限相互开启的辩证法。

阐明和强调理性在管理实践中作用的过程性或管理实践中的过程理性，对于管理者正确地进行管理实践具有重要意义。这就是说，管理者既要坚信，在管理实践的推动下，他们以及所有其他成员的理性，能够不断揭示管理实践所涉及的各种规律，最终能够指导管理实践取得成功，而不能因为理性犯了错误而丧失对理性的基本可靠性的坚持。同时，也必须充分认识到理性作用的过程性、理性所经常遇到的管理实践方面的问题的复杂性和任务的艰巨性，而不能陷入认为理性在任何情况下都会引导管理实践取得成功的盲目乐观主义。这也就要求管理者深入把握理性能够不断实现基本正确与永远可能犯错的辩证法。

五　管理者与非管理者双方的理性及其交互理性建构

理性在管理实践中的作用，尽管通常是直接以管理者的理性为主导的过程，但并非不涉及非管理者的理性的作用。实际上，管理者的理性与非管理者的理性，是既存在差别又相互作用的运动过程，只是在不同条件下，双方相互作用的方式和特点存在不同，对于共同体的生存发展的意义不同。

在人类历史上的统治型社会中，无论是对一个社会整体的管理，还是对一个社会中的大多数组织的管理，都主要是管理者即统治者的狭隘性质的理性起着单向的、带有强制性的支配作用。他们决定着社会或组织的目的和目标、结构安排、制度规则、利益分配方式。在所有这些方面，非管理者的理性认知和理性要求，由于通常与管理者的理性认知和理性要求存在本质差异或处于对立状态，因而除了在社会或组织的急剧转型和变革时期，非管理者的理性很难对管理产生实质性作用。同时，由于非管理者的理性长期处于管理者的严重压制状态之中，因而，在大多数情况下，没有得到正常的建构和发展。

而在统治型社会中管理者的理性之所以是狭隘的，是因为管理者的管理在根本目的上首先服务的是其统治地位的维持，服务于他们自身利益的实现。尽管他们的理性也会在一定程度上反映社会整体或一个组织整体的运转和发展所要求的方面和维度，以至于在非管理者进行激烈反抗或斗争时，他们可能会做出所谓的某种"让步"，但这最终都从属于他们对自身的统治地位、支配权力的保护。由此也可以看出，他们的管理内在地包含了实现他们的自身利益和实现社会或组织整体利益之间的深刻矛盾。

20世纪中叶以来人类社会的宏观形势，正在改变着管理者与非管理者的理性在管理中的作用格局。市场经济体制的广泛采用、经济生活的民主化进程（如西方20世纪60年代以后兴起的"工业民主化运动"）、政治生活的平等权利的不断完善、社会教育和文化事业的日益普及、计算机信息技术的广泛采用，这些宏观力量的汇合，使得非管理者逐步形成了独立性、自主性和批判精神，理性认知和理性实践能力有了质的飞跃。他们不仅具备了参与管理的基本素质和能力，而且明确提出了参与管理的理性要求。正是在这种情况下，一些企业组织、教育组织和文化组织开始改变以往完全或主要由管理者的理性起主导作用的管理局面，建立起发挥一般员工的理性作用的参与式管理、民主式管理、权力共在式管理方式。

无疑，这些新出现的管理方式，代表着未来多数组织管理发展的一种方向。然而与此同时，我们必须看到，在当今的大多数组织特别是行政组织、企业组织中，管理者的理性与非管理者的理性之间的巨大鸿沟依然存在，两种理性之间发生矛盾的条件依然没有发生根本改变。就越来越多的国家所采用的市场经济体制来说，它的作用是双重性质的。由于它的激烈竞争机制渗透到了社会生活的各种主要领域，因而对于任何一种必须努力才能生存下去的组织来说，这一方面要求充分调动组织的所有成员的理性智慧，为组织的竞争性生存提供尽可能正确的理性引导；另一方面也更加强烈地要求节约管理的时间成本和人力成本，这从一个重要方面决定了大多数组织的管理者依然把以他们的理性主导管理作为管理方式的首要选择。另外，从当今社会和各种竞争型组织对于权力的需要来看，它们的管理任务空前复杂，难度空前加大，这不仅没有弱化对权力的需要，而且急剧扩大了对权力的需要，这也决定了权力必然依旧伴随着实质性的物质利益和地位优越感，必然造成管理者自觉不自觉地把维护权力作为管理任务的重要部分，造成他们对权力的过度依赖。这也决定了管理者难以彻底改变以他们的理性支配非管理者的理性的管理方式。

因此，在当今人类社会的各种层次的共同体的管理现实中，管理者的理性与非管理者的理性之间仍然存在着由历史所造成的巨大差异。这种差异加上由管理者和非管理者在职责任务上的分工所形成的区别，造成了双方的理性具有如下不同的特点。

第一，从管理能力的角度看，由于历史形成的对管理者和非管理者之间的严格划界，由于管理者长期从事管理的计划、组织、指挥、协调、控制等职能活动，因而造成了管理者具备更加擅长从事这些工作的理性能力，而非管理者在这些方面的理性能力则相对不足。

第二，从合乎共同体的共时运转管理要求的程度的角度看，由于管理者的职责任务主要针对一个共同体整体的生存发展和日常运转，因而他们的理性一般更强调整体性。与之不同，由于非管理者的职责任务重在具体以分解的方式局部地执行管理者的决策，因而他们的理性通常缺乏对共同体的足够的整体感。也就是说，管理者的理性更多地强调各个部分之间、各种关系之间、各种活动之间的协调一致，乃至各种利益的协调一致，而非管理者则更多地关注自身的自由创造，关注局部关系、局部活动以及局部利益，对于共同体的上述方面的协调一致则更少关注。在利益问题上，这不是说管理者不考虑自己的利益，而是由于他们毕竟处于共同体的管理者的位置，对于利益的协调是他们工作的一个部分，他们需要承担相应的工作责任。

第三，从合乎共同体的历时运转管理要求的程度的角度看，管理者的理性更加强调全体成员行动的共同目标方向，强调共同意志和共同步骤，而非管理者则一般更加强调个人对自身行动的目标方向的选择，强调保持个人行动目标方向的差异。应该说，双方理性的这种差别，通常并不是对于共同体生存发展的忠诚和背离的差别，而是双方所承担的职责任务的不同所造成的双方理性对行动目标方向的关注点的差别。管理者的职责任务的统一性决定了他们必须关注共同体的共同目标方向，而非管理者的职责任务的个别性则决定了他们通常无须把共同目标方向作为首要关注点，因而很容易把注意力集中到他们个人自身的目标方向上。

上面所说的管理者的理性与非管理者的理性之间的重要差别，既然主要是历史形塑和双方职责任务的差别在认知和实践上的表现，那么，它们就不是不可改变的。这归根到底取决于双方的理性发生作用的各种基本条件的改变。在这些条件中，社会条件的演变和革新当然是根本。不过需要指出的是，在既定的社会条件下，管理者和非管理者还是能够根据共同体生存发展的具体情境，在建构双方的理性在管理中平等统一地发挥作用的结构、制度、文化等方面有所作为。

不管管理者的理性与非管理者的理性之间的关系在历史上是如何不平衡、差别如何突出，也无论管理者的理性在管理中的支配作用以及对非管理者的理性的控制达到了什么程度，这两种理性都是不可分割的相互作用过程。既然是相互作用，就必定既包含了双方相互制约、相互抑制的方面，又包含了双方相互促进、相互提升的方面。

就这两种理性的相互制约、相互抑制来看，非管理者的理性毕竟作为具有自身质性的另一方而存在，尽管它在多数情况下服从于管理者的理性，但它毕竟有着自身的存在特点和取向，在一定条件、一定情境下会在管理政策、管理方式、利益分配的某一方面或某些方面提出明确的甚至是尖锐的意见和要求，而在管理者以自身的理性所引导的管理不能保证甚至严重损害非管理者的利益甚至生命安全的情况下，非管理者起来进行反抗和斗争经常成为必然。这些情况往往会对管理者的理性的作用形成一定的制约、抑制甚至反制作用。即使是在阶级社会中管理者的理性绝对控制非管理者的理性的情况下，非管理者的理性对管理者的理性，也会形成一定的约束和抑制作用。例如，在封建社会中经常爆发的农民起义斗争，所提出的均田地、均贫富等强烈主张，经常在一定时期使得统治阶级对土地兼并政策进行一定程度的调整或改变，即对统治阶级的政策制定发生了一定的制约或反制作用。在现代社会，某些行业、某些组织中经常发生的员工的抗议、罢工等现象，以及经常发生的个人、工会组织对企业管理者、国家管理者的管理制度和管理措施的尖锐批评和有力抗拒，都在一定程度上制约或抑制了管理者在政策制定和实施方面的理性抉择空间。

这两种理性的相互制约、相互抑制，在方式和状态上是多种多样的。从双方是否自觉意识到的角度，有非自觉的方式与自觉的方式。尽管都是理性，但并不意味着双方之间所发生的相互制约、相互抑制都是自觉引导的，在多数情况下，是以非自觉的方式发生的。而只有在双方都以制约和抑制对方为明确目的的情况下，才形成了这种关系的自觉方式。而从程度的角度看，有和缓的方式和激烈的方式。在常规的条件下，双方相互制约、相互抑制的方式一般是和缓的，而在非常规的条件下，则经常采取激烈的方式，包括尖锐对立、严重对抗等。从力量大小的角度看，双方的相互制约、相互抑制，有其中一方处于强势地位、另一方处于弱势地位，以及双方处于大体平衡的情况。在一般情况下，在双方的相互制约、相互抑制中，管理者的理性无疑处于强势地位；在特殊情况下，非管理者的理性处于强势地位；在某些条件下，两种理性的力量处于平衡状态。

就两种理性的相互促进、相互提升来看，我们需要认识到，两种理性既然处于相互关联、相互作用的过程之中，也就总是存在着双方的正面意义关系，即使在管理者的理性处于绝对支配或非管理者的理性处于公开反抗的情况下，也是如此。两种理性的相互促进、相互提升的内容，与相互制约、相互抑制的内容一样，都主要包括理性认知和理性实践两个方面，它们各自又都包括性质、能力、结构、方式等维度。在两种理性力量的动态博弈过程中，依据共同体的不同条件，会形成认知和实践的上述某个维度或所有维度的相互促进、相互提升的运动。

这里仅在两种理性之间相互促进、相互提升的性质的角度来说，可以分为两种情况。首先，两种理性在一定时期，在某些关系到共同体的运转、生存发展问题上，也会形成具有一致性的认知，并进行步调一致的实践。这在当今社会中的某些科技类组织、信息类组织、文化类组织中已经比较常见。如果双方在较长时期处于一致状态，则一般会对双方的理性能力和理性观念产生正面推动。其次，两种理性之间发生的相互斗争、相互对抗，则经常从反面刺激的角度促进双方理性的发展，使得双方各自深化、完善、调整、改变自己原有的认知，采取更加合理的实践。当然，实际的情况经常比这里所描述的要复杂得多。例如，有的时候，可能只是促进和提升了管理者的理性的发展，有的时候则可能正相反。这里只是从长期阶段来看待两种理性之间的正面互动关系。

　　管理者的理性与非管理者的理性之间既相互制约、相互抑制又相互促进、相互提升的运动，本身就包含着建构双方"交互理性"或"共同理性"的过程，至少是建构最低限度"交互理性"的过程。这里所说的"交互理性"或"共同理性"概念，指的是管理者的理性与非管理者的理性在上述运动中所形成的共识性质的理性或共同理性。即管理者的理性和非管理者的理性在关系到共同体的生存发展的某个或某些重要事宜上达成了观念和行为上的共识。共同体的重要事宜包括共同体的目标定位、沟通体系、手段选择、发展战略、制度规则、利益分配等。

　　可以看出，这里所提出的"交互理性"概念，是对哈贝马斯交往行为理论中"交往合理性"概念和"交互主体性"概念的综合与本质性发挥。哈贝马斯交往行为理论的最重要贡献，在于提出了交往合理性对于人们交往行为的引导意义。所谓"交往合理性"，指的是从事交往的人们在事实陈述、规范使用、主观表达方面需要分别遵守真实性、正确性、真诚性这些有效性要求，① 使交往当事方对相关事宜达成共识或一致性理解。② 而他所提出的"交互主体性"或"主体间性"概念，指的正是交往主体各方按照交往理性的那些有效性要求，通过解释性质的语言进行沟通而就人们的计划和行为而达成的共识。"交往合理性概念的内涵最终可以还原为论证话语在不受强制的前提下达成共识这样一种核心经验，其中，不同的参与者克服掉了他们最初的那些纯粹主观的观念，同时，为了共同的合理信念而确立起了客观世界的同一性及其生活语境的主体间性。"③

可以看到，哈贝马斯所说的"交往合理性"，在本质上也就是交互理性。但他似乎没有明确命名和使用"交互理性"概念。本书之所以明确提出"交互理性"，是因为与"交往合理性"相比，它能够更准确地指称和描述管理者的理性和非管理者的理性之间的一致性或同一性建构。下面将对"交互理性"的特点以及建构交互理性的条件和意义做一点简单说明。

"交互理性"不同于多数情况下停留于各自特殊状态的管理者的理性和非管理者的理性。

其一，交互理性是一种扬弃和超越了上述两种理性的通常所处的特殊状态，形成了观念和行为上的共识。因此，它是一种共识性质的理性或共同理性，与经常处于自身"狭隘"范围之中的上述两种理性存在着性质的不同。这样一种理性，是

---

① ［德］尤尔根·哈贝马斯：《交往行为理论：行为合理性与社会合理化》，曹卫东译，上海人民出版社 2004 年版，第 14、15—17、99—100、136—137 页。

② ［德］于尔根·哈贝马斯：《后形而上学思想》，曹卫东、付德根译，译林出版社 2001 年版，第 57、61、213 页。（同一作者，不同版本的书籍上译名不同现象较常见。译林出版社译作于尔根·哈贝马斯）

③ ［德］尤尔根·哈贝马斯：《交往行为理论：行为合理性与社会合理化》，曹卫东译，上海人民出版社 2004 年版，第 10 页，译文把"交往理性"改为"交往合理性"。参见第 17、84、94—95 页。

理性的统一形式，因而是双方理性的高级存在形式，它的充分建构和发展，既取决于共同体的客观条件，也取决于管理者与非管理者的自觉努力。

其二，交互理性是在管理者和非管理者作为平等主体就共同体的某种或某些重要事宜进行充分对话、充分沟通的基础上达成的，因而这标志着双方在某种或某些重要事宜上形成了平等意义上的"交互理性主体性"。同时，一旦交互理性的这一特定共识进入实践，也意味着人们在这方面成为平等的"交互实践主体"。

其三，交互理性的活动和努力所指向的是共识所针对的事情的进行和完成，而非两种理性各自从自身出发进行的分立性的认知和一方对另一方的行为的单向控制或服从。显然，与处于各自特殊状态的管理者的理性和非管理者的理性相比，交互理性通常具有更加强大的力量，对于共同体以及成员个人的生存发展，都具有更加重要的意义。

应该指出，所谓管理者和非管理者之间形成交互理性，并不一定就是双方的理性就共同体的所有事宜上都达成了共识。相反，在绝大多数情况下，是上述两种理性在共同体或成员个人的主要事宜或某些主要事宜上达成了共识。由于管理者与非管理者所处的地位不同、所承担的社会关系不同、所从事认知和实践的直接目的和出发点也存在不同，因而双方的理性认知和理性实践的结果总是存在着差异或异质的方面，在有些问题如利益分配、价值优先选择等问题上往往经常难以达成共识。因而，除了在非常特殊的情况下，双方交互理性的形成可能会使得双方原有的两种理性不再存在以外，最通常的情况是在双方形成"某种"交互理性的同时，还存在着管理者和非管理者各自的某种特殊理性。或者更确切地说，在管理者和非管理者的各自理性中，除了存在着共识理性以外，还存在着非共识的理性即特殊性质的理性。

可以看出，管理者和非管理者之间所形成的交互理性，从本质上不只是在于双方就共同体的生存发展的某些主要方面达成观念的共识，而且更在于双方对这种共识的实践坚持。也就是说，这种交互理性既是"认知交互理性"，更是"实践交互理性"。

如果管理者与非管理者之间在某个事情上所形成的交互理性是充分的，那么，这一交互理性是由下列多个环节所组成的结构体。首先，管理者与非管理者对于所要做的事情的本质和所要达到的目标，形成了一致性的认知观念。这通常是形成交互理性的第一步。其次，双方对于所要做的事情在共同体中的地位以及对于成员个体的一般意义，达成了共同理解。这一点也很重要，是他们开始行动的动力前提。再次，双方对于如何进行和完成这一事情，达成了一致性的判断或规范方式。这通常是对所要进行的实践过程的有效性要求。最后，双方对完成这一事情之后的结果的评价标准达成了相同意见。由于总需要对所完成事情的目标的实现程度进行评价，因而，双方对于结果的评价标准的确定，也具有不可缺少的重要意义。

当然，管理者与非管理者之间形成交互理性的历时性过程，并不一定完全按照刚才所说的环节顺序行进。因为，交互理性的形成过程是在共同体的内外条件的不断变化中进行的，因而管理者和非管理者究竟首先对所做事情的哪一个环节达成共识、然后对哪一个环节达成共识，主要取决于当时共同体的形势的需要，同时也取决于双方的理性认知能力和理性实践能力的状况，取决于双方所处关系的具体情境。

自觉建构管理者与非管理者之间充分的交互理性，对于当今社会中处于高度竞争中的企业组织、事业组织、行政组织这些不同类型的共同体的生存发展具有迫切意义。如前所说，审视这些组织的管理现状可以发现，一个影响这些组织发展的突出问题，就是这些组织中管理者的理性依然绝对支配着非管理者的理性，尽管由于管理者与非管理者之间的共存而通常形成了一定程度的交互理性，但远远没有建构起双方之间的深刻、充分、有力的交互理性。这既直接严重抑制了非管理者的理性的发展，也使得管理者的理性并没有在本质维度上得到充分建构，因而，其结果是不仅直接限制了双方自身的生存发展价值的实现，而且直接限制了他们所处的组织本身的生存发展价值的实现。

要建构管理者与非管理者之间基本完备的交互理性，从认知观念的角度看，最重要的是管理者需要深刻认识到这种理性是当今社会现实、组织生存发展、非管理者自身发展意识所提出的根本要求。从社会现实来看，前面提到的社会经济生活所引入的市场机制、政治生活的民主化进程、人们接受教育的水平的空前提高和自主意识的觉醒、社会的价值观取向的多样化，都有形无形地渗透到企业、学校、行政单位等类型的组织中，对这些组织的管理提出了多方面的更高要求，包括建立竞争机制、实行民主决策、尊重人格和自由选择、正面对待成员的多样价值观要求等。从组织生存发展的角度看，一个组织要在竞争激烈、外部环境复杂的条件下实现持续健康生存，仅仅像以往那样只靠管理者发挥自身理性的作用已经难以做到。从非管理者自身发展角度来看，非管理者对自身发展意识的觉醒、对自身理性作用的重要性的认识，也要求管理者改变过去用自己的单边理性支配组织管理的局面，建构起自身理性与非管理者的理性之间的交互理性。

在当今社会中各种主要组织的生存成本急剧加大的条件下，在管理的历史已经形成管理者的理性"一家独大"的惯性力量的制约下，要建构管理者与非管理者之间基本完备的交互理性，在实现途径上关键在于建立起以合乎事情本质要求为原则的充分有效的基本制度。仅有对事情的重要性的认知而没有建立基本制度，很难真正完成上述艰巨任务。交互理性的建构，既然在内容上直接针对的是关系到共同体生存发展和成员个体成长的重要事宜，在主体上直接涉及管理者与非管理者，而且需要持续的长时间的努力过程，那么，它所要求的制度建构原则主要有三个。

一是在内容上确立管理者与非管理者双方进行探讨根本问题和实质对话的原则，即双方就共同体的主要事宜进行实质对话，而不是仅仅就一些次要的事宜进行对话，也不是为了对话而对话。如果双方不讨论根本问题，不进行实质对话，如果管理者没有改变以往的支配非管理者的习惯，双方的对话是没有根本意义的，不可能为建立本质意义的交互理性，提供真正的内容。

二是在主体层次上实行管理者与非管理者互为平等主体的原则。只有建立起双方平等的关系，双方特别是非管理者才能充分展现出理性的智慧，共同做出深入的理性判断，才能使得双方自觉进行共同体的相关实践。哈贝马斯所强调的交往主体的平等地位，对于建构交互理性或者他所说的交往合理性，无疑是不可缺少的主体存在论基础。

三是建立对双方共识达成过程的实践检验和修正原则。双方要在共同体的重要事宜上达成共识，通常需要一定的时间过程，只有通过实践检验，才能发现问题并进一步做出修正。这是达成交互理性的不可缺少的重要一环。

总之，只有按照这些原则建立起制度，才能在管理者与非管理者之间形成基本充分、稳定可靠、健康持续的交互理性。

第四章

利益的正义管理

　　自从人类诞生之日起，利益管理就是社会生活管理的一个重要方面。它的成功与否，直接影响着社会、组织、个人的健康成长和发展。在人类进入以资本为实体的市场经济体制和民主政治制度为基础要素的现代社会以后，由于利益问题的空前突出、利益关系空前复杂、利益冲突日益普遍，利益管理更是成为最具挑战性的一种管理实践。也正因为这一原因，建立正义的利益管理方式或制度，成为人们对利益管理的根本要求。

　　本章的标题——利益的正义管理，旨在立足于现代社会的利益问题，分析利益管理的一般原则，聚焦如何进行利益的正义管理。之所以这样做，是因为无论是利益创造的内容和种类的确定，还是利益创造结果的分配；无论是利益活动过程的政策选择，还是利益活动过程的基本制度安排，都有正义与否、正义的程度如何的问题。在西方多数社会，一直存在着严重的利益占有、利益分配的不正义问题。在当前中国社会的改革转型时期，产生了大量极其复杂的利益问题，出现了空前突出的利益矛盾，形成了利益创造的多重目标冲突、利益格局极不平衡、利益分配差距悬殊等亟待解决的课题。

　　因此，利益管理的本质和内容是什么，它在社会或组织中起到何种作用，特别是利益管理的正义管理标准从何而定，如何才能建构起利益活动内容和活动过程的正义，是必须加以认真回答的问题。本章将对这些问题尤其是利益管理的正义问题做出探讨。本章主要以社会这种共同体为讨论对象，然而毫无疑问，这对于社会中各种组织性质的共同体的利益管理，也都是适用的。

一　利益的本质

讨论利益管理，需要首先明确利益的本质是什么，或者说什么是利益。这是讨论利益管理的前提。在这一问题上，西方近代以来在哲学、经济学、政治学、社会学、管理学等领域进行了十分广泛、丰富深刻、视野多样的探讨，取得了大量实质性研究成果。国内自从 20 世纪 80 年代以来，随着改革开放进程的深入，也进行了许多具有启发意义的讨论。这些研究，为我们进一步的思考提供了良好的基础。在本部分中，笔者不打算详细考察国内外的研究成果，而主要是对一些典型的研究观点进行分析，由此提出笔者的看法或结论。

就西方近代以来所涉及的对利益的本质的研究来看，做出最深刻研究的思想家是经济学家和哲学家马克思，进行了直接深入研究的思想家有捷克著名经济学家奥塔·锡克和美国著名哲学家约翰·罗尔斯。

马克思在《德意志意识形态》、《共产党宣言》、《1857—1858 年经济学手稿》、《资本论》等重要著作中，在研究人类社会历史和资本主义经济的过程中，深刻研究了社会发展的自然历史过程性质，阐明了利益的社会关系本质，对利益本质的研究做出了历史性贡献。他深入阐明了，利益归根到底是社会生产状况和人们社会关系的产物，是社会关系特别是经济关系的承载形式；[①] 揭示了利益关系作为社会关系，对于人们的本质具有根本的赋予和建构作用，人们不过是利益关系的承担者；[②] 提出物质利益或经济利益对其他利益具有决定作用，是政治利益和其他利益得以产生的基础；分析了私有制商品经济条件下个人利益的自私性质、个人利益与社会利益之间的尖锐矛盾等。[③] 就与本书的相关性来说，马克思在利益研究上的最大贡献之一，就是他表明了的利益的"社会实践—社会关系"性质，也就是说，利益是由人们的社会实践和社会关系所决定的。

锡克在 1966 年出版的《经济—利益—政治》这一讨论政治经济学一般概念的重要著作中，为了说明所有制在本质上是占有方式的实现过程，讨论了利益的本质以及经济利益的本质问题。他的研究是从对需要的阐明为出发点的。他坚持马克思的立场，认为需要是人对环境的一种特定关系，从根本上是社会产力和生产关系所决定的，而利益则是以特别强烈和比较持久地满足一定需要为目的所形成的主体对环境的主动关系，其中包含着主体的社会地位，特别是它的经济地位、教育背景、生活经历、社会关系等；他把需要分为经济需要和非经济需要、物质需要与非物质需要，并认为经济利益在本质上是由生产方式或占有方式所决定的生存利益。[④] 可以看出，锡克直接继承了马克思的分析框架，力图揭示利益的社会关系根源、利益的主体特征，所提出的观点具有一定的深刻性与合理性。同

---

① 《马克思恩格斯选集》第 1 卷，人民出版社 1972 年版，第 25—26 页。

② ［德］马克思：《资本论》第 1 卷，人民出版社 1975 年版，第 12 页。

③ 《马克思恩格斯全集》第 30 卷，人民出版社 1995 年版，第 199 页；《马克思恩格斯选集》第 1 卷，人民出版社 1972 年版，第 37—39 页。

④ ［捷］奥塔·锡克：《经济—利益—政治》，王福民、王成稼、沙吉才译，中国社会科学出版社 1984 年版，第 245—248、251—256、262—264、269 页。

时，由于著作的主题的原因，他没有详细讨论利益的动态的社会存在过程，即利益的创造、交换、分配、使用的整体过程。

罗尔斯的正义理论，经历了一个不断澄清、不断深化、不断完善的过程。从 1971 年的《正义论》到 1993 年《政治自由主义》，从 1999 年的《正义论》修订版到 2001 年的《作为公平的正义——正义新论》，无论人们把他的正义理论看作是政治哲学还是伦理学，显然，他的理论的一个实质内容是利益的创造和分配问题。自然，我们需要注意，在对罗尔斯《正义论》等著作的中文翻译中所出现的"利益"概念，指称了罗尔斯文本中的多个英文概念，主要有 good、benefits、interests、advantages。在英文中，good 是一个具有普遍意义的概念，可以指一切善的事物或一切价值，而后三个概念则主要指具体事物的有利、有益。其中的 interests，更是一般用来指经济、政治、社会方面的利处或益处。从罗尔斯对基本善（goods）或基本价值（values）的论述来看，既然他认为基本善或基本价值主要有权利和自由、政治地位和权力、收入和财富、自尊的社会基础等，所以，基本善也包括了 interests 通常所指的东西，即经济上的收入和财富、政治上的地位和权力，以及与经济利益、政治利益相对的社会利益（如自尊的社会基础即教育机会、医疗保障、社会保障等）。无论如何理解罗尔斯文本中的上述各个利益概念，下述一点在他那里是明确的，即他认为利益是人们社会合作的产物，一个社会合作体系必须建立以公平为基点、自由优先于平等的正义制度，由此既保证利益创造的动力和活力，也保证实质公平地分配由社会合作所产生的各种利益。分析他所提出的两个正义原则，可以充分证明这一点。在他看来，实现包括利益创造和分配在内的公平正义，是建构良序社会的前提条件。① 通观罗尔斯正义论的整个内容可以看到，在利益的本质问题上，他不仅指出了利益的社会合作性质，而且指出了利益创造和分配之间的内在关系。无疑，这是对利益本质问题研究的重要推进。同时，也应指出，由于他的探讨主旨是提供一种普遍性的正义理论，因而没有致力于对利益本质的社会历史性分析。而这对于澄清利益的本质问题来说，则是不可缺少的工作。

可以看到，马克思、锡克和罗尔斯的研究具有实质意义。也就是说，他们的研究已经基本上揭示了利益的本质所在，是利益本质问题研究的创造性成果。也许正是他们所做的研究具有实质的开创性，以至于当今国外学者很少再去追问利益的本质，已经把它作为不言自明、无须追问的东西，主要聚焦于社会生活各个领域中的具体利益问题，如商业中的利益竞争问题、公共决策中决策者的个人利益考量对公共利益的影响问题、医疗实践中医生的个人利益追求问题、法律实践中所面对的复杂的利益问题等。②

国内自从 20 世纪 80 年代以来，对利益问题的探讨逐渐成为一个重要的研究领域。总体上看，国内所做的探讨，大多数都涉及对利益的本质的分析，并且一般都秉承马克思的立场和

① ［美］约翰·罗尔斯：《正义论》（修订版），何怀宏、何包钢、廖申白译，中国社会科学出版社 2009 年版，第 4、9、48 页；［美］约翰·罗尔斯：《作为公平的正义——正义新论》，姚大志译，上海三联书店 2002 年版，第 12—13、17、85—86 页。另参见 John Rawls, *Justice As Fairness—A Restatement*, Cambridge Massachusetts: Harvard University Press, 2001, pp. 7, 10。

② 国外对于社会生活领域中各种具体利益问题的主要研究，这里不去详述，可参见如下著作：Sandre Williams, *Conflict of Interest: The Ethical Dilemma in Politics*, Gover Publishing Company, Hants, 1985; Susan P. Shapiro, Tangled Loyalties, *Conflict of Interest in Legal Practice*, Ann Arbor: The University of Michigan Press, 2002; Don A. Moor, Daylian M. Cain, George Loewenstein, and Max H. Bazerman ed., *Challenges and Solutions in Business, Law, Medicine, and Public Policy*, Cambridge: Cambridge University Press, 2005.

研究框架，即从社会生产方式、从现实的人的现实需要出发来阐明利益的本质。刘凤岐在 1993 年出版的《利益分配概论》一书中，系统探讨了经济利益的分配问题，阐明了经济利益分配在国民经济运行中的决定地位，并在其导论中对经济利益的本质做出了说明，认为经济利益是由主体的需要所引发，并由生产关系所规定的社会经济形式，而经济利益的实质，则是一定社会经济形式下主体为满足自身需要而能够获得的劳动成果。① 王伟光在 2000 年出版的《利益论》中，在深入阐发马克思主义利益理论的基础上，系统探讨了利益的一般规定，包括利益的起源、利益的本质、利益的主客体关系、利益的种类、利益的激励和动力等；在利益的本质问题上，他把利益理解为需求客体对需求主体的满足所形成的社会关系形式。② 无疑，这一观点既表明了利益的主客体关系内涵，也表明了利益的社会性质。谭培文在 2002 年出版的《马克思主义的利益理论——当代历史唯物主义的重构》，以对历史唯物主义的重构为研究宗旨，专门探讨了马克思主义的利益理论。作者认为，根据马克思主义的历史首先是人们生产物质生活的历史的观点，利益的一般规定或基本内涵应是由生产活动所创造出来的物质生活条件或物质生活资料，而利益的特殊形式才是社会关系，并由此提出，利益应是历史唯物主义的起点范畴、基础范畴。③ 尽管作者对于利益范畴在历史唯物主义体系中的地位判定有待进一步讨论，而作者把利益仅仅理解为包括人口、地理环境、生产方式在内的物质生活条件，也在对利益内涵的认识

---

① 刘凤岐：《利益分配概论》，陕西人民出版社 1993 年版，第 14、17 页。

② 王伟光：《利益论》，人民出版社 2000 年版，第 25—34、72、90—100、165—182 页。

③ 谭培文：《马克思主义的利益理论——当代历史唯物主义的重构》，人民出版社 2002 年版，第 93、96—98、118 页。

上存在着需要澄清的突出疑问，但其思考还是具有积极的启发意义。

　　本章试图从社会生活的全体这一视野出发，综合国内外特别是马克思对于利益本质的研究，力图在社会行为和社会关系的统一、社会过程与社会结果的统一、利益主体与利益客体的统一中把握利益的本质；同时，用"社会生活"概念指称社会行为和社会关系的统一、社会过程与社会结果的统一；在概念含义上，利益的意思在实质上就是功利。综合这些方面，笔者把利益界定为合乎主体生存发展要求的功利型的社会生活形式，或者从客体的角度说，利益是由社会生活所形成的能够满足主体生存发展的功利型的社会客体或社会定在。

　　其一，利益是一种社会生活形式，是人们的社会行为和社会关系的统一体。一方面，利益总是生成和存在于人们的社会行为之中，总是意味着一种特定的社会行为，因而是一种社会行为形式；另一方面，利益总是内在地生成和存在于社会关系之中，总是承担或表现着社会关系，因而是一种社会关系形式。由于社会行为和社会关系是相互作用、相互制约的过程，因而利益也必然是不断变化和转换的过程。综合地看，利益既是一种社会"行为—关系"形式，也是一种社会"关系—行为"形式，概言之，利益是一种社会生活形式。

　　应该指出，利益只是一种类型的社会生活形式，而不是全部的社会生活形式，更不等于全部社会生活。因为，人们的社会生活形式，不仅有利益的维度，而且有非利益的维度，如人们在社会交往中的道德诚信、发自内心真情的关爱、源于"纯粹理性"的互助等，就是非利益的社会生活形式。而绝大多数人们所从事的工作，虽然通常都是为了某种利益，如收入、财富、权力等，但是他们所从事的工作本身，大多数并不直接就是利益。如从事信息处理工作的人们，一般是为了获得工资这种利益形式，但信息处理工作本身并不直接就是利益。

另外，利益是对一定主体的生存发展具有正面意义的社会生活形式，这是与负面意义的社会生活形式相对而言的。因为，利益毕竟是对人们生存发展的某种或某些本质性的好处。利益的这种内涵就是我们所说的正面意义。所谓负面意义的社会生活形式，指的是利益的对立面——坏处。应该说，在现实的社会生活中，利益与不利、好处与坏处总是相对而存在的，这在利益管理方面尤其突出。

其二，利益是一种有助于一定主体生存发展的社会过程与社会结果的循环体。利益的确突出地表现为社会结果，表现为各种社会定在，表现为对人们的生存发展具有正面作用的各种要素，同时，这种社会结果本身就处于人们的社会活动过程之中，也就是说，利益不是静止的，而是人们的创造、交换、分配、使用过程，没有这种社会过程，也就没有利益的产生或实现。历史地来看利益就是这种社会过程与社会结果之间相互作用的运动，是从社会过程到社会结果、从社会结果到社会过程的不断上升的循环运动。因此，可以分别把利益理解为作为社会过程而存在的利益和作为社会结果而存在的利益。无论如何，它们之间总是相互生成、相互制约的关系。一方面，社会过程的性质、方式、水平决定了作为社会结果的利益；另一方面，作为社会结果的利益又引起社会过程的调整、改变和发展。因此，我们不能够仅仅从一个方面来把握利益，而必须在这两个方面的统一中把握利益。

其三，利益是主体与客体或利益主体与利益客体的统一。一方面，利益集中表现在能够满足主体的客体上，在没有创造出这种客体之前，利益还未现实地生成，只有创造出了这种客体，才有这种现实的利益；另一方面，这种客体总是为了一定的主体而被创造出来的，也总是通过分配活动而提供给一定主体，因此，利益不仅集中表现在客体上，而且集中表现在主体上。由此来看，利益必定是主体与客体的同时生成、同时共在，必定是双方的内在关联体。

　　一说到主体与客体，人们或许认为这两个概念是西方两个世纪前的概念，已经陈旧过时了，现在再使用它们，对于理论研究很难具有创新意义。其实，这是不正确的。关键是所研究的问题是否需要这两个概念。显然，探讨利益问题，总是涉及谁是利益的承担者、哪些人能够获得利益，这就必然形成利益主体。同时，人们能够创造出多少、创造出什么样的可以服务于生存发展的东西，能够分配多少、分配哪些可以用于生存发展的东西，这些东西就是利益客体。所以，主体和客体、利益主体和利益客体，在这里是必须使用或无法避免的概念。

　　在现实生活中，有许多具体形态的利益客体。人们实际得到的工作机会；人们的各种收入形式，如工资、津贴；人们实际获得的权力职位和社会地位；人们实际得到的素质提升和身体健康维持的机会，如教育机会和医疗机会；人们所获得的各种保障，如保障性住房、养老保险、困难救助等，都是利益客体的存在形态。后面会看到，在整个社会中，各种利益客体之间是相互关联的整体。

　　利益主体也是如此。从大小的角度看，利益主体有社会主体、组织主体、个人主体。从利益性质的不同来看，有经济利益主体、政治利益主体、文化利益主体等。从社会阶层的角度看，有农民、工人、知识分子、管理者等各种阶层的利益主体。从动态过程中新旧的角度来看，有既得利益主体与新兴利益主体。总之，在社会生活中，总是存在着多种或多元利益主体，而不是仅有一种利益主体，也不存在任何孤立的利益主体。因此，利益并不是任何一个主体的固有属性，而是利益主体之间的利益关系。脱离这种关系而仅仅讨论或强调任何一个主体的利益是没有实质意义的。因为一种主体的利益与其他主体的利益不可分割。即使仅仅把利益主体分为社会、组织、不同的个人，它们之间的利益也内在地关联在一起，尽管它们的利益之间存在着重要差别。

二　利益活动过程

通常把利益看作是一定主体所获得的或能够获得的生存发展对象，理解为人们社会关系的结晶，无疑抓住了利益本质的一个基本方面。与此同时，我们对于利益的活动过程的研究还相对不足，重视得相对不够。因此，笔者打算比较详细地讨论利益活动过程。

深入观察人类的社会现实可以有力表明，利益本身也是一种活动过程。这里仅以物质产品的创造为例来说明这一点。一个社会创造物质产品的实践即经济实践，归根到底是为社会创造物质利益的活动过程。首先，这种实践所达到的结果——它所创造的物质产品，在进入分配过程之前，除了在极端的情况下，都已经在本质上是利益了，即它已经是整个社会的生存发展维度的利益，即使对于社会的任何一个成员个体来说，也已经是这一维度的利益。其次，创造物质产品的经济实践过程本身，在本质上是创造利益的活动过程。这不仅可以从上面所说的它所创造的物质产品的利益性质得到证明，而且可以从经济实践本身就是在特定的经济关系中进行而任何经济关系都是一种利益关系这一点得到证明。经济关系的核心是所有制，所有制是人们对生产资料的关系，不同的关系意味着不同的利益状况。生存资料的所有者，已经是以往经济实践结果的受益者。最多占有生存资料的人，一般是以往所形成的占有最多经济利益的人。而很少占有生产资料的人，则一般是以往所形成的占有很少经济利益的人。不占有任何生产资料的人，则一般是以往所形成的拥有极少经济利益的人。

实际上，判定利益是一种活动过程，也可以从当今社会的各种主体总是努力获得利益、努力保持自身的利益这一点得到说明。无论是在国外还是在国内，政府与不同社会阶层围绕如何实现经济增长，制定什么样的财政与货币政策，制定哪些以及什么样的税收政策，如何安排教育、医疗、社会保障制度，都在努力进行着从舆论到实践的博弈，力求为自身获得更大或公正的利益。通常的结果是，或者是政府、或者是强势阶层最终主导了这些方面的利益实践过程。

因此，利益是一种活动过程，这一点是确定无疑的。需要进一步分析的是，利益究竟是一种包含哪些内容的活动过程。考察任何一个社会的整体的利益活动现实可以看出，利益活动是包含利益创造、利益交换、利益分配、利益使用这四个环节的整体的动态过程。

首先，任何一种社会及其内部的个体，都会动态地生成各种各样的利益需求，包括物质利益需求、权力利益需求、精神利益需求等。因此，利益创造是一个社会得以存在的前提，是它所必须进行的一种实践活动。利益创造的实现，最重要的是认识和遵循两个维度上的规律。一个维度是利益创造所指向所依赖的对象的规律，如物质利益创造的实现，必须认识和遵循相关的物质对象的规律；权力利益创造的实现，必须认识和遵循权力这一对象的规律；精神利益创造的实现，必须认识和遵循精神这一对象的规律。另一个维度是如何才能调动和整合包括非管理者、外部相关者以及管理者自身在内的所有主体的创造性的规律。所有这些主体都是具有思想、意志、情感的存在者，都是承担着特定社会关系的存在者，都是具有特定价值观的存在者，因而，调动和发挥他们的创造性，必定存在着各种各样的规律。无疑，这两个维度的规律各自有着不同的特点，但无论如何，只有正确认识和遵循这两个维度的诸多规律，才能够有效实现利益创造的目的。

其次，由于任何社会都是人们的交往与合作所构成的体系，由于各种主体的利益需求总是存在差别，由于一个社会在利益创造的重点、优势、数量、种类等方面都是有限的，由于利益创造总是涉及社会内部各个领域之间、社会内部与社会外部之间的人力、物力资源的转换和调配，因此，必须进行各种各样的利益交换，包括经济利益、物质利益、政治利益、其他社会利益的交换等。一个社会只有顺利地进行所需要的各种利益交换，才能实现利益的顺利创造。与此同时，利益交换不仅形成了不同利益的多方向多层次的流动过程，而且形成了不同利益主体的利益交换关系网络，使得利益交换成为普遍的社会行为，因而对人们的认知、情感、态度、信念等会产生深刻影响。

再次，由于利益创造的最终目的是实现共同体及其个人的生存发展，而实现这种目的也是进行新的利益创造的前提条件，因而，必须对利益创造和利益交换所实现的最终利益成果或利益客体进行分配。利益分配的本质问题是，各种主体能够获得多少利益，能够获得什么样的利益，因为这直接关系到各种主体的生存发展，对于各种主体的生活质量和未来前景具有根本意义。利益分配的数量限制在于利益创造的数量，而利益分配的方式，也会反过来直接影响利益创造。利益分配的性质主要取决于一个社会的基本制度的性质和结构。利益分配的原则也主要是由社会基本制度的性质和结构所决定的。

最后，各种主体在获得一定的利益即利益对象之后，也必定根据各自的需求和计划，使用各自的利益，以实现自身的生存成长。利益使用，是新提出的概念，其含义比较广泛，包括对利益的各种运用、享用、消费等。利益使用是利益活动的最后环节，而且是具有特定重要性的一个环节。因为，利益使用是利益创造、利益交换、利益分配的出发点和落脚点，是利益创造的根本动力，同时是利益交换的最终指向，利益分配的直接目的。对于各种主体来说，关键是如何使用利益才是正确的，无论是社会还是组织，抑或个体，都是如此。这不仅涉及如何使用利益的技术问题，而且涉及如何使用利益的价值观问题。下面会看到，这是利益管理的一个重要方面。

利益活动不仅是上述四个环节中每一环节的活动过程，而且是四个环节的整体运动过程。一方面，这四个环节的地位和作用不同；另一方面，它们只有相互关联、相互一致，才能形成利益活动的有机整体。其一，利益创造是起点环节，只有进行利益创造，才能有利益活动的其他环节的进行。没有利益创造，也就没有利益交换、利益分配和利益使用。利益创造越充分，利益交换才有可能更丰富，利益分配和利益使用才有可能更充分。因此，必须把利益创造放在利益管理的基础位置。其二，利益交换是利益创造所派生的环节，只有进行利益交换，才能进行有效的利益创造，因而也才能形成充足的利益分配和利益使用对象。其三，利益分配是承接利益创造和利益交换而指向利益使用的一个中间环节。利益分配不仅不可缺少，而且直接影响到利益创造的动力，直接关系到利益使用的状况。其四，利益使用是最终的目的环节，只有进行利益使用，才能够使利益创造获得价值动力，使利益交换得以连续顺畅进行，使利益分配获得直接根据。

利益活动作为上述四个环节的整体活动过程，具有以下三个最重要的本质特征。

首先是突出的功利性特征。也就是说，利益活动的本质目的就是实现利益，利益实现是利益活动整体过程的灵魂，一切方面都是围绕利益实现而展开的。社会中各种主体的利益的实现，包括社会整体利益的实现、组织利益的实现、个人利益的实现，成为利益活动过程进行下去的关键。应该指出，在这里，功利并不是贬义的，而是在人们生活的必需、是社会发展的必需的意义上使用的。

其次是鲜明的科学理性特征，用韦伯描述科层制特征的概念来说，利益具有突出的目的理性或工具理性特征。既然利益活动的本质目的就是实现人们的利益需求，因而它必然要求手段工具的合理性，要求整个运转过程的科学性，要求技术与制度的合理规范性。把这一点与社会生活中的非利益活动相比，如人们日常生活中的锻炼、娱乐、休闲、真挚的感情交流、无利害的审美等，就显得十分明显。

最后是紧密的主体关联特征。也就是说，利益活动的整体活动过程，是把各种利益主体紧密联系起来的过程。任何利益主体都不可能绝对置身于利益活动之外，都必定实质地关注利益活动的方向和结果，而且更重要的是，任何利益主体的利益活动，都会对其他利益主体的利益活动产生影响。这就是说，利益活动必然形成或必然是各种利益主体的交互活动过程。这种交互关联是实质性的关联，是牵一发而动全身的关联。

利益活动过程的上述特征表明，它在社会生活中占有极其重要的地位。它不仅是所有其他社会生活的基础，而且对其他生活具有十分突出的影响，必定在其他生活身上打上显著的烙印。在这一意义上，可以用马克思的深刻说法，把利益活动理解为一种普照社会的光，只有在这种光的照耀之下，社会生活的所有其他方面才能够获得成长。

三　利益管理的实质内容和过程任务

讨论利益管理的实质内容和过程任务，归根到底需要以对利益的实质和利益活动的讨论为前提。前面的讨论表明，利益的实质和利益活动是内在一体、不可分割的。利益的实质必然存在于利益活动过程即利益创造、利益交换、利益分配、利益使用的整体过程之中，是利益活动过程的灵魂或根本。同时，利益的实质和利益活动所代表的是利益的不同向度，利益的实质所代表的主要是利益的内容向度，利益活动所代表的主要是利益的过程向度。

由此，下面对于利益管理的分析，就是依照这种思路来进行的。

1. 利益管理的实质内容

从利益的实质的角度，如果把利益理解为合乎主体生存发展要求的功利型的社会生活形式，同时把管理理解为领导和组织一个共同体（微观组织、整个社会）的过程，那么，利益管理的实质内容就是领导和组织共同体实现功利型的社会生活形式的过程。

首先，利益管理必须尽可能正确处理利益这一维度的社会生活，它既需要正确处理利益维度的社会行为，也需要正确处理利益维度的社会关系，并需要正确实现这两个方面的统一。由于利益管理作为处理人们利益的活动，直接关系到所有主体的利益的实现有否、实现程度，直接关系到他们的生活质量和幸福与否，因此，利益管理的方向、方式、水平具有实质意义。也就是说，利益管理必须围绕如何充分合理实现、如何有效促进所有主体的生存发展而展开。

其次，利益管理也必须不断正确处理利益的实现过程与实现结果之间的不断循环的相互作用关系。一方面，利益管理需要正确引导、组织和调控利益创造、利益交换、利益分配、利益使用的整体活动过程，正确认识和处理这种整体过程的本质和规律，以便达到有效的利益活动结果；另一方面，利益管理也需要正确评价利益的实现结果，特别是它的价值性质、价值影响，由此建构利益的实现结果对利益的实现过程的正确反作用以及双方之间的正确的相互作用。

最后，利益管理还必须正确建构和处理利益主体和利益客体之间以及各种利益主体之间的关系。对于前者，首先需要确定利益主体的利益需要的正当性，同时需要确定建构利益客体所需要的条件，由此而建构起利益主体和利益客体之间的合理关系。对于后者，既需要鼓励各种利益主体在利益创造中的竞争差异，也需要强调它们的基本生存发展条件的平等；既需要正确建构每一利益主体的独特主体性，也需要正确建构所有利益主体的交互主体性；既需要正确建构各种利益主体的利益实现的差异，也需要正确建构各种利益主体的利益实现的统一。

顺便指出，在各种利益主体之间关系的管理方面，利益调节是其中的一种重要管理活动。利益调节有两种最重要的调节方式，即制度调节和道德调节。利益的制度调节，是利益调节的最根本最有效方式。"没有规矩，不成方圆。"制度是普遍、统一的规则，是利益调节的主要依据，具有基本的可靠性、稳定性和说服力。因此，管理者应该以维持共同体的整体发展，实现各种主体的合作、稳定、和谐发展为原则，建立和不断完善利益调节制度。同时，道德调节也是常用的利益调节方式之一。道德调节的特点，是通过激发各种主体对利益活动、利益关系、利益冲突的正当与不正当、善与恶、公正与偏私、光荣与耻辱、正义与非正义的理解和把握，在他们之间建立起正确的利益共荣活动，弱化或降低他们之间可能发生的利益冲突，建立起他们之间的利益和谐关系。在管理过程中，管理者应该确立对于利益的正确的善恶标准，对各种主体的对立的利益动机和利益行为，及时做出是非、褒贬、利害的评价，或支持、鼓励、推崇，或谴责、批评、抵制，使他们自觉形成对待和解决利益问题的正确方式。

2. 利益管理的过程任务

从利益活动过程的角度看，利益管理的主要任务是正确引导、组织、实施人们利益创造、利益交换、利益分配、利益使用的过程。这既需要正确建构利益活动过程的每一环节，也需要把各个环节联结为一个有效的运转整体。

利益管理在环节上的第一个任务是引导和调动各种利益主体进行有效的利益创造。在利益管理过程中，管理者应该根据共同体内外各种主体的利益需求和现实条件，确定利益创造的正确原则、正确目标，建立相应的刚性管理制度和非刚性的管理方法，发挥和整合各种主体的力量去进行利益创造。显然，对利益创造的管理是否正确、正确的程度，直接关系到能否实现利益创造、在多大程度上实现利益创造。

利益管理在环节上的第二个任务是正确引导和组织利益交换。据社会交换理论，社会行为方面的交换所依据的是互惠原则，即交换双方总是进行付出和回报的计算，彼此都希望从对方那里得到回报。如果双方所得到的回报都是正向的，则关系将持续下去；如果双方或一方所得到的回报是负向的，彼此之间的关系将出现问题。由此，利益管理必须建立正确的原则、正确的方式，管理共同体的利益交换。

利益管理在环节上的第三个任务是正确进行利益分配。以什么样的原则、什么样的方式进行利益分配，是利益分配的核心问题。这不仅关系到利益分配本身的合理性，而且关系到各种利益主体的积极性；不仅关系到每一利益主体的各自生存发展，而且关系到所有利益主体的共同生存发展。在当今社会条件下，利益分配问题成为利益主体性命攸关的问题之一，不同的利益主体之间的利益竞争经常不可避免，因此，正确进行利益分配，就成为利益管理的一个至关重要的任务。

利益管理在环节上的第四个任务是正确引领利益使用。对于管理来说，对利益使用的管理，并非是可有可无的，也并非是无关紧要的，相反，既然我们把利益使用理解为利益创造、交换、分配的最终目的，那么，对于利益使用的管理，就必须放到管理的首要位置。由此，对于任何一个组织或社会的管理者来说，不能把利益使用作为由各种利益主体"任意决定"的事情，而是需要制定利益使用的正确的方向理念、方式理念，并由此建立利益使用的制度和道德规则，使各种主体的利益使用走在健康向上的轨道上。

在正确建构起利益创造、利益交换、利益分配、利益使用这四个环节的同时，把它们结合为一个有机整体，也是利益管理必须进行的工作。这一工作的主要任务是，在明确整个利益活动的根本价值目的是正当的前提下，确定各个环节的地位作用，使它们形成相互促进的良性关系。其一，必须使利益创造服务于利益使用和利益分配，因为，利益创造本身不是目的，利益使用才是目的，同时以此为根据来引导利益交换。其二，必须使利益交换从根本上有助于利益创造、利益分配和利益使用，因为利益交换也不是目的。其三，必须把利益分配限定在利益创造所许可的范围内，限定在利益交换所能够实现的范围内，并使利益分配最终从属于利益使用。其四，必须把利益使用——尽管它集中体现着整个利益活动的根本价值目的——置于利益创造的能力之内，并由此确定利益分配的方式，利益交换的限度。

简言之，建构利益创造、利益交换、利益分配、利益使用这四个环节的合理统一，是有规律可循的，管理者需要努力去认识规律，认真按照规律去行动，以实现利益活动过程的良好管理。

上述关于利益管理的主要内容的讨论表明，利益管理至少是一个共同体的最重要的管理活动之一。它不仅直接关系到共同体的稳定和谐、健康发展，而且直接关系到共同体内部的各种成员主体的生存发展条件的实现和健康成长。因此，高度重视利益管理和建立正确的利益管理，是管理者的一项至关重要的职责所在。

四　现代三种利益管理正义理论的合理性及其不足

在现代社会，无论是整个社会层次的利益管理，还是组织层次的利益管理，一个根本要求是正义。这无疑是由现代社会的经济政治条件所决定的。市场经济体制所要求的规则的统一平等、民主政治制度所要求的公民共同的政治主体性、个人权利意识的日益觉醒、人们之间交往的合理性要求日益凸显等因素，使得正义成为当今社会人们所努力实现的主要价值之一。因而，实现正义的利益管理，成为人们对利益管理的根本要求。

问题在于，对于当今的一个社会或组织来说，什么样的利益管理才是正义的，利益管理的正义标准从何而来。在现实生活中，不同的利益主体对于究竟怎样进行利益管理才是正义的，不仅经常存在着不同的看法，而且存在着相互冲突的看法。在理论研究上，也同样存在着各种各样的异质和对立的理论。

本章试图通过对现代西方功利主义、自由主义、共同体主义这三种最重要的利益正义管理理论的分析，找到确定利益管理的正义标准的基本出发点。

应该事先指出，人们一般是把功利主义、自由主义、共同体主义作为政治哲学理论或道德哲学理论来看待的。从西方自亚里士多德以来学科划分的演变历史来看，这种看法是恰当的。同时，笔者认为，从现代西方政治哲学或道德哲学的各种主要学说的内容实质来看，也包含了大量的管理哲学思想。首先，从狭义的管理概念的角度看，现代西方政治哲学或道德哲学的各种主要学说所讨论的内容，除了包含对经济利益、政治利益、精神利益等方面的基本制度安排的探讨以外——我们通常把基本制度安排看作是政治制度而不是管理制度，也包含对这些利益维度的管理的探讨，如对市场秩序、税收标准、收入分配、教育机会、医疗资源、社会保障的管理制度的探讨。其次，从广义的利益管理概念的角度看，各种主要学说所研究的正义、权利、义务、自由、平等、公平、效率、幸福、经济和政治的制度安排等，在实质上都直接或间接地与广义的利益管理相关，或者说都直接或间接地属于广义的利益管理范畴。因为权利、义务、自由、平等、公平、效率、幸福乃至正义，说到底都涉及利益问题，因而如何实现它们，如何通过制度实现它们，就是广义的利益管理问题。

从这样的角度看，功利主义、自由主义、共同体主义对正义这一核心问题的讨论，对于本书所研究的利益管理的正义标准问题，在实质上提供了不同甚至对立的回答。无疑，它们的回答是十分深刻的、极富启发性的，同时，它们实际上各自分别关注了问题的一个方面，特别是它们只有在特定的历史情境下才有其真正的适用性。

由边沁创立、密尔和西季威克发展的功利主义，明确把利益等同于快乐或幸福，认为增大一个人的快乐或幸福的总和，就是促进一个人的利益；增大共同体的快乐或幸福的总和，就是增大共同体的利益。同时，功利主义把共同体的利益看成是"组成共同体的若干成员的总和"，① 因此，功利主义把增进共同体所有成员的快乐或幸福的总和的最大化，作为其道德的和立法的根本原理。显而易见，这在实质上就是功利主义的正义标准。尽管功利主义的创始者边沁把正义命令看作是用于某些情况的一种功利要求，看作是仁慈命令的一部分，② 但这并不影响他的理论以及整个功利主义所隐含的对于正义本质的观点。也就是说，功利主义在实质上蕴含了只有符合功利原理的个人行为和政府行为（措施、政策、制度）才是正义的，反之，则是不正义的。由于功利主义的本质或最终落脚点是作为功利结果的最大化，所以，人们把功利主义称作结果论是恰当的。

可以看出，从利益管理的角度看，功利主义的一个主要缺陷在于，把共同体的利益等同于所有成员的利益的总和，因为即使从实证的角度也可以证明，在整体与部分的关系上，整体在绝大多数情况下不等于部分的单纯相加之和。从亚里士多德到黑格尔等思想家在理论上所提出的这一观点，在根本上是正确的。然而，自由主义理论如罗尔斯的正义论对于功利主义的一种批评，即为了增加共同体绝大多数成员的利益的总和，减少或牺牲个体的自由也是不正义的，却并不是能够普遍成立的结论。笔者认为，减少或牺牲个体的自由是不是正义的，主要

---

① ［英］边沁：《道德与立法原理导论》，时殷弘译，商务印书馆 2000 年版，第 58 页。

② 同上书，第 174 页。

取决于一个社会的本质状况和社会生活的具体情境。就社会的本质状况来说，如果一个社会在本质上是人道的社会，同时，它的历史和文化、经济政治人口等条件，决定了只能把社会整体的利益放在首位，只能使个人利益服从社会整体的利益，那么，在一定情况下，减少或牺牲个体的自由就是正义的。就社会生活的具体情境来说，在某些紧急情况下，如在抗洪救灾、军事战争等情况下，个人利益服从整体利益是"理性的绝对命令"，减少或牺牲个体的自由也是必需的和正当的。因此，如果抛除功利主义的"共同体的利益等于其成员的利益的总和"这一观点，那么，它对于增加共同体所有成员的利益的总和的强调，并不能够简单地断定就是错误的。

也就是说，这种问题本身是条件依赖型的，因而对于它的回答也是条件依赖型的。同样，也正是从社会的本质状况和社会生活的具体情境出发，功利主义把增加共同体成员利益的总和看作是道德的与立法的根本原理，也不可能普遍适用于任何社会或社会的任何历史阶段。如果一个社会在本质上是个人利益优先于社会整体利益的，个人自由处于绝对优先于平等的地位，而这个社会还处于上升时期或从规律的角度看是正义的历史时期，那么，为了增加共同体成员利益的总和而减少或牺牲个人的自由或根本利益，在一般情况下就是不正义的。

再来看自由主义的利益管理理论。自由主义，虽然存在着温和的自由主义和极端自由主义的区别，但在把个人自由看作是首要的价值因而看作是个体的首要利益、把平等看作是次要的价值因而看作是个体的次要利益这一实质上是相同的。下面主要分析罗尔斯和诺齐克的自由主义理论，分析他们的理论所包含的对于利益的制度安排的基本看法。

我们知道，在罗尔斯那里，正义论的主题是社会的主要制度分配基本权利和义务、决定由社会合作所产生的利益（ad-

vantages）之划分的方式。首先，从他的一般正义观所要平等
分配的社会的所有主要价值（values）或主要善即"自由与机
会、收入与财富，以及自尊的基础"来看，除了自由这一价值
具有某种特殊性以外，其他价值在本质上或者与利益直接相
关，或者本身就属于包括精神利益、经济利益、政治利益在内
的各种利益。尽管罗尔斯在此处使用的是 values，但在别处则
大量使用了 interests，以及 goods、advantages、benefits 等。他
在论述社会是一种人们为了相互利益而进行的合作事业，它的
典型特征是既包含利益冲突也包含利益一致，因而需要正义原
则来确定社会基本制度中权利与义务的分配方式，限定社会合
作的益处和负担的恰当分配时，同时使用了 interests、benefits、
advantages，而他在论述作为公平的正义的一个显著特征——
处于原初状态之中的人们是理性的和相互冷淡的过程中，明确
把财富、名望、权力作为个人利益的种类。所以，可以断定，
罗尔斯所说的那些社会价值，在本质上都可以理解为利益。①
其次，从他对社会主要制度的正义安排来看，他所提出的两个
正义原则的主旨或所要保证的内容，除了良心自由和思想自由
以外，其他全都直接属于对利益的正义安排。我们知道，他把
主要制度分为两个部分，一部分是政治宪法制度，另一部分是
主要的经济和社会安排。他所提出的第一个正义原则针对的是
制度的第一部分，旨在确保平等的基本自由的实现，主要是良
心自由与思想自由、政治自由（选举权和被选举权、集会和结
社自由等）、财产权利自由的实现；第二个正义原则针对的是

---

① John Rawls, *A Theory of Justice*, Revised Edition, Cambridge, Massachusetts: the
Belknap Press of Harvard University Press, 1999, pp. 4, 12, 以及 pp. 6, 10, 13, 16,
17, 18, 27, 29, 31, 32, 34, 42, 49, 54; 或者参见 John Rawls, *A theory of Justice*,
Cambridge, Massachusetts: the Belknap Press of Harvard University Press, 1971, pp. 7,
62, 303。

制度的第二部分，旨在保证收入与财富的分配合乎每个人的利益，权力地位和公职岗位对所有人的统一开放。① 可以看出，政治自由中的选举权和被选举权、机会与结社自由，作为政治权利，本身就涉及政治利益或为了政治利益。而财产权利自由，直接就是对财产利益的根本要求。收入与财富的分配合乎每个人的益处，属于经济利益问题，权力地位和公职岗位对所有人的统一开放，既直接是政治利益问题，也直接涉及物质利益问题。

在诺齐克的极端自由主义理论中，正义就是自由，自由就是一切，自由是至高无上的价值或利益；正义就是任何人在"正义的"自由权利下获得和拥有收入、财富、权力、地位等利益对象。用他的拗口话语来说，正义就是人们经由某种正义的原初获得行为而获得了他们所拥有的东西，或者他们经由某种正当的从他人那里转让的行为而获得了他们所拥有的东西。简言之，正义就是每个人都有权利拥有在这种方式下所获得的东西。为了平等或任何其他理由而改变这种作为正当自由的结果的利益，都是不正义的。②

自由主义的上述理论，归根到底是关于利益的拥有、获得、分配的制度安排理论。显然，观察和分析今天和历史上众多社会或民族的利益关系状况可以看出，自由主义把个人自由——这种关系到各种利益获得和占有的价值，作为正义制度的基石，作为对其他利益进行正义安排的根本标准，并非普遍适用于一切社会或民族，而是属于特定情境下的社会。简言之，这种理论主要适用于以财产私有制为主导、以市场体制为

---

① ［美］约翰·罗尔斯：《正义论》（修订版），何怀宏、何包钢、廖申白译，中国社会科学出版社 2009 年版，第 6、61 页。

② Robert Nozik, *Anarchy, State and Utopia*, Oxford：Blackwell Publishers Ltd., 1974, p. 153.

资源的基础配置方式，以个体价值为优先考量的文化传统的社会或民族。因为这些因素在本质上都蕴含着对个人自由的要求。相反，对于实行公有制为主导、经济仍然不发达、庞大的人口规模、有着悠久的集体价值优先的文化传统等因素的中国来说，自由主义所认为的利益管理的正义原则，在实质上是不适用的。

再看共同体主义对利益安排的看法。共同体主义是在激烈批判自由主义理论的过程中诞生和发展的。共同体主义以亚里士多德的共同体理论为基本立场，认为任何个体都没有孤立的存在，个体总是共同体中的个体，因而，只有在共同体利益的纽带下，个体利益才得以可能。无疑，共同体主义深刻揭示了自由主义的个体主义实质。正如共同体主义著名代表麦金太尔在批判罗尔斯和诺齐克的理论、强调"应得"观念的共同体基础时所尖锐指出的："在罗尔斯和诺齐克那里都清楚明白的是，社会是由个人构成的，每一个体都有着自己的利益，因此，他们必须走到一起，并且建立共同的生活规则。在诺齐克理论中，有着对一系列基本权利的额外的负面限制，而在罗尔斯的理论中，仅有的限制是审慎的合理性所强加的限制。因此，在他们的理论中，个体是第一位的，社会是第二位的，而且，对于个体利益的确认优先并独立于个体之间的任何道德的或社会的纽带的建构。但是，我们已经看到，应得观念仅仅在这样一种共同体的情境中才有容身之处，亦即，这种共同体的首要纽带，是无论对于对人来说的善，还是对于对共同体来说的善，人们都有一种共同的理解，并且正是在这种理解中，个人通过参考这两种善而确认他们的基本利益。"①

---

① Alasdair MacIntyre, After Virtue: *A Study in Moral Theory*, Third Edition, Notre Dame, Indiana: University of Notre Dame Press, 2007, p. 61. 译文也参见［美］阿拉斯戴尔·麦金太尔《追寻美德》，宋继杰译，译林出版社 2003 年版，第318 页。

　　联系人类社会的历史和现实，同样可以看出，共同体主义对于利益安排的"应得"这种正义标准，虽然深入认识到了人们利益的社会性质，认识到了个体利益与共同体利益不可分割这一在历时性和共时性两个维度上的普遍事实，认识到了个人利益的"应得"在通常情况下是由共同体所确定的，但它却忽视了个人利益活动对于共同体利益活动的动态作用，也就是说，众多个人对于自身利益的观念和实践追求，必定对共同体的利益状态产生重要影响。进一步说，我们必须在个人利益与共同体利益的相互作用中说明双方的关系和历史变化。实际上，个人和共同体对于利益的认识和实践，都是一个不断成熟、不断完善的过程，因此对于利益管理的正义标准的认识，也是逐渐接近正确、不断加以修正的过程，由此来看，个人利益的应得，在一定社会和历史条件下也是个人努力追求的结果。

　　因此，在利益的正义管理或利益的正义制度安排上，功利主义、自由主义、共同体主义所提供的标准都既有各自的一定合理性，也存在着各自的不足。不过，在对利益管理以及任何其他实践活动的引导方面，没有任何理论是绝对完善的。正是功利主义、自由主义、共同体主义的不同视野、不同观点，为我们进一步探索更加合理、更加具有说服力的利益管理的正义标准，提供了极富启发的研究基础，而且，也只有在对它们以及历史上各种主要正义理论的综合继承和扬弃的基础上，才能探索出新的基于社会历史条件的利益管理的正义标准。

　　简言之，对于功利主义所主张的功利总和最大化，自由主义所主张的个人自由价值优先于平等，共同体主义所主张的共同体利益规定个人利益，经过扬弃、改变、综合以后，可以成为更加一般也是更高层次的利益正义管理理论和实践框架中的最关键要素之一。按照本书的观点，这个框架就是立足于社会关系情境的框架。

五　利益管理的正义标准

在第一章中已经指出，正义是标示人们社会关系或组织关系的一种价值，这也是此处讨论利益管理的正义标准问题的根本出发点。如果利益在本质上是一种社会关系这一点是确定的话，那么，利益管理的正义标准就必定从根本上来自于社会关系。由此，笔者认为，在从何处确定利益管理的正义标准这一问题上，从马克思所提出的社会关系理论出发，能够获得更加深刻的解答。马克思虽然没有专门系统地研究利益管理，但他对利益的社会关系性质的探讨，却是极其深刻、极富洞见的。他提出，利益在本质上是社会关系，或者说社会关系总是首先表现为利益，因而，有什么样的社会关系，就有什么样的利益关系，就有什么样的利益创造和利益分配过程。例如，在封建社会，土地的封建地主所有制，是利益创造和分配的主导性力量，这决定了利益管理的根本方式是以土地支配农民的劳动。在资本为主导的社会，资本的私有制成为支配利益活动的普照的社会关系，这决定了利益管理的根本方式是资本支配工人的劳动过程及其成果。

由此来看，利益管理的正义标准的确定，只有首先基于对特定社会的社会关系状况的分析，才能够加以确定。从这一理路出发，需要先判定利益管理的社会关系前提是否正义，然后以此基点去确定利益管理的正义标准。这主要可以通过对社会关系进行三个方面的分析而达到。

首先，需要分析一个社会的社会关系本身是不是历史地正义的。所谓历史地正义的，指的是具有自身存在的基本的历史必然性。如果它的存在正在丧失其基本的历史必然性，它就正在丧失其正义性，如果它已经丧失了自身存在的基本的历史必然性，它就是不正义的。而确定一个社会的社会关系是否依然具有存在的历史必然性，的确有着许多重要指标，只有这些指标的综合体才能判定一种社会关系是否正义。个人与社会的关系状况、成员之间的关系状况、权利与义务的关系状况、自由与平等的关系状况，都应是最重要的关系指标。

一个社会的社会关系是否正义，从根本上决定着利益管理是否正义。因为，利益管理在本质上是社会关系所决定的，是服务于社会关系的本质要求的，在一般情况下，它不可能在实质上或长时间地违背社会关系的本质要求。

其次，需要分析一个社会的社会关系本身的终极目的是否是正义的。终极目的是社会关系赖以存在的灵魂。一个社会的社会关系的终极目的究竟是合乎人性的真善美要求的，还是违反这种要求的；究竟是合乎社会长远健康发展要求的，还是暂时的急功近利的；究竟是为了实现全体社会成员的福祉，还是主要实现少数社会成员的福祉，这些方面决定了它是不是正义的，而这个社会的社会关系的终极目的在上述这些方面的正性程度，决定了正义的程度。

显然，在不同社会的社会关系的不同价值目的下，在同一种社会关系的不同历史阶段的不同价值目的下，利益管理的正义标准与利益管理是否维护特定性质的价值目的是相对应的。也就是说，只有维护正义的价值目的，利益管理才是正义的；否则，就是不正义的。

最后，需要分析一个社会的社会关系的特定阶段的性质是不是正义的或正义的程度。也就是说，一个社会的社会关系的运动变化是存在着不同阶段的，在通常情况下，当它所处的是上升的阶段时，它是正义的，或不是非正义的；当它所处的是衰落的阶段时，它就是不正义的，或者是非正义的。

一个社会的社会关系的特定阶段的性质的正义状况，从阶段上规定着利益管理的正义状况。利益管理或者维护、或者违反社会关系的特定阶段的性质。前者应是多数情况，这种情况下的利益管理的正义与否，取决于社会关系的特定阶段的性质的正义与否。后者一般是少数情况，这种情况下的利益管理的正义与否，与社会关系的特定阶段的性质的正义与否正好相反。

再看对任何利益管理本身是否正义的衡量，这需要对以下三个方面的问题做出判定。

第一，判定一种利益管理的性质究竟是正义的，还是不正义或非正义的。这可以通过分析利益管理的根本方式是否合乎当时的形势和本质要求而得出结论。在这方面首先要看一种利益管理是以强迫推行为根本方式，还是以民主共存为根本方式；是以权力实施为根本方式，还是以权利实现为根本方式；是以控制监督为根本方式，还是以协调协和为根本方式。无疑，这并不意味着，利益管理的民主共存、权利实现、协调协和这些方式在任何情况下都是正义的，利益管理的强迫推行、权力实施、控制监督这些方式在任何情况下都是不正义或非正义的。关键要看这些方式是否合乎当时利益管理的形势和本质要求。在一般情况下，符合当时的形势和本质要求的，就是正义的，反之，就是不正义或非正义的。

第二，判定一种利益管理的价值目的究竟是正义的还是不正义或非正义的。这种判定包括多个方面。一是从价值目的所指向的主体的性质的角度看，它所指向的是代表社会或组织发展的根本趋势的成员主体，还是违反这种根本趋势的成员主体，前一种情况是正义的，后一种情况是不正义的。二是从价值目的所指向的主体的数量看，它所指向的是社会或组织的全体成员，还是绝大多数成员，或是少数成员。在通常情况下，价值目的所指向的主体的数量越多，就越具有正义性。当然，这并不是绝对普遍的。三是从价值目的的内容来看，它是主要以平等价值为主，还是以自由价值为主；是以理性主导的幸福价值为主，还是以感性主导的欲望价值为主，这些内容的正义与否，无疑也不是简单的二选一问题，而是同样依赖于当时利益管理的形势和本质要求，最终依赖于当时社会的形势和本质要求。

第三，确定一种利益管理的基本过程或手段究竟是正义的还是不正义或非正义的。这主要看一种利益管理是否提供了本质上合乎利益管理形势和本质要求的管理制度、机制等。具体来说，利益管理的制度、机制是科学理性为主导的，还是人文精神为主导的，抑或它们双方的均衡结合；是效率为主导，还是公平为主导，抑或它们双方的平衡统一；是以个人为优先主体，还是以群体为优先主体，抑或它们双方的平等互动；这些制度或机制的正义与否，主要不在于它们自身的优势或不足的对比，而在于它们是否有利于利益管理所达到的正确目标。

概括上述讨论可以得出，利益管理的正义标准，来自于整个社会或组织的形势和本质要求，来自于利益管理本身的形势和本质要求。这两个方面的本质要求之间的关系是，前者是整体层次上的，后者是部分层次上的；前者是一般性的，后者是特殊性的；前者统摄后者，后者体现前者。尽管二者存在不同，但都是利益管理所必须遵循的尺度，因此，合乎这两个方面的形势和本质要求，是利益管理的根本正义标准。凡是与它们相一致的利益管理，就是正义的，反之，就是不正义或非正义的。这也意味着，不能够脱离社会和利益管理的现实而抽象地谈论利益管理的正义标准问题。否则，就会陷入没有客观尺度的争论困境之中，难以得出令人信服的结论。

例如，在经济水平相对不发达、实行公有制为主体和多种所有制经济共同发展的经济制度、人民民主的政治制度、人民群众整体的共同福祉为优先价值目的的我国，所能够确定的利益管理的正义标准，必须合乎如下基本要求：一是以实现人民群众整体的共同利益、共同福祉为根本价值目标，这是由上述我国的社会主义性质、社会主义制度的本质所决定的。二是在上述前提下，尽可能充分实现成员个体的不同利益要求。这是我国实行多种所有制经济、市场经济体制、按劳分配与按要素分配相结合、政治民主日益发展、个人利益要求日益突出等因素所决定的。三是以既能够内在地激发社会成员整体的利益创造活力，又能够形成他们之间的和谐一致的利益关系为次级价值目标。这可以概括为利益创造的效率和利益分配的公平的统一。这是我国经济政治仍然不够发达、人口数量巨大、地区发展不平衡等因素的综合要求。这些要素既意味着，只有坚持利益创造的效率，才能够为解决这些因素的发展问题或人民的生存问题提供必需的条件；也意味着，只有坚持利益分配的公平，才能达成这些因素的整体协调一致，实现整个社会的健康持续发展。

可以看到，我国利益管理的正义标准的确定，不同于以资本私有制为主体、个体价值优先的美国等民族的利益管理的正义标准的确定。

六　建立利益活动的正义内容结构

利益作为人们的一种社会活动过程，本身包含着内容维度的结构和过程维度的结构。利益管理，主要是安排和处理利益的内容结构和过程结构的活动。利益的内容结构是利益的各个子系统内部之间、各个子系统之间的关系结构，即利益主体之间的关系结构、利益客体之间的关系结构、利益主体与利益客体之间的关系结构。利益的过程结构是利益活动环节的统一过程结构，即利益创造、利益交换、利益分配、利益使用这四个环节的过程结构。利益的内容结构决定着利益的过程结构，利益的过程结构是围绕利益的内容结构而展开的。

无疑，无论是对利益的内容结构的管理，还是对利益的过程结构的管理，都存在着正义与否以及正义的程度问题。本部分讨论利益活动的内容结构的管理。逻辑思路是依次分析如何建构利益主体之间的正义关系，如何建构利益客体维度的正义关系，以及如何建构利益主体与利益客体之间的正义关系。在这三个方面中，核心是建构利益主体之间的正义关系，其他两个方面，归根到底是围绕建构利益主体之间的正义关系而进行的。

1. 建构利益主体之间的正义关系

建构利益主体之间的正义关系，是利益内容关系管理的核心任务。无疑，在利益主体之间究竟建构什么样的关系才是正义的关系，也同样取决于一个社会或共同体所处的条件情境。在公民利益意识自觉、市场经济体制建立、民主政治制度发展这些现代条件下，建构利益主体之间的正义关系，需要遵循下列基本原则。

一是共同实现各种利益主体的正当利益的原则。就一个社会来看，有三个层次的利益主体：社会、组织、个人。就一个组织来说，有两个层次的利益主体：组织与个人。显然，无论就社会来说，还是就组织来说，都首先需要确定不同利益主体的各自正当利益。无疑，这通常是一个有相当难度、有复杂性的问题。但只要认真凝聚相关利益主体的智慧，是可以找到恰当解决标准的。问题在于，我们通常对于这一工作的重要性缺乏足够自觉的认识和实践。这一原则之所以是必须遵循的原则，是因为不同主体的利益在性质和分量上存在不同，如社会或国家的利益一般要大于或高于组织利益和个人利益，但在它们的正当利益都需要实现这一根本点上，它们的利益实现都是重要的，因而，组织的正当利益、个人的正当利益也是不可忽视的。这既是公民利益观念的突出要求，也是市场经济体制和民主政治制度的本质要求。

二是实现各种利益主体的利益之间以理性为尺度的和谐原则。一个共同体的健康发展，共同体内部的各种利益主体的健康成长，都要求建构它们之间的利益和谐关系。但是这种利益和谐不是不讲是非尺度的利益和谐，不是为了利益和谐而利益和谐，不是在处理利益问题、利益矛盾时不讲原则，忽视或掩饰利益矛盾所造成的表面和谐。只有坚持理性尺度，建构起合乎理性要求的和谐，才是建设性的和谐，才是可以真正持续的和谐。由于在现代社会中，利益矛盾的发生几乎成为常态，所以，以理性客观的态度弄清利益矛盾的根源、实质所在，采取正确有效的方式加以解决，是非常必要的。

三是保持各种利益主体的利益实现的公平差别而又防止利益两极分化的原则。由于当今社会仍然不能够充分平等地实现所有利益主体的各种利益，无论是在经济利益、政治利益方面，还是在文化利益方面，都是如此，因此，为了保持利益创造的持久动力和效率活力，对于不同利益主体的利益实现，按照他们的贡献大小而采取有公平差别的原则是必要的。同时，为了防止各种利益主体之间发生尖锐的利益冲突，为了实现共同体的稳定成长而不至于发生分裂，防止利益的两极分化也是非常必要的。①

四是各种利益主体的利益实现的正确优先顺序原则。在利益实现仍然不够发达的情况下，通常不能够同时均等地实现所有主体如社会、组织、个人的利益，因而，确定利益实现的优先顺序，对于所有利益主体的长远的利益实现具有重要意义。纵观当今主要国家的现实可以看到，在利益实现的优先顺序这一问题上，主要有两种实践选择。一种是个体利益优先于组织利益，组织利益优先于社会利益；另一种是社会利益优先于组织利益和个人利益，组织利益优先于个人利益。这两种顺序，究竟哪一种是正确的，也同样取决于一个社会或共同体的具体条件。对于坚持以公有制为主体、公民整体是国家的主人、公民整体的共同福祉是根本的价值目的的我国来说，采取社会利益优先于组织利益和个人利益、组织利益优先于个人利益的顺序，就是具有必然性的正确选择。

2. 建构利益客体维度的正义关系

在利益客体之间关系的建构维度上，也存在着是否合理、是否正义的问题。在一个社会或共同体内部，各种主体所需要的利益客体在性质、层次上都是多种多样的。为了做到正确引导创造、分配、使用各种利益客体，必须确定各种利益主体的"合理的"利益需要。所谓"合理的"利益需要，一方面是合乎各种主体生存发展的健康、持续等规律要求，特别是合乎各种主体共同和统一生存发展的健康、持续等规律要求；另一方面是合乎现有的和可以形成的主客观各种条件的许可范围。从理性的角度说，就是在这些方面合乎正确的理性认知观念要求。就前一个方面来说，坚持功能、适度、节约式地创造、分

---

① 刘凤岐：《利益分配概论》，陕西人民出版社 1993 年版，第 354—355 页。

配和使用利益客体，弃绝炫耀、奢侈、浪费式地创造、分配和使用利益客体，是一种最基本的理性要求。就后一个方面来说，坚持根据条件范围而不是超出条件范围去安排创造、分配和使用利益客体，是管理利益客体的最起码要求。从上述两个方面的要求来分析经济增长和消费需求的关系，可以判定，为了经济增长而无限度地刺激消费需求，并不符合所有利益主体的长远和根本福祉。

在明确了上述根本尺度的前提下，可以进一步根据利益客体对于利益主体的性质关系、价值层次关系、引导功能来建构利益客体之间的关系。

其一，在对各种利益主体的利益需求满足的性质上，建立起所要创造、分配和使用的不同利益客体之间的正确关系。在性质上可以把所要创造、分配和使用的利益客体分为满足主体物质需求的物质利益客体和满足主体精神需求的精神利益客体，如果基本的物质利益客体是所有主体存在的前提而精神利益客体在性质上又的确高于物质利益客体，那么，就应该在能够实现基本的物质利益客体的基础上去实现精神利益客体，同时，又把精神利益客体置于比物质利益客体更高的地位。同样，可以把利益客体分为满足自然性质的需求的利益客体和满足社会性质的需求的利益客体，如果对它们的性质差别所做的判定与对物质利益客体和精神利益客体的判定是类似的话，那么对于它们的管理方式也就相同。

其二，在对各种主体成长的不同价值层次上，建立起所要创造、分配和使用的不同利益客体之间的正确关系。如果把利益客体分为实现各种主体的生存价值的利益客体和实现它们发展价值的利益客体，由于前者是各种主体的生存所需要的基本条件即衣食住行等方面条件的实现，后者则主要是各种主体的发展所需要的基本条件包括创造活力、诚信合作、和谐关系等条件的实现，那么，把对前者的创造、分配、使用作为前提，把对后者的创造、分配、使用放到条件可行的范围内，就是合乎各种利益主体健康发展的正确安排。

其三，也是最重要的，在对各种主体成长的不同价值引导功能上，建立起所要创造、分配和使用的不同利益客体之间的正确关系。对于主体的成长来说，不同的利益客体具有不同的引导功能。大体上，从这一角度可以把利益客体分为三大类。第一类是具有引导各种主体健康向上、不断正确超越自身的功能的利益客体，如相互关爱的人际关系条件、平等共存的制度、诚信合作制度、稳定和谐的秩序、创新发明的制度等利益客体。第二类是具有诱导各种主体陷入迷失正确方向、进入颓废萎靡、感性主义存在状态的利益客体，如市场体制、奢侈类商品、以资本形态存在的货币、大量的财富、较高的权力、地位和荣誉等。第三类是介于上述两类利益客体之间的中性利益客体，它们在与各种利益主体的关系中既没有积极的功能，也没有消极的功能，如日常生活的必需品、非友谊非关爱的人际关系等。

3. 建构利益主体与利益客体之间的正义关系

建构利益主体与利益客体之间的正义关系，是实现利益内容管理的整体维度的正义所不可缺少的。按照问题的逻辑，以下四个方面的问题最为重要。

一是明确利益主体对利益客体的创造、分配和使用的根本价值目的。也就是说，无论是创造、分配和使用物质性质的利益客体，还是创造、分配和使用精神性质的利益客体；无论是创造、分配和使用满足自然生理需要的利益客体，还是创造、分配和使用满足社会合作需要的利益客体，都必须事先明确根本的价值目的定位，即要去创造、分配和使用的，是主要为了哪一个利益主体的利益客体，或是主要为了某些个体利益主体的利益客体，抑或主要为了某类组织利益主体的利益客体，还是主要为了社会整体或全体社会成员整体这一利益主体的利益客体。显然，明确这一点，对于建构利益主体与利益客体之间的正义关系，具有头等的重要性。

以我国当前对住房这一利益客体的建设为例，我们显然需要事先确定，我国的住房建设的根本价值目的，是为了全体社会成员，还是为了一部分社会成员；是把住房这一利益客体作为全体社会成员的居住消费品，还是作为只有一部分社会成员能够投资的赢利投资品。事实已经充分证明，如果作为赢利投资品，就意味着把住房建设完全纳入市场体制，因而难以避免房产投机现象的发生，由此，住房的价格也就难以控制。如果作为居住消费品，就能够建立起可以有效避免投机现象的住房制度。笔者认为，我国的社会主义经济政治制度本质所蕴含的实现全体社会成员的平等而整体的共同福祉的根本要求，我国巨大的人口数量和人均耕地占有量较低的状况，决定了必须把住房作为实现全体社会成员基本生存发展需要的居住消费品，而不能够作为赢利投资品。也就是说，我国住房建设的根本价值目的，必须是实现全体社会成员这一利益主体的基本生存发展。这应是我国住房制度安排的根本正义选择。

这也决定了我们也不能够把住房作为奢侈的消费品。因为，首先，住房的奢侈消费，在我国的巨大人口状态下，是有限的土地资源所无法承担的。当然，在我国目前条件下，土地数量是可以通过一些途径而增加的，但这不足以从实质上改变人均土地资源少的状况。因此，在没有正确定位我国住房建设的根本价值目的，在没有最终确定是把住房完全或主要作为商品即完全或主要由市场来安排、还是完全或主要作为居住消费品而完全或主要由政府的公平安排并由政府、社会力量来提供的情况下，就不能简单地说在我国房屋既具有居住属性，也具有投资属性。其次，从人类作为理性存在者来看，不仅对房屋这一利益客体的奢侈消费，而且对任何其他利益客体的奢侈消费，在一般情况下，都不符合理性的本质要求。理性所要求的合理消费，是合乎人类基本生存发展要求的那种功能式消费。而奢侈消费所满足的主要是人们的社会虚荣心，造成的是物力资源和人力资源的浪费。当然，反对住房的奢侈消费，并不是反对住房的舒适要求，因为舒适是人们生存发展的一种合理要求。

实际上，新加坡所实行的把住房主要作为居住消费品而不是赢利投资品、一个家庭只能租住或购买一套住房的制度，为我们提供了一个成功的、值得认真研究和借鉴的很好案例。的确，新加坡的国情与我国存在重要差别，它的人口数量很小，它的基本的经济政治制度在根本性质上与我国明显不同，但显然，在住房制度安排上，它把保证实现所有社会成员的基本居住条件作为住房制度的根本价值目的，不仅十分有效地保证了全体社会成员的基本住房要求，而且十分有效地防止了对住房的投资投机，合理地保持了住房价格的基本稳定。

根据以上论述，笔者认为，对于我国来说，实行完全市场化的住房制度，把住房主要作为投资赢利品，是不可行的。说得简单一点，如果让有购买能力的群体完全自由投资住房、完全自由购买住房，这不仅会导致土地资源的进一步紧张，而且会进一步加剧已经存在的收入和财富的贫富两极分化，不利于我国经济的长远健康发展，不利于维护社会稳定，不利于社会主义和谐社会建设。这应不是危言耸听。

当前我国的住房建设，是社会保障房和商品房同时并举的制度。如果把实现全体社会成员的平等而整体的福祉作为我国住房制度的根本价值目的，同时，为了保证有效的住房供给，那么，进行社会保障房和商品房建设的确都是必要的。现在问题的关键是，对于商品房这一部分，是否需要做出把它作为居住消费类商品的限定。笔者认为，这是必需的。也就是说，我国条件下的商品房，需要在合乎全体社会成员整体的根本价值目的的前提下进行建设和销售。根据上面谈到的我国的社会主义制度、人多地少等方面的国情，实行一个家庭购买一套住房或进行住房面积限定的制度，就是我国住房制度的恰当选择。当然，究竟多大的住房面积是既舒适而又可行，是可以从经济学和心理学的角度进行综合判定的。

二是从确定利益主体的利益实现目的的性质的正当性出发，去创造、分配和使用利益客体。创造、分配和使用利益客体，究竟是为了满足利益主体的可能无度的欲望，还是为了实现各种利益主体的合理生存发展；是仅仅为了利益客体越多越好、越丰富越好，还是为了实现利益客体的合理数量和种类；是为了仅仅显示利益主体的利益客体实现能力，还是为了坚持合规律地实现对利益客体的需要，这些问题，是建构利益主体与利益客体之间的正义关系所必须回答和实际解决的。无疑，在通常情况下，只有选择后一类目的才是正当的，才能够建立起利益主体与利益客体之间的正义关系。

三是建立利益主体与利益客体之间的良性相互作用关系。利益主体所进行的利益客体实现活动，即包括利益客体的创造、分配、使用在内的过程，不仅会不断打开利益客体实现的各种可能性，不断展现利益客体实现的多样性，同时会造成对利益客体形成之前的相关对象的巨大改变作用。而且，利益客体的实现过程、各种利益客体的本质特性，也会反过来对利益主体形成相应的反作用，深刻影响乃至改变着利益主体的价值观念和行为方式。也就是说，利益主体与利益客体之间总是相互作用的动态过程。这就意味着，建立起它们之间良性互动关系是极其必要的。这要求利益主体必须充分认识利益客体实现的各种规律，按照对各种规律的认识来指导实现利益客体的活动，及时解决由于可能不合乎规律的要求所发生的各种问题，使得对作为"前利益客体"的对象的改变是正确的，使得作为"前利益客体"的对象和已经形成的利益客体对于利益主体的反作用基本上是正面的。

四是建立利益主体与利益客体之间的健康可持续关系。为了建构起这种关系，除了需要以上面所谈到的建构利益主体与利益客体之间的良性相互作用关系为前提之外，还需要其他条件。第一个条件是，前面的讨论已经谈到，这就是利益主体对利益客体的需要是合理的有限度的需要，而不是不合理的无限度的需要。第二个条件是，合乎利益客体创造所需要的对象维度上的可行性。也就是说，利益客体创造总是需要相关对象，它们是创造利益客体之前所存在或人们所发现的事物或事情，它们的性质、种类、数量等，直接意味着从它们身上能够创造出什么样的、多少数量的利益客体。合乎这些对象的可行性，是建构利益主体与利益客体之间健康可持续关系的重要因素。第三个条件是，利益主体所创造、分配和使用的利益客体的种类，不明显超出各种利益主体的合理的种类需求。第四个条件是，利益主体所创造、分配和使用的利益客体的数量，既能够在本质上实现利益主体的合理的生存发展，又能够充分节约，不会造成社会资源、自然资源、人力资源的浪费。

七　建立利益活动的正义过程结构

如前所说，一个社会或组织的利益活动，是包含了利益创造、利益交换、利益分配、利益使用这四个环节的整体过程。

对于利益活动的这些环节及其整体过程的管理，也存在着建构正义的结构问题。这首先需要实现每一环节的正义管理，然后实现各个环节的统一过程的正义管理。下面分别进行讨论。

在利益创造这一始点环节的管理上，所需实现的正义主要有四个方面：利益创造的目的正义、利益创造的动力正义、利益创造的方式正义、利益创造的质量和速度正义。

利益创造的目的正义，是利益创造的首要正义。这是利益创造的目的的正当性问题。在当今社会条件下，对一个社会来说，利益创造是为了实现全体社会成员的福祉，还是为了满足少数社会成员的利益需要，通常规定了这种利益创造是正义的还是不正义的。对于一个组织来说，利益创造是为了整个组织的健康发展，还是为了极少数成员的个人发展，也通常规定了这种利益创造的正义与否。利益创造的动力正义，是以正当的激励进行利益创造，主要包括以健康向上的精神激励引导物质激励，以合理的群体激励引导个人激励，以正面的激励引导负面的激励等。利益创造的方式正义，主要是进行利益创造的方式合乎人性和社会性要求。在当今社会，人性要求主要是生命健康、人格尊严平等、意志自由等方面的要求；社会性要求主要是社会成员资格平等、诚信合作、效率与公平统一等方面的要求。利益创造的质量和速度正义，主要是利益创造在质量上合乎社会成员的理性要求，在速度上合乎社会成员的健康而又可持续的利益满足要求。人们经常会忽视利益创造的质量和速度正义，因为看上去它们似乎并不重要，但实际上并非如此。

例如，我国自从改革开放以来，在经济增长的质量和速度方面，突出存在着以资源能耗浪费、生态破坏严重、环境污染突出等质量问题为代价而获得粗放的经济增长高速度。如果说我国经济增长的高速度基本符合我国人民提高物质文化水平的迫切需要，那么经济增长的低质量则显然不符合我国人民群众对生命安全、环境安全、经济健康和可持续发展以及经济增长的代际正义要求。实际上，即使在我国当今国情条件下，究竟什么样的经济增长速度是合理的或正义的，也还需要进行更加深入的思考。因为，第一，这需要深入分析全体人民群众整体的经济福祉的长远、健康、可持续实现问题。经济增长的速度多高才合乎这一要求，显然需要科学的定量分析才能确定。第二，这需要深入分析我国社会成员个体和整体的当前利益需求的合理性问题。一个突出的问题是，一部分社会成员对利益的大量占有和挥霍使用是否合理。答案当然是否定的。这既不合乎理性的节约要求，也不合乎社会成员共存共荣的要求。同时，整个社会相当普遍存在的利益越多越好的需求心态，虽然不能说是不正义的，但肯定是不合理的。因为，对利益的拥有数量，既需要合乎社会的利益创造能力，也需要合乎人们生存发展的基本限度。

在这里，19世纪古典经济学家密尔从产品平等分配的角度所提出的在一定条件下保持经济增长的静止状态（如零增长速度）会更有益于人民的幸福的观点，是值得我们深入思考的。

在利益交换这一环节的管理上，现代社会所需实现的正义主要是平等交换。或者说，利益交换的基本正义原则是平等原则。平等的利益交换不仅是利益创造的需要，而且是利益分配和利益使用的需要。利益交换之所以需要平等，是由多种原因决定的。一是因为不同利益主体所正当拥有的利益，是通过劳动、合作或其他正当途径获得的，因而具有唯一的支配权；二是不同利益主体所正当拥有的利益，对于自身的生存发展具有本质意义，只有平等交换，才能不致损失其本质意义。无疑，平等的交换标准并非总是容易确定。如果说，对同一类别的利益交换如物质利益的交换，能够相对容易地找到平等的标准，那么，对于不同类别的利益交换如物质利益与精神利益的交换，就经常难以确定平等的标准。尽管如此，通过对不同利益进行质量、数量的比较分析，还是可以找到大体平等的交换标准的。

在利益分配这一环节的管理上，在多元所有制、市场经济和民主政治等条件下所需实现的正义，是多种因素的一定比重的综合统一。所涉及的主要因素有人性因素、社会因素、贡献因素。保证公民的体面生存和人格自尊，是人性因素对利益分配的本质要求。保证人们的社会成员资格平等以及他们之间的和谐关系，是社会因素对利益分配的基本要求。保证利益创造的激励动力，是贡献因素对利益分配的主要要求。在现代条件下这三个因素之间的合理关系，一般是在按人性因素的要求进行利益分配方面，生存平等是基本的原则；在按社会因素的要求进行利益分配方面，社会平等是基本的原则；在按贡献因素的要求进行利益分配方面，存在非实质差异是现实可行的原则。由此来看，这三个因素在利益分配中究竟各自占多大比例而形成整体的正义分配尺度，取决于社会整体发展的需要状况的特点。如果社会的需要是以效率为主、公平为辅，那么就必须确定以贡献因素为主导比例的分配尺度；如果社会的需要是以公平为主、效率为辅，那么，就必须确定以人性因素和社会因素为主导比例的利益分配尺度。同理，也可以确定社会的需要是公平与效率相均衡情况下的利益分配尺度。在当今我国经济政治条件下，实行公平与效率相均衡的利益分配尺度应是最佳的选择，这样既可以防止或控制利益分配的两极分化，也可以防止利益分配的平均主义。

在利益使用这一环节的管理上，现代社会所需实现的正义主要是利益使用的正当性问题。利益的使用，集中在对利益客体的使用上。不同种类的利益客体，其利益使用的形式不同。

例如，对于物质利益客体即物质产品、文化利益客体即文化产品的使用形式主要是消费，而对于政治利益的客体——政治权力或政治地位，其使用形式主要是运用。无论是对利益客体的消费，还是对利益客体的运用，都有一个是否正当的问题。在消费形式的利益客体的消费上，至少在人口众多、资源有限、经济不发达的我国条件下，功能式消费、简朴式消费、节约式消费、以实现基本生存发展为尺度的消费，是正当的。相反，铺张式浪费、奢侈式消费、炫耀式消费，则是不正当的。在政治权力的运用方面，只有依法为民众和社会的根本利益服务才是正当的；相反，违反公共服务的基本规则，以权力谋取个人的私利，支配他人的人格，都是不正当的。

确立起利益管理的各个环节的正义，是实现利益管理整体过程正义的基础前提，但不等于就实现了后者。因为，正如我们所强调的，系统不等于要素的单纯相加之和。笔者认为，实现利益管理整体过程的正义，归根到底，需要合乎利益管理的内部整体健康运转要求和外部环境的本质要求。

从内部的整体健康运转要求来说，必须建立起利益管理的各个环节正义之间有重点指向的平衡统一、协调一致、和谐运转，而不长期存在相互分离、相互冲突、相互对抗，由此建立起利益活动整体健康向上、充满生机活力的动态过程。显然，第一，利益使用的正义是其他环节正义的目的和归宿，在确定了利益使用的正义之后，必须把利益创造的正义、其他环节诸多正义从属于利益使用的正义。第二，必须使利益创造的正义与利益交换的正义、利益分配的正义平衡一致，并且需要正确建构这三者的关系，即究竟是把利益创造的正义放到首位，还是把利益分配、利益交换的正义放在首位。第三，必须使利益交换的正义从属于利益创造和利益分配的正义，因为利益交换是在利益创造的要求下产生的，它对正义是从属性的。例如，在现代社会，利益交换的平等原则在一般情况是一个正义原则，然而，如果利益创造的正义和利益分配的正义在某些情况下要求一定程度的利益交换的不平等，那么这种要求就比平等原则更加重要，在这种情况下，利益的不平等交换就比利益的平等交换更加正义。总之，在各个环节的正义之间建立起正确的综合统一关系，是实现利益管理整体过程正义的首要步骤。

从外部环境的本质要求来说，建构一个社会或组织的利益管理整体过程的正义，也必须使利益管理的整体过程合乎公民整体的终极福祉或终极的善的本质要求。利益管理活动的直接目的在于利益的正义使用，而利益管理活动的终极目的则在于公民整体的共同幸福或共同发展，在于整个社会的健康成长、和谐一致、繁荣昌盛。这就需要充分认识整个社会的发展规律、本质趋势，由此确立全体公民和整个社会的正确的根本价值观，以之指导利益管理的整体过程。

第五章

实现个人价值观与组织价值观
之间的合理一致

由于个人与组织是组织生活中两个最直接相关、最重要的主体，因而个人价值观与组织价值观之间的关系，是各种类型、各种层次的组织中最重要关系之一，因而是管理的价值观维度上所要处理的最重要关系之一。在一般情况下，在基本取向、内容实质、存在方式等方面，个人价值观与组织价值观之间既存在着差别和冲突的方面，也存在着一致和协调的方面。正确处理两种价值观之间的动态关系、差别尤其是冲突，尽可能使它们达成相互一致、一体共生，无论是对于组织的健康持存，还是对于个体的自由成长，都具有十分重要的意义。

一 个人价值观与组织价值观的异质性与冲突

从主体承担者的角度看，个人价值观以个人为承担主体，组织价值观以组织为承担主体，它们的来源背景不同、形成过程不同。同时，在个人与组织的关系中，个人是相对于组织而言的成员个体，个人并非是一个人，而是具有多样特征的众多个人；相反，组织则是一个统一的整体，是通过统一的规则和秩序而运转的整体。因而在一般情况下，个人价值观与组织价值观之间总是存在着性质特征上的差别。

1. 个人价值观与组织价值观之间的根本异质特征

所谓"个人价值观"，指的是个人引导自己行为的一套信念系统，包括个人对做人做事的原则、外部环境的意义、人与人之间关系的本质的看法或假设。它决定着一个人为什么会实施某种性质的行为，也决定着一个人将来会实施哪种性质的行为，还决定着一个人的行为方式。一个人的价值观包含了多方面的内容，是这些内容的统一所构成的体系。比如，对一个人来说，他认为某种事物或事情最有意义和最重要，他对各种事物或事情的不同意义的看法和评价，对它们的意义的主次、轻重的次序排列，都是他的价值观体系的构成内容。

由于每一个人的家庭状况不同、心理性格不同、成长经历不同、所受的教育不同、所承载的社会关系不同、在社会中的地位不同等众多复杂原因，每一个人所形成的价值观都有其特殊的形势背景，因而也会具有各自独特的性质和特征。也就是说，相对于作为整体的组织的统一的价值观而言，其内部成员的个人价值观总是存在差别的、多种多样的。

首先，不同成员个人的价值观，在主要价值取向上，一般会存在诸多方面的不同。例如，什么价值是自己追求的根本目标价值或方向性价值、人生的意义和幸福在哪里、什么是个人与他人的正确价值关系、什么是个人与社会的正确价值关系等。

其次，不同成员个人的价值观，在内容构成上一般也会存在不同。无论我们把价值分为物质维度的价值和精神维度的价值，还是分为自然维度的价值和社会维度的价值，抑或分为实践、认知、伦理、艺术、宗教方面的价值，不同的成员个人对这些价值中每一种价值的重要性程度的看法，对它们的优先和轻重次序的排列，对哪些价值是主要价值、哪些价值是次要价值，以及通过什么方式和手段实现自己所愿望的价值，都会存在有差异的看法。

最后，由于每一成员个人的价值观都具有自身的独特性，是个人对待人和事的一种"偏好"或评价态度，所以他总会自觉不自觉地对于与自身价值观相似、相近、相一致的他人或团体产生一致感或好感。相对而言，也就会自觉不自觉地不那么喜欢与自身有着相反的价值观的个人或团体。

与众多个人的价值观的多样性不同，组织的价值观则是统一的整体。组织价值观是组织内的成员个体所共同持有的价值观，是作为主体化、人格化了的组织在评价自身的需要、行为、外部环境并采取相应的措施和行动的时候，进行价值衡量所持的准绳，是与组织目标或达成组织目标所需要的步骤相联系的价值判断标准。组织价值观集中关注组织目标和实现组织目标的方式，定义了"组织的每个成员必须向谁负责、向谁提供什么"，概括了组织中成员的各种行为与组织利益的关系，同时对组织各项规章制度的作用和意图进行说明，从而体现了组织最显著、最本质的特征。它不仅能够反映组织的需要，更能指导组织的行动。

组织价值观在组织的生存发展中具有决定作用，它有着不同于成员个人价值观的性质和特征。组织价值观是以组织为主体的，相对于诸多组织成员的个人价值观的多样性来说，一个组织的价值观是一个单一的整体。

第一，在组织价值观的产生维度上，无论是在由单个人主导创建或少数个人主导创建的组织中，还是在由多数个人共同创建的组织中，尽管创建者的个人价值观对于组织价值观的形成具有重要作用，但一般情况下，组织价值观的最终形成和确立，总是在很大程度上反映或针对组织整体成长的本质需要，并且经常是组织的主要成员相互作用的结果，是他们所达成的相对一致的价值共识。因而，组织价值观的形成本身就意味着其已经是以组织整体为主体的具有单一性的价值观了。

第二，在根本任务和根本目标指向方面，组织价值观也是单一的。组织的根本任务是所有组织成员共同的根本任务；组织价值观的根本目标指向，也是所有组织成员共同的根本目标指向。这与诸多成员个人的价值观的任务和目标指向的多样性，形成了鲜明的对比。

第三，组织价值观规定了组织的统一运转方式，在对组织成员的要求和适用方面，规定了所有组织成员共同的价值行为标准。组织价值观是要求所有成员个人包括领导者或管理者都普遍遵守的价值信念，组织成员根据组织价值观来判断"什么需要做、应该做、值得做，什么不需要做、不应该做、不值得做，什么行为是好的、什么行为是坏的，什么行为是正当的、什么行为是不正当的"等等。也只有这样，才能保证组织的价值目标和任务的完成，才有可能实现组织的稳定生存和持续发展。

组织价值观反映了组织文化的实质，在组织文化所有层面中处于主导和支配地位。在人格化了的组织中，组织价值观作为组织文化的核心，统一引导和规约着所有个人的意识活动、心理状态和行为指向。

一个组织的文化通常有许多层面，而组织价值观是组织文化的基础层面，是组织文化的本质所在。众所周知，沙因把组织文化分为可见的人为事物、价值观、基本假定三个层次。实际上，从内容实质分析的角度看，他的划分并不准确。他所说的基本假定，不过是最高层次的价值观，或者说是内化于组织成员大脑之中的价值观。归根到底，无论组织文化究竟包括哪些维度，无论人们对组织文化如何进行划分，价值观都是组织文化的核心。如果把组织文化理解为包括组织精神、组织道德、组织礼仪、组织制度、组织形象、组织布置在内的一个结构统一体,那么,组织价值观就是把它们贯穿起来的灵魂。霍夫斯泰德等人的实证研究已经有力地证明了这一点(Hofstede,1990)。

一个组织要形成自身生存发展的巨大力量,主要依赖于形成正确合理的组织价值观。这样的价值观既反映了组织自身的目标和利益,又合乎组织成员们的目标和利益,因而能够把组织成员的思想感情统一起来,把各种力量聚合起来,使组织成员把自己的事业心和荣誉感与组织的命运紧紧地融合在一起,使他们产生对组织的高度使命感和责任感,主动发挥他们的聪明才智,为组织贡献自身的智慧和力量。

组织价值观集中体现了组织的价值信念,是统领组织持续发展和日常运转的导向路标。组织价值观有助于确定组织工作的优先顺序、目标、战略及政策,可以直接影响一个组织的战略、竞争优势和激励方式,同时也可以对组织变革与发展产生直接的影响。组织价值观总是体现于组织使命、组织目标、组织愿景、组织战略等关系到组织生存发展的各种重要环节之中。

组织价值观作为组织文化的核心与灵魂,作为组织的价值体系的集中体现,对于组织的发展具有统一的精神动力作用,能够使全体组织成员形成共同的理想、共同的价值目标、共同的行为动力。正确的组织价值观对组织成员是一种强大的精神支柱,使得组织成员不仅把工作当作谋生手段来看待,而且尽可能发掘工作本身的价值和意义,从而满足自身在精神层面的追求。组织价值观从理性和情感两方面对组织成员起着巨大的激励作用,是组织决策和行动实施的推动器,因而具有鼓舞组织成员为组织理想、目标的实现而共同奋斗的激励力量。

2. 个人价值观与组织价值观的差别和冲突

根据以上对组织成员个人的价值观与组织整体的价值观的分析，可以看出二者之间存在着相对而言的多种差别。

第一，从价值观的承担主体的角度看，存在着个人主体与组织主体的差别。成员个人的价值观以每一个组织成员个人为主体，而组织的价值观则以组织整体为主体。在一般情况下，个人主体不同于组织主体，个人人格不同于组织人格。价值观承担主体的这种差别，是双方价值观差别的实体基础。

第二，从双方价值观的性质的角度看，存在着个人目标指向与组织目标指向、以个人为中心发挥作用与以组织为中心发挥作用的差别。组织成员个人的价值观重在个人价值目标的实现，而组织的价值观则重在组织价值目标的达成。

第三，从双方的价值观体系数量和样式的角度看，存在着"多"与"一"的差别。诸多成员个人的价值观是具有特殊性的"多"、差别性的"多"，而组织价值观则是具有普遍要求的"一"、代表组织整体的"一"。应该指出的是，在通常情况下，二者不是部分和整体的关系，即组织成员个人的价值观一般并不是组织整体的价值观的构成部分，组织整体的价值观一般也不是诸多成员个人价值观的集合体。二者实际上处于相互差异、相互作用的状态之中。

第四，从双方价值观的内容或结构的角度看，通常存在着对多种价值追求的重点、次序等方面的差别。每一个组织成员个人的价值观都有自身所追求的价值序列，有优先追求的价值和次要追求的价值。众多成员的个人价值观之间在这方面都各自不同，而这又与组织价值观所追求的价值内容序列构成了差别。例如，在对待公平与效率这两个价值方面，在多数情况下，组织成员个人的价值观一般把公平放在首位，而组织的价值观则一般把效率放在首位。

　　应该明确指出，个人价值观与组织价值观之间存在的差别，并非在任何情况下都会发生冲突。然而，由于个人价值观与组织价值观的共存和相互关联，双方在一定条件下必然会发生冲突。如奥特（Ott, 1989）在组织成员认知组织文化的研究中发现，组织文化是多层次的，作为个体的组织成员对组织文化的不同层次特别是组织价值观的认知是不同的，这就造成了差别和冲突发生的可能。总体来看，当双方的主要价值追求不同而又发生了相遇共存但暂时却无法同时实现的情况下，就容易发生冲突。

　　结合上面对个人价值观与组织价值观之间差别的分析，可以判定，个人价值观与组织价值观之间在一定条件下所发生的冲突，实质上主要是前者的个人性质、个人视野、个人方式与后者的组织性质、组织视野、组织方式之间的冲突。

　　首先，个人价值观与组织价值观之间冲突的本质在于，个人价值观主要是从个人出发的，组织价值观主要是从组织出发的，二者的性质不同，在相遇共存中形成了出发点的矛盾。

　　其次，个人价值观与组织价值观之间的冲突，归根到底也是双方各自看待各种价值追求及其关系的不同视野的冲突，特别是双方看待个人价值追求与组织价值追求之间关系的不同视野的冲突。个人价值观集中表现了个人的价值视野，组织价值观集中表现了组织的价值视野。

　　最后，个人价值观与组织价值观之间的冲突，也是双方看待各种价值问题的方式的冲突。个人价值观本身就包含了个人看待价值问题的特定方式，这种方式一般总是具有个人特点的，打着个人的人生烙印；而组织价值观也同样包含了自身看待价值问题的特定方式，集中反映着组织的创建和成长过程。

　　个人价值观与组织价值观之间所发生的冲突，可以分为不同的类型，这可以从不同的角度进行划分。

首先，可以从性质是否根本对立、是否相同的角度来进行划分，有如下三种类型。

第一种冲突类型是根本对立的类型，即双方对某一价值问题的看法在性质上是根本对立、完全相反的。对于这种类型，除非一方的看法发生了改变，否则，双方很难有调和的余地。

第二种冲突类型是性质不同但并非根本对立的类型，即双方对某一价值问题的看法虽然在性质上不同，但并非根本对立。由于性质并非完全相反，这种类型从根本上是可以调和或解决的。

第三种冲突类型是性质相同的类型，即双方对某一价值问题的看法在性质上是相同的，但在对这一价值问题的认识上存在着深度或广度的分歧。显然，这种类型的冲突是比较容易解决的。

其次，可以从支配与否、均衡与否的角度对个人价值观与组织价值观之间的冲突进行划分，有如下三种类型。

第一种冲突类型是组织的价值观支配个人的价值观。可以说是组织价值观对个人的价值观带有一定的强制性质，组织支配着个人，个人在组织价值观体系的控制下进行活动。个人可能是迫于生存压力等原因不得不接受组织的价值观，按照组织价值观的要求进行活动，因而使自身的价值观处于抑制状态。与组织价值观的支配地位相比，个人价值观处于从属地位。这是双方价值观一种强烈的不平等关系。

第二种冲突类型是个人价值观支配组织价值观。应该指出，组织内的普通成员的个人价值观一般很少能支配组织价值观。出现这种情况，多数是组织的领导者或管理者把自己的价值观凌驾于组织价值观之上。发生这种冲突的原因很多，最主要的两个原因：一是领导者具有鲜明的个性，倾向于把自己的价值偏好、态度倾向强加于组织，把进攻性、支配倾向看作是领导能力的同义语；二是组织内外的情境为个人价值观支配组织价值观提供了主要条件。

第三种冲突类型是个人价值观与组织价值观形成平衡对峙的状态。从组织成员个人主体的角度看，这又能分成两种情况：一种是组织内的普通成员的个人价值观与组织价值观形成了平衡对峙的状态；另一种是某个或某些领导者的个人价值观与组织价值观形成了平衡对峙的状态。具体情况可能是：个人不愿接受组织价值观，但又因为某些原因不能离开组织；组织也不能因为这个人不接受组织价值观就将他剔除出组织，因为组织也因为某些原因离不开这个人。

个人价值观与组织价值观之间的冲突，本身就是二者之间最显著的不协调或不一致。无疑，二者之间的不协调、不一致，并非在任何情况下都是不正常的现象。既然不相协调、不一致是经常发生的，也就意味着它具有某种"正常"的根源。同时，二者之间的不协调、不一致，也并非在任何情况下都对组织和个人的发展起到负面作用。但是在一般情况下，实现个人价值观与组织价值观之间的合理一致，对个人和组织的发展所起的正面作用更大。

二　个人价值观与组织价值观之间合理一致的必要性

个人价值观与组织价值观之间所能实现的合理一致，有两个最重要的类型，一是双方在根本性质上达到一致，二是双方形成共享的正确价值观。在通常情况下，实现个人价值观与组织价值观之间的合理一致，无论对于实现组织的稳定长远发展，还是对于实现成员个人的和谐成长，或是对于实现双方价值观的协调共进，都具有重要作用。因而，实现二者的合理一致是极其必要的。

1. 实现组织主体稳定长远发展的需要

个人价值观是个人存在的灵魂，组织价值观也是组织存在的灵魂。如果二者长期处于冲突状态，必定对组织的稳定和长远发展造成严重损害。

许多研究都证明，由于个人价值观与组织价值观之间实现合理一致，对组织成员的行为有着重要影响，因而对组织的成长有着举足轻重的作用。丹尼森（Denison，1984、1990）经过实证研究发现，个人价值观与组织价值观的一致会影响组织成员个人的效能，而那些有着共享价值观（shared values）、组织成员的个人价值观与组织价值观能够一致的组织，其投资回报率是相反情况的两倍。这是因为价值观是个人的内在控制系统（implicit control system），相对于外在的控制系统来说，个人通过自身的内在控制系统更能产生与组织协调一致的行为。沙因认为，具有共享价值观的组织成员对环境的解释较为一致，从而缩短了沟通距离，降低了工作不确定性等负面影响。

一个组织能否实现稳定和长远发展，取决于许多要素，包括组织的努力程度，组织的结构和制度是否合理，组织处理外部环境问题的能力是否足够强，组织的价值观正确与否、成熟度如何，组织价值观与个人价值观之间是否达到了合理一致、一致的程度等。其中最重要的，是后面两个相互关联的因素。因为它们直接规定着组织的努力程度，有形无形地影响着组织的结构和制度，也在很大程度上标示着组织处理外部环境问题的能力。

在组织价值观正确的前提下，组织价值观与个人价值观之间实现合理一致，是达致组织稳定和长远发展的关键因素。

首先，个人价值观与组织价值观之间实现合理一致，无论是双方形成根本性质的相互一致，还是形成双方共享的价值观，都会从根本上有助于使个人与组织形成健康稳定的互动过程，既能够真正有效地调动组织成员个人的积极性，也能够真正有效发挥组织的统一指挥和协调功能，实现个人与组织的有机结合，实现双方能量的充分释放。这就形成了组织稳定和长远发展的主体动力。

其次，个人价值观与组织价值观之间实现合理一致，是给组织整体带来凝聚力、使组织成员形成向心力的一个本质要素。一个组织是否稳定、是否具有持久的生命力，在很大程度上取决于这个组织是否具凝聚力，组织成员是否具有向心力。个人价值观与组织价值观之间实现合理一致，会有力地促成组织成员的团结一致，使他们与组织同呼吸、共命运，为组织的命运与前途、理想与目标努力拼搏。

最后，个人价值观与组织价值观之间实现合理一致，既有助于增强组织成员对组织的价值归属感，也有助于增强组织整体的使命感。这对于实现组织的稳定和长远发展，也是一个重要的条件。

2. 实现个人主体和谐健康成长的需要

个人在组织中，除了服从于组织的要求、为组织的发展做贡献以外，也必然力求实现自己的价值，力求实现自己的和谐健康成长。个人价值观与组织价值观之间实现合理一致，也十分有助于个人这一目标的实现。

第一，个人价值观与组织价值观之间实现合理一致，有助于组织成员个人满足多层次的需要。

众所周知，马斯洛的需要层次理论认为，人有五个层次的需要，即生理需要、安全需要、社交需要（也叫归属与爱的需要）、尊重需要（包括自我尊重、自我评价以及尊重别人）、自我实现的需要（这是个人发挥自己潜能的需要，是最高等级的需要）。

首先，个人价值观与组织价值观之间实现合理一致，对于组织成员个人的第二个层次的需要——安全需要——的实现，具有正面作用。因为这种一致有利于促进组织成员对稳定性的感知，使他们对组织形成更强烈的信任并感受到组织对自己的信任，从而在组织中获得安全感。研究表明，当组织成员感受到组织价值观与自己的个人价值观存在显著差异或冲突的时候，就会产生焦虑和防备的心理，从而不仅影响其个人的工作绩效（Denison，1990），而且不利于其安全需要的实现。

其次，众多与组织价值观形成一致关系的组织成员彼此之间更容易找到相似之处，从而也比较容易形成相互吸引、相互依赖的人际关系。这一点与丹尼森（Denison，1990）的研究结论是相同的。他认为，当组织成员之间感知到彼此有共享的价值观时，他们就会倾向于寻求安慰、交换信任，并能更好地交流内心想法以及对组织内部事件的解释，对外部事件的认知也会有极高的相似性。这都有益于组织成员实现第三个层次的需要——社交的需要，以及第四个层次的需要——尊重的需要。

最后，个人价值观与组织价值观之间实现合理一致，也是联结组织与成员个人的有效纽带。个人会认识到，他与组织之间的价值观的一致，不但对组织发展有着极大的重要性，而且对实现自己的基本价值具有肯定意义，因而希望保持自己作为该组织成员的身份。这样一来，组织成员的第五个层次的需要——自我实现的需要，也就获得了可以实现的一个基本的组织条件。

第二，个人价值观与组织价值观之间实现合理一致，有助于组织成员个人明确对自己的角色定位，使个人更好地完成自己所承担的职责。这主要是因为双方价值观的合理一致从根本上为个人的努力指明了方向，使个人能够用价值观的坐标衡量自己的工作，形成对自己职责的自觉意识。奥特在组织成员认知组织文化的研究中发现，当组织成员与组织之间形成价值观一致的认知时，组织成员较少产生角色模糊和角色冲突，从而会产生较多的满意度、责任感及更高的工作质量（Ott，1989）。

第三，个人价值观与组织价值观之间实现合理一致，能够明确个人价值观的方向定位、任务目标、个人多种价值追求的优先实现顺序，因而有助于促进个人的价值观的补充、提高和完善。由于价值观在一个人的精神中具有主导作用，因而这进一步有助于一个人形成合理的情感态度、正确的意志努力。一句话，个人价值观与组织价值观之间的一致，有助于一个人的整个精神的健康发展。

3. 实现个人主体与组织主体融合共进的需要

个人主体与组织主体毕竟是两种相对独立的不同主体，各自的成长发展不等于双方的共同成长发展。达成双方价值观的合理一致，是实现双方融合共进、共同发展的一个必要条件。

首先，要实现个人主体与组织主体的融合共进、共同发展，需要双方在价值观上达成正确的基本共识，而个人价值观与组织价值观之间的合理一致正是实现了这一点。个人价值观与组织价值观之间的合理一致，不仅本身就是个人主体与组织主体融合共进的观念维度，而且是实现双方在行为上步调一致、使双方形成共同发展的统一整体的精神前提。

其次，要实现个人主体与组织主体的融合共进、共同发展，还需要以双方价值目标的一致为前提，而这正是个人价值

观与组织价值观的一致的根本方面。由于这种一致关系对组织
成员的共同行为和整个组织的事业追求进行了刻画，并进一步
影响组织的经营特色和管理风格，因而，被个人与组织共享的
价值目标就成为统领组织成员的行动指南，为组织和成员个人
的一体共同发展，指明了前进的方向和道路。

最后，要实现个人主体与组织主体的融合共进、共同发
展，需要组织在内部建立起既适合个人成长又适合组织发展的
制度平台，而这无疑需要以个人价值观与组织价值观之间的合
理一致为引导。无论是组织业务的运转制度，还是用人制度、
激励制度，都只有以上述价值观的合理一致为引导，才能发挥
真正持久有效的作用。

三　个人价值观与组织价值观之间
合理一致的本质

如前所说，众多成员个人的价值观是多样的、差别的，而
组织整体的价值观则是统一的、单一的。由此，对于二者之间
实现一致来说，就存在一个本质性的问题：它们之间所要实现
的一致究竟是什么样的一致，或者说什么是它们之间实现一致
的本质。笔者认为，个人价值观与组织价值观之间一致的本
质，主要可以从以下三个方面进行分析：个人价值观的多样性
与组织价值观的统一性之间的协调、个人价值观与组织价值观
的交互主体性的形成、个人价值观与组织价值观的共同提升。

**1. 个人价值观的多样性与组织价值观的统一性之间的
协调**

个人价值观与组织价值观之间实现合理一致，在本质上涉
及在以下三个方面中做出正确选择：是以组织价值观绝对支配

个人价值观，还是以个人价值观绝对支配组织价值观，抑或在双方都可能需要进行某种改变的前提下而实现更高级的多样性和统一性的协调一致？这是二者实现合理一致的本质问题的第一个方面。在当今价值观多样化、利益诉求日益突出的条件下，对这一方面的正确解决，应主要是在确立组织价值观的相对主导地位的前提下而实现双方的协调一致。

在当今社会，个人价值观与组织价值观之间实现合理一致的过程，绝不是简单地让任何一方放弃自己的立场、牺牲具有自身特点的价值观。就组织价值观对个人价值观的态度来说，不是简单地否定他们价值观的自身特点和多样性共存，要求个人价值观无条件地绝对服从组织价值观。反过来，就个人价值观对组织价值观的态度来说，也不是简单地反对或批判组织价值观，要求组织价值观适合于个人价值观。也就是说，对于个人价值观与组织价值观双方来说，都需要反思自身是否合理、合理性的程度如何，这当然必须结合组织内外状况的根本要求才能做到。通过这样的反思，确定双方是保持还是调整、完善自身的价值观，进而形成双方的价值观在本质上的协调一致，或者形成双方共享的新的价值观，形成多样性与统一性之间的协调一致。

从价值观的构成的角度来看，由于无论个人的价值观还是组织的价值观，都是一个多要素的复合体，都可以分为本质的方面和非本质的方面，或核心价值观和非核心价值观。价值观的本质方面是最重要的，在价值观体系中居于支配地位。个人价值观与组织价值观的合理一致可以被认为主要是在价值观的本质方面或核心价值观方面达成一致。也就是说，即使个人与组织在某项非本质、非核心价值观上不能够一致，也不会显著影响个人或组织的态度与行为。

因此，从内容构成的角度看，要实现个人与组织在价值观上的协调一致，可以针对以下不同情况而采取相应的管理行动。

第一种情况，是双方在价值观的本质和非本质方面都不一致。价值观的本质包括价值观的方向、核心内容、根本评价标准等方面。非本质的价值观一般是指在价值观体系中不处于核心地位、不那么重要、不会对主体行为产生决定性影响的部分。如果双方在价值观的本质和非本质方面都不一致，那就不可能自然地形成协调。因此，双方需要本着愿意实现合理一致的态度，真心地去寻找可能达成一致的突破点，至少实现价值观本质方面的一致。

第二种情况，是双方在价值观的本质方面不一致，而非本质方面比较一致。这种情况也需要双方做出比较大的努力，去寻找本质方面可能达成一致的突破点，实现双方价值观的基本一致。因为与本质方面的一致相比，非本质方面的一致毕竟是次要的、非核心的，不会对主体的行为产生根本影响。

第三种情况，是双方在价值观的本质方面一致，而在非本质方面不十分一致。在这种情况下，双方之间实现合理一致相对来说比较容易。如果双方能够"求同存异"，认为双方在价值观非本质方面的不一致不会影响双方价值观在本质方面的一致，那么一致就能够自然实现。如果情况相反，那么，就需要双方就不一致的部分做出某些改变。

第四种情况，是在现实中很少存在的极端情况，即双方在价值观的本质方面和非本质方面都完全一致。在这种情况下，双方的价值观自然能够实现"相对完美的一致"。

在通常情况下，个人价值观总是具有多样性，组织价值观也总是具有统一性，二者之间总会动态地存在或产生某些差别，或扬弃原有的差别而生成新的差别。从这一角度看，二者之间的合理一致在本质上是对前者的多样性与后者的统一性的不断协调的过程。

2. 个人价值观与组织价值观的交互主体性的形成

个人价值观与组织价值观之间实现合理一致的过程，从个人主体与组织主体的共存来看，在本质上又是双方在价值观层面上形成合理的交互主体性或主体间性的过程。这是个人价值观与组织价值观之间合理一致本质内涵的第二个方面。

交互主体性或主体间性，主要是现代西方哲学的概念，其基本含义是主体与主体之间的统一性。也就是说，研究者使用这一概念所讨论的内容，一般是作为社会主体的人与人之间的统一共存关系，包括人际关系、人们的社会行为，以及意识观念、价值观念的统一性等方面。一般认为，胡塞尔和哈贝马斯是交互主体性理论的主要代表。胡塞尔最早提出了交互主体性概念，强调生活世界中人们作为主体的统一共存性质。哈贝马斯则从交往行为的角度，提出人们之间交往行为的交互主体性质。

交互主体性观念的提出，与西方现代社会所出现的理性困境直接相关。西方近代以来，对理性的理解主要限于目的理性或工具理性，仅看到了人类行动处理主体与客体之间的关系，忽视了主体与主体之间的关系。进入现代社会以后，理性化成为西方文明的普遍趋势，工业生产、市场体制和行政制度等各方面都朝着工具理性的方向发展，最终导致人们将理性化的手段当作终极目标来追求，导致了人类真正价值的丧失。用韦伯的话来说，就是导致了工具理性和价值理性的尖锐矛盾。

哈贝马斯在自己的交往行为理论中，提出了他自己的理性理论：交往理性。他认为，在现实社会中人际关系分为工具行为和交往行为。工具行为是主客体关系，其中蕴含的是工具理性；而交往行为是主体间性行为，处理的是主体之间的关系，其中蕴含的是交往理性。哈贝马斯提倡，在交往行为中，要建立相互理解、相互沟通的交往理性，以达到人们的观念共识和行为和谐。

一般来说，组织成员与组织的互动行为在价值观方面表现为：组织成员在与自己价值观相近的组织内会产生更多的认同感；而组织也经常会甄选与组织价值观相一致的人作为组织成员。

在组织生活中，个人与组织之间形成有效的交互主体性，是个人和组织充满活力、实现双方健康成长的关键。一方面，个人离不开组织，因为个人对于诱因的需要只能在组织中得到满足，这在一定程度上是由人的社会属性所决定的。首先，任何个人的生存生活都需要一定的物质生活资料，这就要从事劳动，而劳动总要通过组织，即使只有两个人的劳动关系，也是一种组织。其次，组织可以为个人提供塑造和发展个人能力、满足社会属性需求的环境，由此，个人总是以加入各种组织的形式来获得社会生存。另一方面，组织也离不开个人，因为组织存在的根源是组织目标，组织的使命是组织目标的实现，而这一切都离不开组织成员的努力，因此，组织需要组织成员个体行为的结合。组织向个人提供的激励是组织能够给予组织成员从而激发其积极性的各种条件。个人参加组织以期获得诱因的动机，正好构成了组织招募成员去实现组织目标的条件。

个人与组织之间形成有效交互主体性的一个重要维度，就是双方在价值观上形成合理的交互主体性。在个人价值观与组织价值观之间实现合理一致的过程中，需要组织和个人都发挥主动作用，都作为达成一致的主体行为者。因此，个人价值观与组织价值观一致，是个人主体与组织主体在价值观维度上的交互主体性的形成。这可以分为两种情况。

其一，是个人与组织在经过双方价值观的调整和完善后达成了实质一致。个人与组织是双方价值观实现一致过程的交互主体。在个人与组织之间的价值观实现合理一致之前，由于双方未就双方的价值观进行反思、调整和完善，因而双方的价值观都还处于各自为政的状态。如果说双方之间在任何情况下都存在一定的交互主体性的话，那么这种交互主体性也是非常初步的、低层次的，只有当二者都承认对方的主体地位，共同反思、调整和完善双方的价值观时，才能实现双方在价值观认知方面达到实质一致的交互主体性。

其二，是个人与组织在经过对双方价值观的反思和提升后形成了共同分享的统一价值观。共同分享的统一价值观的形成，意味着个人与组织双方在价值观上的新的创造，同时，从接受的角度看，成员个人和组织的任何一方都是新价值观的接受者，都是接受行为的主体。因此，这是个人与组织在价值观上的更加本质的交互主体性的形成。

3. 个人价值观与组织价值观的共同提升

由于对价值问题的认识是一个不断发展、不断完善的过程，无论是个人价值观，还是组织价值观，在组织生活中都不可能是绝对完善的，因而，个人价值观与组织价值观之间实现合理一致的过程，在本质上也是一个双方共同超越、共同提升的过程。这是个人价值观与组织价值观之间合理一致的本质内涵的第三个方面。

从系统观点看，一个系统的各种要素与系统整体是相互联系的。只有系统的各要素与系统整体形成良性互动、共同提升，才能产生一种强大的合力。就个人价值观与组织价值观的关系来说，如果双方中有一方绝对或过于强调自己的地位而压制另一方，就会产生某种不协调甚至冲突。因此，双方价值观的共同超越和共同提升，是双方价值观合理一致的一个本质规定。

首先，个人价值观与组织价值观之间实现合理一致的过程，蕴含了个人主体与组织主体各自对双方价值观的更加正确的认识，包括对双方价值观的本质特点、主要指向、内容构成、优势和劣势等方面所形成的相对完整的认识，这本身无疑包含了对双方价值观认识的超越和提升。

其次，个人价值观与组织价值观之间实现合理一致的过程，蕴含了个人主体与组织主体各自对自身价值观的调整、修改和完善，这是各自价值观的一种超越和提升。

最后，个人价值观与组织价值观之间实现合理一致的过程，包含了个人主体与组织主体对他们双方价值观之间关系的调整、修改和完善，这是双方价值观关系的一种超越和提升。

在现代社会，个人和组织之间的关系本质上是一种劳动契约关系，这其中无疑包含了双方价值观之间的互相选择过程。一方面，从个人的角度看，个人在生存需要有了保障的情况下，会更加强烈地追求满足价值观等精神层面的需求，他们会考虑自己的个人价值观能否与组织价值观一致。如果组织所实施的价值观不能满足他们的尊严和社会交往等高层次的需求，不能为他们提供个人事业发展、自我实现的平台，他们便会产生主动离职的倾向。另一方面，从组织的角度看，组织的价值观也会要求成员个人的价值观的适合，如果不能实现这一点，组织的发展也会受到影响。所以，个人与组织需要共同对双方各自的价值观、对双方价值观之间的关系做出调整、改变和完善，实现双方价值观的共同超越和提升。只有这样，才能实现个体和组织的共同成长。

当然，个人与组织双方的这种价值观的共同提升和超越，可能只是在价值观的一些核心内容、关键取向上。但无论如何，这都意味着双方在价值观上的一种新形态的实现。

四　个人价值观与组织价值观之间 合理一致的内容构成

从内容的角度看，个人价值观与组织价值观之间实现合理一致的过程，是双方各种主要内容之间实现合理一致的过程。无疑，价值观的内容可以从不同角度进行分类。本部分分别从主体的所得和贡献、主体所需的利益的性质的角度来分析合理一致问题。从前者的角度，主要分析个人与组织在权利义务价值观方面实现合理一致的必要性；从后者的角度，主要分析个人与组织在物质利益价值观、非物质利益价值观方面实现合理一致的必要性。

1. 实现个人与组织在权利义务价值观方面的合理一致

为了更好地生存与发展，主体与主体之间建立了各种各样的社会关系，而所有社会关系的核心内容都是价值关系或利益关系，即在所有的社会关系中，主体一方面应该进行一定的价值付出，另一方面又应该得到一定的价值回报。在相应的社会关系中，应该进行的价值付出就是主体的义务，应该得到的价值回报就是主体的权利。

权利和义务之间存在着不可分割的密切联系。的确，没有权利就无所谓义务，没有义务也就没有权利。一般来说，权利的实现总是以义务的履行为条件，义务的履行总是以权利的实现为目的。在现代社会，任何主体不能只享有权利而不承担义务，也不能只承担义务而享受不到权利。从权利推导相应的义务，从义务推导相应的权利，是现代权利义务话语的一般逻辑。

从个人与组织角度看，权利和义务之间的关系是一种价值关系。权利是个人或组织所要求得到的价值。一项权利之所以成立，是因为它本身就是一种价值。由于权利只有在受到保障的情况下才能存在，所以，也可以说权利是受到保障的价值。从道德和法律的角度看，权利是为道德和法律所确证的价值。权利作为一种被要求得到的价值，既可能是个人的，也可能是组织的；既可能是物质的，也可能非物质的。因此，权利可以分为物质权利和非物质权利，个人主体和组织主体都同时拥有物质权利和非物质权利。义务是个人或组织所要付出的价值。如果说权利表示的是以"要求"和"获取"为表现形式的"得到"意义上的价值，那么义务所表示的就是相应的以"贡献"和"付出"为表现形式的"给予"意义上的价值。义务作为一种需要付出意义上的价值，是个人或组织所应该履行的职责。义务也可以分为物质义务和非物质义务，个人和组织都同时拥有物质义务和非物质义务。

人们对权利义务的看法观点，就是权利义务观。个人对权利义务的观点是个人的权利义务观，组织对权利义务的观点是组织的权利义务观。既然权利与义务是相互对应的价值，所以，个人和组织对权利和义务的看法，就是价值观的一个重要方面。个人与组织在权利义务观上实现合理一致，是个人与组织在价值观上实现合理一致的一个重要内容。

由于个人与组织各自所处的方位不同、出发点不同、目标指向不同、动态的变化不同等原因，他们之间对于权利义务的观点也会存在不同，在一定情况下也会发生冲突。

在现代社会，组织与成员个人之间的关系实际上是一种契约关系，而双方的权利义务关系也通过契约关系的达成而得以规定下来。虽然权利与义务的对等是现代社会的一般要求，但契约关系所规定的个人与组织双方的权利义务，往往是组织能够获得比组织所贡献的义务更多的权利，个人所贡献的义务并没有得到相应的回报，因而，双方之间的权利义务关系实际上是不平等、不对等的。

首先，由于组织支配着组织的全部活动，支配着成员个人的劳动力使用，组织一般处于支配地位，成员个人在组织中处于被支配地位，这表现在权利与义务的关系上，常见的情况是，组织更多的是强调个人应对组织承担的义务，对个人所要求的权利经常重视不够；而个人一般也首先考虑要求自身权利的实现，然后才愿意履行组织所要求其承担的义务。既然组织与成员个人之间缺乏平等、民主的关系，双方权利义务观的合理一致就更无从谈起了。

其次，成员个人与组织由于各自的需求不同，能够提供给对方的条件也不同，所以在很多时候，双方的权利义务观之间存在着差别，甚至会产生冲突。仅以上面提到的物质权利与非物质权利、物质义务与非物质义务的划分为例，一般来说，这一维度的差别、冲突经常表现为：个人履行了物质义务，不仅希望得到一定程度的物质权利回报，而且更希望得到非物质权利的实现，或者个人履行了非物质义务，除了希望得到一定程度的非物质权利以外，还希望得到更多的物质权利；相反，对于组织来说，由于种种原因，却经常无法满足个人的上述两种权利要求。

由于权利义务观是价值观体系中的一个重要内容，个人与组织要想在价值观上形成合理一致，实现权利义务观的合理一致是一个重要方面。我们应该认识到，权利义务观的合理一致，在实质上也是组织与个人共同成长、共同发展的需要。

在现阶段，普通的个人与组织相比，通常总是处于弱势地位。因为个人只有在组织内实现自身的需求，而组织虽然也需要借助个人的努力实现自身的目标和愿景，但组织所需要的"个人"是个人的集合体，一般情况下不会绝对只需要某个具体的个人，也就是说，一般情况下，某个普通的成员个人对组织的需要比组织对某个普通的成员个人的需要要迫切得多。所以说，强调双方权利义务关系的对等，强调双方权利义务观念的合理一致，首先对个人是一种必要的保护。

同时，从组织成长的角度看，如果不能够实现与个人之间的权利义务观的正确一致，如果不能将"组织成员个人的权利"放在重要位置，只是强调成员个人对组织的义务，这势必直接影响到组织的稳定和谐、持续成长。因为一旦个人发觉自身的权利未能得到应有保障和实现，就会产生不满，进而影响其工作绩效，甚至怠工、离职。例如，在我国封建社会，就是强调个人对组织、国家和社会的义务的绝对服从，严重压制个人的权利。显然，这种情况不可能长期存在下去，由此也引发了种种冲突。

2. 实现个人与组织在利益价值观上的合理一致

"利益"一词本义为益处、有益的事物。这里把"利益"分为物质利益和非物质利益。物质利益主要指经济利益、物质财富等；而非物质利益则主要是包括政治权力利益和在精神方面能够满足主体的事物。

自然，有一些本属于非物质利益范畴的事物，但由于其自身具有一些特性，可以为利益主体带来物质利益，那么主体在进行价值判断时，经常也会由于这些事物具有潜在的可以转化物质利益的特性，而将其作为物质利益的事物来看待，如权力、地位、名气等。然而，尽管这些事物可以带来可观的物质利益，但在性质上它们仍然属于非物质利益的事物。还有一部分属于非物质利益的事物，如精神创造、行为的自由选择等，主体在努力获取它们的时候并没有期望它们能够转化物质利益，而只是单纯地希望获得心灵、情感、精神等非物质方面的满足，而这些事物依然具有转化为物质利益的可能。尽管如此，还是把它们划分为非物质利益方面的事物。

有了以上对"物质利益"与"非物质利益"的辨析，"物质利益价值观"与"非物质利益价值观"的含义就一目了然了。物质利益价值观一般是指主体关于物质利益对自身生存发展的价值的看法。非物质利益价值观是相对物质利益价值观而言的，一般是指主体对非物质利益能为自身带来什么价值、对自身生存发展有何意义的看法。

在个人与组织的关系中，同样包含着物质利益价值观、非物质利益价值观方面的内容，包含着双方在这两个方面的认知和追求的不同和矛盾。

首先，由于个人与组织的主体角度不同，所以双方的物质利益价值观、非物质利益价值观必然存在着差别。组织主体的物质利益价值观一般是其对于维持其生存、促进其发展的物质条件的价值的看法；组织主体的非物质利益价值观一般是组织对政治权力安排和人们之间的人格关系、情感关系、意志关系等方面对组织生存发展的意义的看法。个人主体的物质利益价值观一般是其对经济收入、物质分配等对其自身的价值的看法；个人主体的非物质利益价值观一般是其对于政治权力、人们之间的人格关系、情感关系、意志关系等方面对其自身生存发展的意义的看法。

其次，同样是个人主体，但不同个人主体的物质利益价值观、非物质利益价值观也会存在很大的差别。例如，就目前我国总体情况来看，相当数量的人们的物质生活水平还不富裕，他们对物质利益是十分重视的，很多个人甚至会把物质利益的价值看成第一重要的价值。因此，对于这部分个人，组织首先要重视他们的物质利益价值观，与其优先形成物质利益价值观的合理一致。

不过，个人始终是具有社会属性的人。随着物质生活的日益改善，个人对非物质利益特别是精神方面的追求和需要会越来越迫切。特别是那些思想素质比较高、经济条件比较好，或者是在组织中位于高层的个人（如领导者和管理人员），更是如此。因此，对于这部分个人，组织决不能忽视他们的非物质利益价值观，而是要高度重视在这方面与其形成合理一致。

当然，同样是组织主体，不同组织主体的物质利益价值观、非物质利益价值观也会存在差别。有的组织的价值观主要从效率角度出发，重视物质利益价值观；有的组织的价值观从长远发展的角度出发，更重视非物质利益价值观。

应该看到，个人与组织在物质利益价值观方面的合理一致的实现与在非物质利益价值观方面的合理一致的实现是紧密相连的。根据马斯洛的需要层次理论，可以认为，双方在物质利益价值观方面的合理一致形成之后，自然会追求实现非物质利益价值观方面的合理一致；而要想实现非物质利益价值观的合理一致，必须以物质利益价值观的合理一致为基础。因此，一定要把二者结合起来，充分发挥其综合效应。防止片面地重视物质利益价值观或者非物质利益价值观，注意二者在同一时空中的合理配置。当然，关于二者的结合没有一个统一的标准，关键是在实践中根据具体情况的不同来灵活掌握。

个人与组织在物质利益价值观上的合理一致，能够维护组织内公平竞争与多劳多得的管理原则，能够有效提升员工的个人绩效，能够增强组织的市场竞争能力和可持续发展能力。对于我国大多数劳动者而言，职业首先还是一种谋生的手段，物质利益对个人心理和行为的影响非常显著，个人也希望能够与组织之间建立物质利益价值观的合理一致，使自己的努力按预期转换为收益。在我国现阶段，随着社会、经济体制的改革，我国劳动者的职业稳定性发生了动摇，迫使他们更加重视物质利益，所以在组织中，个人就会比较重视绩效考核与收入的关系、考核的公正性等问题。如果组织对物质利益价值观的合理一致予以充分重视，能较好地将个人绩效与其待遇挂钩，确保个人在公平竞争的环境中，通过努力工作的方式获取尽可能多的报酬，那么将对组织成员个人的态度与行为产生积极影响。如果不能做到这一点，将会直接损害个人努力工作、创造良好工作成就的热情，产生不满意与离职倾向。对组织而言，组织成员的个人绩效是组织绩效的有效组成部分，是保证组织绩效的关键所在，所以与个人建立物质利益价值观的合理一致也会十分有利于组织的发展。综上所述，个人与组织双方之间的物质利益价值观合理一致的建立，能实现组织绩效与个人绩效的充分结合，帮助组织与个人结成物质利益共同体，实现组织与个人的物质利益的共同发展。所以在管理活动中，管理者在这些方面需要做得尽可能的规范和公正，符合组织成员的期望，如工作考核结果与报酬直接挂钩、各岗位都有明确的工作考核标准、工作考核制度严格完善、工作考核公平等。

　　个人与组织在非物质利益价值观方面实现合理一致，对于双方的生存发展也具有重要作用。它可以使组织成员个人在行为与观念的诸多方面与其所加入的组织具有一致性，感觉到自己在组织中既有理性的契约和责任感，又有非理性的归属和依赖感，并在这种心理基础上表现出对组织尽心尽力的行为效果。同时，由于这种合理一致的实现，也意味着为组织成员个人之间的紧密团结提供了共同基础，因而十分有助于他们之间形成相互信任、相互依赖的整体，产生对组织的向心力，更加坚定地认同组织目标。

　　当然，个人在组织中首先接触到的主体是其所在的团队，而且团队内部成员之间的沟通交流也有利于促进非物质利益价值观的合理一致。因此，为了使个人与组织在非物质利益价值观方面能够实现合理一致，也需要加速和优化组织成员个人与其所在团队之间的融合。组织需要坚持以人为本的导向，为团队作用的发挥提供适合的环境，倡导信息分享，健全各种沟通渠道，鼓励团队成员互助合作，引导团队成员形成共同的目标，只有这样才能顺利实现上述价值观方面的一致。

五　个人价值观与组织价值观之间合理一致的主要途径

由于个人价值观与组织价值观之间总是存在这样那样的差别，特别是在一定条件下会产生冲突，因而，二者之间实现合理一致并非是一件容易的事，需要找到有效的途径。笔者认为，从价值观的承担主体及其认知能力等特性以及价值观一致的效用的角度看，个人价值观与组织价值观之间实现合理一致的途径主要有平等对话、理性反思、实践调整等。

1. 个人与组织对双方价值观的相互平等对话

由于个人和组织分别是个人价值观与组织价值观的主体，二者应当具有平等的独立主体地位，因此，要实现个人价值观与组织价值观之间的合理一致，就需要两个主体、两种价值观之间进行平等对话。

个人主体和组织主体之间关于双方价值观的平等对话之所以必要，是因为双方的价值观在本质上并无绝对的高下优劣之分，而且，只有通过平等对话，才能够充分显示各自的内容、特点、优势、劣势以及双方的差别和可能的关联，才能达到相互理解，才能找到双方实现合理一致而需要解决的各种问题，才能找到双方实现合理一致的关键之点。

个人主体和组织主体就双方的价值观进行平等对话，首先意味着要相互尊重对方的价值观，尤其是管理者不能因为自己通常是作为组织价值观的代表而理所当然地把组织价值观凌驾于个人价值观之上，以组织价值观绝对支配个人价值观。如果出现这种不平等，就很难做到客观和充分地去了解组织成员的个人价值观。

个人主体和组织主体就双方的价值观进行平等对话，还意味着双方对于各自的价值观，都应放到一个平等的尺度下进行检视和衡量。当然，"平等的尺度"也总是相对的，而且需要进行研究。但只要真心努力，总是可以找到。

个人主体和组织主体就双方的价值观进行平等对话，还意味着承认双方价值观的差别，承认差别的客观性、合理性。在组织中，很难出现所有组织成员的个人价值观与组织整体的价值观绝对相同的情况，即使出现，也不可能长久持续下去。拒斥双方价值观的差别，就等于拒斥了双方价值观的现实存在。所以要想实现个人价值观与组织价值观之间的合理一致，就要做到正视差别的存在。

2. 个人与组织对双方价值观的共同理性反思

理性总是所有主体都具有的认知能力，个人与组织就双方价值观所进行的平等对话，只有以深入的理性反思、理性判断为尺度，才能达成如何实现双方价值观合理一致的共识。

古今中外的大多数哲学家，如西方的柏拉图、亚里士多德、康德、黑格尔、马克思、哈贝马斯，中国的孔子、孟子、荀子、朱熹、王阳明、王夫之等，都承认理性能力是人的基本能力之一。这种理性能力，既表现为个人独自思考和行为的理性判断和引导，也表现为个人与个人之间共同思考、合作行动的理性判断和引导。后者主要表现为人与人之间进行交往合作的理性要求。哈贝马斯由此提出了交往理性概念，这是对哲学史上关于人的理性能力研究的一种新发展。

理性反思，是从对对象的非本质的认识上升到对对象的本质的认识，或者说是对已有的关于对象本质的不完善认识，进行更加深入全面的省察和完善的过程。这无疑也是反复思考的过程。个人价值观与组织价值观之间要实现合理一致，需要个人与组织（一般是作为组织代表的管理者）就双方的价值观进行共同的理性反思。在这里，哈贝马斯的交往行为理论及交往理性概念，对于我们的讨论具有重要的借鉴意义。

个人与组织就双方的价值观进行共同的理性反思，可以理解为双方在价值观方面的交往行为。这种交往行为需要理性的引导。按照哈贝马斯的观点，这里的理性主要是交往理性。这种理性是不同于工具理性的另一种理性，是一种对话、反省、批判和论证的理性，是以主体间的平等对话为基础、借助论据进行反复论证的理性。就个人与组织双方想要达成价值观合理一致的过程来说，双方只有通过共同的理性思考、反复的理性讨论，才有可能达到目标。

与正确指导双方进行对话的交往理性相比，工具理性则是一种"独白式"的理性，是基于单方面的利益计算的理性，以单方面的利益取得为标准。在现实中可以看到，个人价值观与组织价值观发生冲突的情况，即一方支配另一方或者双方对峙的情况，通常是因为工具理性在其中发挥作用而导致的结果。

在现实中也可以看到，那些个人价值观与组织价值观能够达成合理一致状态的，多半是因为个人和组织都能够秉持交往理性，本着愿意形成合理一致的良好态度，在进行了充分的理性对话之后，找到了双方价值观正确一致的核心内容、根本方向、评价标准的结果。

显然，个人与组织双方都需要理性地认识到，影响价值观形成的因素有很多种。个人价值观受到个人的成长背景、外在环境、传统文化等方面因素的影响；而组织价值观也会受到领导者价值观、行业特色、自身传统等方面因素的影响。价值观的形成本身就是各种影响因素相互作用的过程。因此，个人价值观与组织价值观之间形成合理一致的过程，也必将是双方理性反思、达成共识、共同选择的过程。

3. 个人价值观与组织价值观之间一致过程的实践调整

个人与组织通过就双方的价值观展开平等对话和共同理性反思这两个途径，不仅能够对于对方的价值观形成深入了解，而且能够对于自己的价值观形成更加客观的认识。同时，不仅能够大致确定双方所要实现的价值观一致的基本内容，而且能够基本确定双方实现价值观一致的自觉愿望和实施方案。但这还是不够的，因为这两个途径所达到的结果，还停留在观念层面，不仅没有进入实施过程，也没有经过实践证明是否正确有效。因而下一步就是进入价值观一致的实施和实践检验过程。只有经过实践对关于价值观一致的方案做出检验、证实、完善乃至调整修正，才能最终达成个人与组织双方价值观之间的合理一致关系。

这是因为，一定条件下的个人理性与组织理性都是有限的，既不可能一开始就形成完善的价值观共识，也不可能一开始就形成实现双方价值观一致的完备无缺的实施方案，所以必须通过实践进行检验、调整和完善。从这一角度看，双方价值观的合理一致的实现，总是一个不断实践的过程，实践调整是一个必要的条件或途径。

对于个人价值观与组织价值观之间一致的实践检验和调整，是以个人与组织双方在实践过程中就已经基本认可的一致价值观乃至双方原有的价值观为基础，并通过发挥双方的主体性而开展平等对话和共同理性反思之后的过程。这一过程包括双方对已经认可的价值观的目标指向、内容要素、结构次序等进行确认、补充乃至改变、扬弃、再造。

这个实践检验、调整的过程，经常也包含了对双方已经初步认可的共享或一致价值观做出进一步的系统化阐发和清晰表达的过程。因为，只有通过实践检验，才能更加深入地发现这方面所存在的问题，而进一步的系统化阐发和清晰表达，本身就是对双方已共享或一致价值观的深化和完善。经过这一过程，个人与组织将最终实现价值观的合理一致，形成更加完善的共享价值观或一致价值观。

第六章

组织的环境价值观的合理建构

　　组织价值观的一个重要构成部分是组织对环境的价值的看法或观点。在国外的研究中，主要是"基于环境的组织价值观"这一标题下所要讨论的内容。为了简明，笔者用"组织的环境价值观"来指称它，指的是组织价值观的"环境指涉"层次，也即组织的外向价值观。

　　由于组织总是永远处于与环境的关系之中，所以，在组织生活的价值观处理中，如何看待环境对组织的价值意义，如何正确建构组织的整个价值观中针对环境的那一部分，如何建构和调整环境对于组织的价值关系，对于组织的生存发展就具有至关重要的意义。

　　从当今组织管理的现实来看，无论是在国内还是在国外，通常正是由于组织在对环境的价值观点及其所进行的相应实践中存在问题或不合理之处，因而导致了组织与环境之间的紧张关系或冲突。例如，一些商业组织对环境的关注，采取的主要是功利价值的方式，其本质仅仅是利用环境而获得自身更大的经济利益，甚至为此不择手段，造成了损害消费者和顾客的生命安全的严重后果。

　　综观国内外现有的研究成果可以发现，人们对于环境之于组织的价值关系的研究还大多停留在实证理解的层面。本章的主要目的，就是从哲学上分析组织与环境之间的价值关系，试图为正确解决组织与环境的价值冲突、为发展和完善我国现有各类组织对环境的价值观，提供一些合理的基本指导原则。在讨论的顺序上，本章先定义环境价值观概念和回顾研究历程，然后分析环境价值观建构的相关因素和过程、合理性根据，最后阐发组织对环境的权利与义务对等原则、组织与环境的价值共生原则。

一 组织与环境的价值关系

讨论组织与环境的价值关系，首先有必要对组织和环境这两个概念做出说明。

就组织来说，自从管理学诞生以来，研究组织的管理学者对组织的理解和关注焦点经常存在重要不同。法约尔和韦伯主要探讨了科层制组织，谢尔登重在分析工业组织和企业组织，梅奥开始认识到非正式组织的重要作用，巴纳德则明确提出了系统的正式组织理论，并自觉研究了正式组织与非正式组织的关系。巴纳德对于组织的界定具有独特性。他认为，组织是为实现某种目的而协调人们的活动或力量而形成的系统。也就是说，组织不是人们的结合系统，而是协调人们的活动的系统。①

与巴纳德的界定不同，本章所说的组织，指的是为了实现某种目的或目标而由多个人所组成的统一体。为了和当今管理学的理解相一致，在一般情况下把组织理解为是处于个人与社会之间的中间实体，在特殊情况下也把社会看作是一个组织。

自从人类进入近代社会以来，除了家庭这种古老的组织以外，还产生了各种性质、各种形式的新型组织，如企业、大

---

① Chester I. Barnard，*The Functions of the Executive*，Cambridge，Massachusetts：Harvard University Press，1960，p. 73.

学、政府、各种社团等。从不同的角度，可以对组织进行多种分类。例如，按照组织的性质，可以把所有组织分为营利性组织和非营利性组织，或分为公益性组织和非公益性组织。

组织环境（organizational environments），指的是相对于组织整体而言、对影响组织运行和组织绩效的所有外部因素的总称，因而不包括人们有时所说的"组织的内部环境"（Internal environment）。组织环境主要由四个方面所构成。一是组织的外部利益相关者状况，主要是与组织的运行和服务存在利益关系的外部主体，一般包括利益相关的其他个人和组织。二是其他组织特别是同类组织的状况，包括其他组织的本质特点、运行方式、竞争力等。三是社会状况，包括经济、政治、文化、技术状况等。四是自然环境，包括气候、资源、生态、地理等方面。

在管理学上，经常把组织环境分为一般环境（general environment）和任务环境（task environment）。一般环境主要包括五种关键因素：经济环境，包括社会的经济水平、市场体制条件，这是组织的首要的环境因素；技术环境，科学技术的水平、作用、发展态势等；政府环境，是组织活动所涉及的制度、体制、政策法规等；文化环境，是指包含由信仰、思想、行为方式特别是价值观等构成的文化体系；自然环境，即是我们通常意义上的地域、气候和自然资源条件等。由于全球化的发展，一般环境因素还逐渐包括了国际因素。任务环境指包括那些与组织有直接影响的环境因素，如服务对象、竞争者、利益相关者等。[1]

组织与环境之间，存在着相互的或双向度的价值关系。

首先，无论是把组织作为核心，还是把环境作为核心，环

---

[1]　［美］理查德·L. 达夫特、马西克：《管理学原理》，高增安、马永红、李维余译，机械工业出版社 2009 年第 5 版，第 32—37 页。

境对于组织总会存在着这样那样的价值，总是处于对组织的这样那样的价值关系之中。从数量大小的角度看，可以有大价值或小价值、较大价值或较小价值。从整体和部分的角度看，可以有整体性价值和部分性价值。从性质的角度看，可以存在有益的价值、无益的价值、有害的价值，或正面的价值、中性的价值和负面的价值。从关系的角度看，可以存在相一致的价值关系、相冲突的价值关系、既不一致也不冲突的价值关系。

其次，任何一个组织对于它所处的环境，也具有这样那样的价值或价值关系。例如，组织是在提升、改善环境，还是削弱、损害环境；是合乎规律地借助于环境，还是仅仅功利地对待环境；是把环境作为与组织共生的平等伙伴，还是作为与组织相对立的竞争对象；等等。

最后，组织与环境双方价值之间的关系，是相互作用的动态变化过程。因为作为价值的承载体的组织和环境之间是相互作用的，它们都会随着时间的延续而必然发生变化，它们的规模、结构、内涵、品质、运动方式都会发生改变，因而每一方对于另一方的价值以及双方的价值之间的关系也会发生相应变化。

组织与环境双方价值之间的相互作用关系可以有多种情况。如果把任何一个组织和它所处的环境分别作为两个整体的话，那么，它们的相互作用关系可以分为三种情况。

第一种情况是组织的价值主导环境的价值，组织在不断提出和实现自身的价值目标的过程中，能够充分有效地或引导、或改变、或重塑环境的价值。观察当今的现实可以看到，这种情况实际上很少发生。

第二种情况是环境的价值主导组织的价值。环境在自身的价值运动和发展过程中，使组织的价值处于从属地位，把组织的价值作为环境的价值实现的组成部分。显而易见，由于环境包括社会环境这一宏大的生活和制度体系，所以，环境的价值主导组织的价值是十分普遍的情况。

第三种情况是组织的价值与环境的价值之间处于大体平衡状态，也就是说，一方对于另一方可能在某些方面有一定优势，但却没有形成支配对方的力量。从组织是处于个人与社会之间而社会是组织的最大环境来看，上述情况也很少发生。

如果从结构部分的角度进行分析，即分析一个组织和它的环境的某个部分之间的价值相互作用关系，则除了组织与社会这一最大环境之间的价值关系以外，其他情形则有很大不同。第一种不同的情形是，一个组织的价值对于其他同类组织的价值，会时常发生处于主导地位的情况。这在企业这类组织中尤其多见。第二种不同的情形是，两种价值之间也会经常形成大体平衡状态，如一个企业与它的利益相关者之间的价值关系常常如此。

二　组织的环境价值观及其研究历程

现实的价值关系、价值问题不可能离开人们的价值观而存在，它们总是处于和人们的价值观相互影响、相互制约、相互促动的关系之中。从一个向度来看，现实的价值关系、价值问题内化到人们的意识之中，或表现在人们的观念之中，便是人们的价值观。组织的环境价值观，是组织对环境的价值、对环境与组织的价值关系的认知或反映。

1. 组织的环境价值观及其与组织价值观之间的关系

组织的环境价值观概念，是一个可能引起误解的概念。因此，在讨论组织的环境价值观这一问题之前，也有必要对它以及与它相关的概念进行明确说明。这些概念包括组织价值观、组织环境、组织的内向价值观、组织的外向价值观、组织的环境价值观。

"组织价值观"（organizational values）是作为一个整体的组织对于各种价值事宜的观点或看法。它既包括组织对内部的价值事宜的观点或看法，也包括组织对外部的价值事宜的观点或看法。现代管理理论将组织价值观看作是组织文化的核心内容，认为它是组织全体成员需要统一接受和践履的共同信念，是指导组织活动的根本规范，是联系所有组织成员的关键纽带，决定了组织管理中对组织的目的、使命、愿景和运营方式的方向性选择。

"组织的内向价值观"或"组织价值观的内部指涉层次"，这是笔者为了讨论的方便所提出的概念。由于任何组织都首先是一个自身内部统一的整体，组织针对自身存在的目的、使命、愿景、结构、运行模式等方面，必定形成相应的价值维度上的观点，这就是"组织的内向价值观"，或者称为"组织价值观的内部指涉层次"。

"组织的外向价值观"或"组织价值观的环境指涉层次"，这是笔者提出的与"组织的内向价值观"相对应的概念。任何组织总是处在与特定的环境的关系之中，所以，组织也会对环境究竟有何价值、如何借助或利用环境对组织的价值，形成特定的观点和看法。

"组织的环境价值观"，指的就是"组织的外向价值观"或"组织价值观的环境指涉层次"。用英文来表达，就是"the organizational values on environments"。应该指出，"组织的环境价值观"这一概念与"环境的价值观"存在重要差别：前者指的是组织主体对环境的价值的观点，后者指的是环境自身对价值的观点。例如，对于一个特定组织来说，它的环境包括社会和其他组织，而这些环境也是主体，因而都有自身的价值观，这些环境主体的价值观对于上述特定的组织来说，就是"环境的价值观"，其英文表达是"the values of environments"或"the environmental values"。

组织的环境价值观，可以分为对环境具有什么样的价值，以及如何借助、利用环境的价值这两个方面的观点。前一个方面的观点的形成，主要取决于组织与环境的关联性质、关联特点、关联趋势等。后一个方面的观点的形成，则主要取决于组织的目的目标、发展要求、任务战略等。同时，任何一个方面的观点的形成，都与另一个方面的观点的形成，处于相互制约、相互影响、相互促进的过程之中。

可以看到，组织的环境价值观与组织价值观是部分与整体的关系，二者的差别显而易见。

第一，组织的环境价值观所针对的是组织的环境，指的是组织作为主体是如何看待与它的环境之间的价值关系；而组织价值观所针对的是组织内部因素与环境因素两方面，是关于这两个方面所建立的价值观的统一整体。也就是说，组织的环境价值观是组织价值观的一个重要组成部分。

第二，组织的环境价值观强调的是环境的状况对组织生存发展的意义，强调的是正确对待环境的价值；而组织价值观则统一强调组织内部因素和环境因素对组织生存发展的意义，用沙因的话说，强调组织的内部整合性与外部适应性的统一。

从管理实践的角度看，组织的环境价值观的正确建构，对于组织的生存发展具有至关重要的现实意义。

首先，它能够为组织正确处理自身与环境的一般价值关系，实现组织与环境的长期健康共存、和谐共生，提供根本层次的价值观引导和正确的价值实践方向，这对组织的生存发展具有决定意义。

其次，它能够为处理和解决组织与环境的价值冲突，提供正确有效的基本原则，这是实现组织正常运转的一个关键因素。

再次，它能够为组织成员提供对环境的正确的价值评价，从而引导组织成员进行正确的环境价值实践。

最后，它能够为组织价值观体系的完善、为建构有效的组织文化，提供环境指涉层次的正确内容，这也是组织生存发展的必要条件。

概言之，组织的环境价值观的正确建构，是组织价值观建构的一个不可缺少的部分，是组织实现长期健康发展的一个根本前提。

2. 国内外对组织与环境的关系、组织的环境价值观的研究

自从人类进入 20 世纪以后，组织与环境的关系问题逐渐成为管理实践和管理理论的一个重大问题。从研究历程的角度看，对这一问题研究的一个突破性进展，是"基于环境的组织价值观"这一概念和理论的提出。如前所说，我们把它称为"组织的环境价值观"。这里的讨论顺序是先阐述国内外对组织与环境的关系的研究，然后阐述国内外对组织的环境价值观的研究。

我们知道，20 世纪初期的西方管理学者，重在关注组织系统内部的管理问题，对组织的环境因素重视不够。例如，泰勒的科学管理、法约尔的一般管理理论、韦伯的科层制理论，都主要致力于探讨和解决组织内部的效率问题。在 20 世纪 20 年代至 40 年代，谢尔登、福列特、巴纳德等开始将哲学的整体论引入组织管理领域，初步探讨了组织与环境之间的内在关联，强调组织与环境的协调和互动。谢尔登在《管理哲学》

一书中认为，工业组织是现代社会的一个构成部分，现代社会的本质特征，对工业组织的管理具有根本的制约作用。福列特在充分借鉴完型心理学的基础上，深入探讨了行为与环境之间的"环形反应"关系，认为人们需要正确认识行为过程与环境之间的关联，因为行为表面上可能是对环境做出反应，而实质上却是对行为和环境之间的关系做出反应。① 巴纳德将组织定义为"有意识地加以协调两个或两个以上的人的活动的系统"，在他看来，组织能否不断提出和实现自身存在的目的即组织存在的有效性，直接取决于环境的力量及其变化过程。②

20 世纪 50 年代以后，一般系统论的提出，对组织与环境关系的研究产生了直接和深刻的影响。贝塔朗菲（Bertalanffy，1950）首次根据一般转换平衡原理提出了组织开放系统的观点，他认为只有一般系统理论的整体性研究才能处理"类似于整体、生长、分化、层次、支配、控制、竞争等特征的组织概念"。③ 他提出，不仅组织内部各要素之间是一个相互依存的系统，而且组织是社会环境这一大系统的组成部分，组织只有与社会环境保持动态平衡，才能够实现自身的生存发展。

国内学者对组织与环境关系的研究相对要晚得多，但也取得了许多成绩。大体上，可以把国内的研究成果概括为以下三个方面。

一是研究了组织与环境的一般关系。学者陈国权对西方相关的理论进行了总结分析，将历史上关于组织与环境关系的理论总结如下：开放系统理论（Open System Theory）、权变理论

① ［美］玛丽·福列特：《福列特论管理》，吴晓波、郭京京、詹也译，机械工业出版社 2007 年版，第 237—238 页。

② ［美］C. I. 巴纳德：《经理人员的职能》，孙耀君译，中国社会科学出版社 1997 年版，第 72、77 页。

③ ［奥］冯·贝塔朗菲：《一般系统论——基础　发展和应用》，林康义、魏宏森等译，清华大学出版社 1987 年版，第 43 页。

（Contingency Theory）、种群生态学理论（Population-Ecology Theory）、组织生态学理论（Organizational Ecology Theory）、合作竞争理论（Co-opetition Theory）、商业生态系统理论（Business Ecosystem Theory）。学者王利平则提出，组织与环境在三个层面上形成关系：组织与整体环境的一般关系、组织与其他组织之间的相互作用关系、组织对个体所受外部影响的关系。王益谊、席西民、毕鹏程的《组织环境的不确定性研究综述》（2005），指出不确定性作为组织理论研究中的一个重要概念，一直在解释组织与环境的关系上占有重要的地位；认为组织的环境正变得日益复杂，环境的不确定性对组织的影响也更加错综复杂。

　　二是研究了组织环境对组织管理活动的重要作用。柳士顺、凌文辁的《论组织战略与组织环境的协同演进》（2006），从组织战略角度出发，分析组织环境的丰富性、动态性和复杂性这三个关键维度与组织战略的三种类型（能动型、反应型、混合型）之间的关系，认为它们之间不仅存在着静态的结构关系，而且还随时间的推移共同发生变化，两者之间的协同演进决定了组织的生存与发展。季红益的《基于组织环境的组织结构演进分析》（2009），提出组织结构作为对企业管理进行的组织设计，是随着组织环境的改变而不断演变的，认为基于组织环境来选择组织结构，必定能提高组织效率。曾宪聚、吴建祖的《组织环境、管理者认知和战略决策》（2009），肯定了纳德卡米（Nadkami）和巴尔（Barr）所提出的管理者认知是组织环境与战略决策之间关系的中介的观点，即一方面，管理者会识别组织环境，然后制定战略以适应环境；另一方面，管理者也可以通过制定战略，创造适合的组织环境。

　　三是具体分析了组织环境对员工创新以及对组织制度的影响。王乃静、孙锐、王同庆的《影响员工创新的组织环境因素及作用机制分析》（2009），从组织创新研究层次探讨影响员工创新的组织环境因素，提出影响员工的组织环境的各种因素是一个集合体，各种因素之间具有协同和互补机制，因此，需要根据这种机制的状况确定组织创新的方式。王晓红、张宝生的《知识流动视角下的组织制度与组织环境耦合度分析》（2011），认为组织内部通过知识流动的途径可以使知识这种特殊资源发挥最大效益，而组织制度和组织环境是知识流动的主要影响因素，二者存在交互耦合的关系，互相促进、互相制约，共同推动知识在组织内部的流动，并提出了组织制度和组织环境的耦合强度和协调程度的测度方法。

由于组织价值观的形成与组织环境之间存在着必然关联，所以，在现代管理理论的发展过程之中，迟早会出现基于环境角度而对组织价值观的研究。在现代西方，这种研究的一个主要内容，是从把组织环境分为自然环境和社会环境的角度而展开的，对于后者的研究将是本章重点叙述的内容。

就对组织的自然环境的价值研究来说，有的研究者通过对企业组织的伦理道德担当的探讨，指出企业组织必须对自然资源承担保护义务。例如，美国知名环境伦理学家霍姆斯·罗尔斯顿（Holmes Rolston）教授的《哲学走向荒野》和《环境伦理》两本著作，以对自然的价值分析为基础，指出企业组织对自然负有伦理道德责任，企业组织必须把自然环境作为一种公共的善，把自身利益服从于维护和促进这种公共善。

就对组织的社会环境的价值研究来说，西方学者在20世纪80年代初就指出，"之前的研究已经发现有两个主要的力量影响从事国际业务的管理者的价值观形成……这两种力量即是民族文化（national culture）和商业环境（business environment）"①。这表明，组织价值观研究的一个重要方面是探讨组织的社会环境对组织决策者的价值观之间的关系。西方学者通过实证研究得出，不确定的社会环境经常会导致组织管理者以自身的价值观对相关事宜进行决策，当商业情况不确定或者难以量化时，管理者倾向于依赖他们的价值观体系而做出决定。

　　由于组织与社会的关系涉及社会的价值观对组织价值观的影响，所以国外的研究者对此做了不少研究。在这方面，弗莱蒙特·E. 卡斯特（Fremont E. Kast）和詹姆斯·E. 罗森兹韦克（James E. Rosenzwig）从历史过程的角度对西方国家的组织的价值观与社会价值观的关系的研究极富启发性。他们指出，组织与社会之间存在着一种动态的相互作用。……各组织都必须在由社会确立的总的意识形态和价值观支配下进行经营活动。鉴于此，他们总结了对企业组织有特殊影响的价值观演变情况。② 首先，他们对资本主义伦理做了历史梳理，认为新教伦理的改革与兴起、亚当·斯密所倡导的开放政策和竞争精神、工业革命以及社会技术的改革，这些伦理思想和现实变革，深刻影响了组织的价值观形态。他们还把资本主义伦理分为两个时期，即传统资本主义伦理时期和当代新资本主义伦理时期，并对这两个时期的组织价值观进行了比较，提出了西方国家基于社会环境的多数组织的价值观转变：从个人主义的新教伦理转向重视社团、群体参与和责任的社会伦理；从物质利益最大化目标转向满足多种社会目标；从仅对市场与竞争环境做出反应转向对许多利益集团与社会力量做出反应；从努力开

---

①　Simcha Ronen, *Comparative and Multinational Management*, New York: Wiley, 1986.

②　［美］弗莱蒙特·E. 卡斯特、詹姆斯·E. 罗森兹韦克：《组织与管理——系统方法与权变方法》，傅严、李柱流等译，中国社会科学出版社 2000 年第 4 版，第 31 页。

发环境资源促使成长转向认识到成长的限制；从单一文化的强势发展转向多元文化的包容发展。这种转向，把社会责任、利益相关者（Stakeholder）和跨文化管理（Cross‐Cultural Management）上升到了更加重要的位置。他们的上述研究标志着西方从社会环境影响的角度对组织价值观的研究日益成熟。

相比之下，国内对组织的环境价值观的研究，无疑还不够专门和系统。总体来看，主要在以下领域取得了明显进展。一是在组织文化的研究中，探讨了环境对组织文化价值观的影响，如陈春花的《企业文化的改造与创新》（1999），通过对两家企业的企业文化案例分析，指出组织环境对改造企业文化的必然影响；孙海法、戴水文、童丽的《民营企业组织文化价值观的维度》（2004），通过对中国民营企业的组织文化状况的考察，整理出它们的组织文化价值观的维度，指出这些民营企业的组织文化在针对环境的价值观上普遍重视"变革创新"、"顾客导向"等因素，因而对于外部环境的适应能力比较强；潘承烈的《企业文化的中国应用》（2006），明确提出企业应该结合国情和民情等文化大环境因素，培育自己的企业文化和价值观。二是在研究价值观与组织管理模式、发展战略、员工行为之间的关系时，分析了组织的环境价值观的差别所产生的不同效应。如彭锐、张蓓的《企业价值观与战略管理》（2003），认为企业的环境价值观直接影响企业对外部环境的主观认识、判断以及战略的制定，由此提出，企业必须确立正确的环境价值观，以此为根据建立起价值观引领模式和企业战略管理的有效统一；李刚、陈利军的《民营企业员工个人价值观、组织环境及员工创新行为之实证分析》（2010），发现员工的创造性行为很大程度上受到工作环境和社会相互关系的影响，自我导向、激励、成就感与员工的创造性行为正相关，遵守性、权力与员工的创造性行为负相关，在一个鼓励员工敢于冒风险的组织环境和社会环境中，员工的创造性行为表现积极等。三是在研究组织的社会责任方面，主要研究了生态环境保护的价值理论基础，强调了可持续发展观念，如徐嵩龄的《论现代环境伦理观的恰当性——从"生态中心主义"到"可持续发展"到"制度转型期"》（2001），基于对"内在价值"概念的剖析和对"人与人关系"的处理，指出生态中心主义的局限性与可持续发展伦理观的广泛可接受性，提出了一种基于可持续发展伦理观的"理性生态经济人"行为模式，认为环境伦理观的选择优先需要的是环境意识启蒙以及有利于提高与落实环境意识的一系列行动纲领；吴真的《企业环境责任确立的正当性分析——以可持续发展理念为视角》（2007），指出可持续发展理念蕴含的经济目标和环境目标共存的思想，决定了企业环境责任的确立必须以可持续发展理念作为价值导引。

国内的这些研究，尽管时间进程还不长，所取得的成果还具有初步性特征，有不少问题还有待进一步深化，但是显然对于我们进一步思考组织的环境价值观问题，也有值得认真借鉴的重要实证意义。

三　组织的环境价值观建构：相关因素和过程

组织管理活动既是一种具有客观性的活动，又是一种组织自我生存发展的活动；既有客观维度的生成，也有精神维度的生成；既有合乎规律的方面，也有合乎价值的方面。从规律层面说，管理是对包括人在内的客观事物的改变或调整，因而离不开对客观事物规律的正确把握。从价值层面说，管理是管理主体为了实现价值目标进行的实践活动，组织的管理主体以组织的需求为尺度改造现实，建构和运用价值观以引导管理职能、调节管理行为从而造成组织管理的合理化。由此，管理是规律性与价值性的统一，是客观要求与价值观引导的统一。

因此，组织的存续发展不仅是在实践上不断进行探索的过程，而且是在价值观上不断进行建构的过程。这在组织的环境价值观方面也是如此。

组织的环境价值观建构，即组织的外向价值观建构，与两个方面的因素直接相关：组织的内向价值观建构、环境自身的价值观状况。也就是说，需要正确思考与这两个因素的关系。

就组织的环境价值观建构与组织的内向价值观建构的关系来说，由于组织的环境价值观建构，首要目的是通过正确应对环境而实现组织自身的生存发展，而组织的内向价值观建构的首要目的也是如此，所以前者与后者是直接相关的。组织的内向价值观建构主要针对和处理的是组织内部的价值观的目的、性质、统一性问题，包括组织文化的重要代表人物沙因所说的"内部整合问题"，而组织的环境价值观建构则主要处理组织与环境之间价值观的关系问题，包括沙因所说的对环境的适应问题，所以，组织的环境价值观建构，首先需要与组织的内向价值观建构实现合理的一致，特别是在目的、性质、手段取向等方面。例如，如果一个组织正在建构的内向价值观在性质上是主动进取型的，在手段取向上主要是工具理性型的，如果这种性质和取向是合乎组织生存发展的本质要求的，那么它所要建构的环境价值观在性质上也应是主动进取型的而不应是被动防守型的，在手段取向上也应主要是工具理性取向的而不应是价值理性取向的。

就组织的环境价值观建构与环境自身的价值观状况的关系来说，由于环境中的其他相关组织、利益相关者、社会经济政治文化制度都承载着的特定的价值观，这些价值观构成了任何一个组织都很难改变的价值观氛围或价值观情境，因此，任何一个组织的环境价值观建构，为实现自身的生存发展要求，就必须尽可能与环境自身的价值观状况达成相对一致，包括能够与环境自身价值观的长期的差异共处和正确互动，能够有效应对环境自身价值观对组织的冲击和影响，能够充分借助环境自身价值观的各种优势，甚至能够在一定程度上改变环境自身价值观，或者改变它的某些方面。

从组织的环境价值观建构过程来看，是组织对环境的价值认知、价值评价、价值选择的结果。

从价值认知的角度看，组织的环境价值观建构表现为以组织的需求为尺度而形成的对环境的价值认知过程。组织的实践活动的性质和特点不同，对环境的需求也不同，而且，组织的需求是存在不同层次和不同维度的，如物质需求、道德需求等，这些不同的需求，规定了组织对环境的内容和维度的不同认知选择，并且根据其所做的认知选择，对环境采取相应的行动，主动地对环境进行改造，这是组织自身的价值主体性的体现。无疑，组织的价值主体性强调组织的理性思维能力与改造环境的能力，但这并不意味着可以忽视环境的客观性。因此，组织的需求必须合理适当，不仅要合乎自身的内在需求，还要符合环境的本质特点。

从价值评价的角度看，组织的环境价值观建构实际上是组织所进行的价值评价活动的结果，因为，组织的价值活动就离不开对环境的价值评价。在组织认识到与环境的价值关系以后，根据自身的意愿、认知、情感等因素，结合内部需求而形成的对环境的价值评价，就成为组织的环境价值观的重要部分。随着组织的实践活动的发展，它与环境之间的价值关系的变化，会使组织产生不同的环境价值评价，这会使得组织改变自身的价值行为重点或方向。由于组织的环境价值评价，实质上涉及组织的长远发展，因此组织需要不断反思与总结其对环境的价值评价的正确性。

从价值选择的角度看，组织的环境价值观建构，最终是组织对环境的价值选择过程。组织在其发展的不同阶段有不同的价值认知和价值需求，组织的各种环境的属性也不尽相同，而且处于不断变化之中。因此，组织在面临环境内容或维度的多元价值时，需要做出合理的价值选择。组织对环境的价值选择并不是任意为之就可以正确解决的，而是同样必须既合乎组织的生存发展要求，又合乎环境运动的必然规律。

四　组织的环境价值观建构：
合理性根据

前文已经说过，当今社会大多数组织的环境价值观还远未合理和完善，组织在对环境的价值认识和价值实践上仍然经常处于被动和消极地位。本章对于组织的环境价值观建构的分析，力图为组织正确认识和处理环境的价值，提供合理的原则。我们知道，原则作为人类实践经验的总结、作为对客观规律和主体要求的反映，能够为人们的行为提供明确方向。问题的关键在于，所提出的原则必须基本合理。

本部分将首先对合理性进行讨论。由于无论从词义学还是从西方思想史的角度看，合理性概念都与理性概念直接相关，所以，通过分析从西方近代以来一些主要思想家对理性与合理性的思考，提出笔者对合理性的基本看法。

在我们的日常生活中，经常使用"理性的"与"合理的"来判断人们的行为。那么，一个前提性的问题是，什么是理性，什么是合理性？人们的行为究竟怎样才是理性的，究竟怎样才是合理的？它们之间的区别和关联究竟如何？

众所周知，当今中文所使用的理性与合理性，主要来源于对西方哲学的相应概念的翻译。本部分主要以英文和德文中的相应概念为例来说明它们的基本含义。"理性"的英文是"reason"，德文是"vernunft"，它们表示的是人们形成概念、进行判断和推理的活动或能力，以区别于感觉、意志、情感等心理活动或能力。而"合理性"是对英文 rationality 和德文 rationalität 的翻译。它们的基本含义是出自理性、合乎理性。因此，在这一意义上，合理性就是合乎理性。另外，从形容词的角度看，英文的"理性的"（reasonable）与"合理的"（rational）是相通的，德文的"理性的"（vernunftig）与"合理的"（rational）是相通的。因此，从词义学的角度看，无论是在英文中，还是在德文中，"理性"与"合理性"，在本质上都是一致的。

然而，从近现代西方哲学的研究历史过程来看，对于理性与合理性的思考的确逐渐形成了重要差别。"理性"概念所强调的是人们认知和实践的求真性、普遍性、统一性，而"合理性"则同时要求关注人们认知和实践的条件性、特殊性、差异性。说到这里，顺便先行指出，正是由于一方面形成了关于理性与合理性的上述区分，另一方面在英文和德文中理性与合理性的含义却本质一致，因而造成了中文翻译的一定困难和可能的歧义与误解。例如，我们是把 rational 翻译为合理的还是翻译为理性的，是把 rationality 翻译为合理性还是像国内管理学研究者那样翻译为理性，与对 rational 的翻译相对应，我们是把 reasonable 翻译为理性的还是合理的，究竟哪一种翻译更恰当、更合乎概念所从出的文本，显然需要认真思考和仔细斟酌。

撇开翻译问题不谈，还是回到正题，分析西方近代以来直接对理性或合理性或它们之间关系做出深入思考的黑格尔、韦伯、哈贝马斯、罗尔斯的观点，以便得出关于理性与合理性之间关系的正确结论，特别是关于合理性的本质内涵的正确结论。

在黑格尔的哲学中，理性不仅是人类的认知能力和实践能力，而且是整个世界的本质，是万事万物的灵魂。他在《法哲学原理》序言中所提出的"凡是合乎理性的东西都是现实的，凡是现实的东西都是合乎理性的"命题，充分表明了在他的理论中，理性是本体论的。在他看来，除了"理性的东西"（vernunftig）以外，没有什么东西是现实的，理性的东西是一种隐含了必然性的现实存在。同时，他认为，理性本身也是一个发展过程，是包含了主体与客体、主观与客观矛盾的运动过程，是主体与客体、主观与客观在运动中的统一。因此可以推论，在他看来，合乎理性才是合理性；任何社会事物，只有合乎理性的才是合理的。国外有学者提出了与黑格尔不同的观点，认为对人们的行为来说，合理性比理性所意味的更多："如果我希望我的行为被视为合理的则需要站在道德立场来判断，我必须展示比单纯的理性和智慧更多的东西出来"，[①] 也就是说"合理的"评判直接关涉道德因素，内在地要求一种公平、公正和客观性。显然，这种观点对于黑格尔来说并不适用，因为黑格尔所说的理性，也是道德领域的本质所在，合乎理性的道德行为，必定是公平、公正和客观的行为。

韦伯的社会学理论，把社会行为区分为"目的合理的"（zweckrational）行为与"价值合理的"（wertrational）行为两大类，这实际上是把"合理性"区分为"目的合理性"和"价值合理性"。前者指的是为了实现一定目的采取有效手段而达到所期望的结果这样一种合理性，后者指的是不管结果如何而对某种价值态度的无条件信仰和践履这样一种合理性。在

---

① W. M. Sibley, "The Rational Versus the Reasonable", *The Philosophical Review*, Vol. 62, No. 4, 1953.

韦伯看来，现代社会与传统社会的本质区别就是"合理性"
的程度。现代化也正是社会的合理化过程。可以看出，韦伯所
说的"目的合理性"，直接涉及对客观状况的分析或计算，表
明了社会行为主体为达到目的而形成的客观取向和现实遵从特
征，而他所说的"价值合理性"，则主要指出了社会行为主体
的主观信念和理想追求特征。二者都涉及主观与客观两个方
面，只是前者力求使主观服从客观，后者力求使客观服从
主观。

　　哈贝马斯在社会理论方面的最大贡献是提出了交往合理性
概念。他在借鉴和继承韦伯关于社会行为中存在着"目的合理
性的行为"的观点，皮亚杰关于社会合作中存在着主体和客体
之间以目的行为为中介的相互作用、主体与主体之间以交往行
为为中介的相互作用的观点的基础上，把社会行为分为"目的
行为"和"交往行为"，把合理性分为"目的合理性"和"交
往合理性"（Kommunikative Rationalität），不仅明确阐述了
"目的合理性"在认知维度上的工具性特征，而且深入探讨了
"交往合理性"对于人们进行正确有效交往的极端重要性。[1]
特别是，他也认识到"目的合理性"和"交往合理性"之间
包含着相互配合、相互统一的关系，即"分散利用和操纵事物
及事件的能力，与主体相互就事物和事件达成共识的能力之间
存在着一种内在联系"[2]。无疑，从提出概念的严格性要求来
看，和韦伯一样，哈贝马斯对社会行为类型的划分、对"合理
性"类型的划分是存在问题的，因为人们的所有社会行为都是
有目的的，正如他自己所指出的，交往行为也是如此，交往维
度的合理性也总是包含着目的指向，因而也伴随着目的合理性

---

　　[1]　［德］尤尔根·哈贝马斯：《交往行为理论：行为合理性与社会合理化》，
曹卫东译，上海人民出版社2004年版，第10、14—15页。

　　[2]　同上书，第14页。

方面。尽管如此，他所提出的"交往合理性"概念，还是揭示了人们社会行为的合理性的一个重要向度——交互主体之间的共存问题，这是对社会行为和合理性类型研究的一个新的推进。就与本章所思考的论题的关系来说，他的理论所隐含的重要意义在于，无论是"目的合理性"还是"交往合理性"，在实质上都包含着人们社会行为的目的性与规律性两个方面，而且要达到成功，都必须实现目的性与规律性的统一。

罗尔斯在对正义理论和政治自由主义的研究中，在继承康德观点的基础上，对"理性的"（reasonable）与"合理的"（rational）做出了自己的区分。首先，他认为，"理性的"意味着"纯粹实践理性"，即平等的人们在准备提出关于公平正义协议的原则与标准时，愿意遵守它们；而"合理的"则意味着"经验实践理性"，即人们对自己的目的和利益追求的考量或优先性定位。他指出，"理性的与合理的两者间的区分可以追溯到康德：他对绝对律令与假设律令所作的区分正好表现了他对理性的与合理的两者的区分。前者代表纯粹实践理性；而后者代表经验实践理性"①。其次，"理性的"意味着对道德原则的无条件的坚持，而"合理的"则意味着人们总是对自己的目的和利益追求进行考量或置于优先性定位。由此来看，合理的行为主体所缺乏的，是特定形式的道德敏感性，而这种道德敏感性乃是人们参加公平合作并按照那些可以理性地期许同样平等的他人也会认可的条款来这样做的愿望的基础。再次，在作为公平的正义中，理性的与合理的是两个互不相同和各自独立的基本理念，在它们之间不存在任何相互推导，尤其不存在从合理的这一理念推导出理性的这一理念。最后，理性的与合理的更进一步的基本差异是，在某一方面，理性的是公

---

① ［美］约翰·罗尔斯：《政治自由主义》，万俊人译，译林出版社 2000 年版，第 50 页。

共的，而合理的却不是公共的。因此，可以看出，罗尔斯强调人类理性的重要性，只有理性才能产生公共理性，才能作为构建公平正义社会的根本尺度。① 笔者认为，罗尔斯上述观点的实质，是把"理性的"看作是人们认知和实践的求真性、统一性、普遍性尺度，把"合理的"看成是人们认知和实践的条件性、差别性、特殊性尺度。

综合以上考察，笔者认为，把合理性理解为与理性相对而又内在关联的概念，理解为人们认知和实践的条件性、差别性、特殊性，是恰当的。由此，所谓合理性，至少是在以下两个维度的每一维度上都实现统一。

第一个维度是追求真理与实现价值的统一。合理性既包含着合乎人们理性的追求真理的观念要求，又包含着合乎人们实现价值的实践要求。在这一点上，尼古拉斯·雷谢（Nicholas Rescher）在探讨以往对于合理性和理性的研究成果的基础上，所提出的对合理性的经验实践论解释是富有说服力的。他在1988 年出版的《合理性：对理性的性质和原理的哲学探讨》一书中指出，合理性指的是人们在自己的认识、行为和评价等一切方面，运用自己的理性确定适当或最优目标和适当或最优手段，以达到适当的或最佳的结果。合理性是认识、行为、评价三个环节的统一，它最终是指向实践的。②

第二个维度是合目的性与合规律性的统一。合理性总是一方面涉及人们活动的主观追求特别是主观目的，另一方面涉及人们活动的客观制约特别是客观规律，因此可以把合理性理解为人们活动的合目的性与合规律性的统一。一方面，人们的活

① ［美］约翰·罗尔斯：《政治自由主义》，万俊人译，译林出版社 2000 年版，第 50—56 页。

② Nicholas Rescher, *Rationality*, *A Philosophical Inquiry into the Nature and Rationale of Reason*, Oxford：Oxford University Press, 1988, pp. 126, 119, 146, 205.

动需要合乎人类生存发展的本质要求，同时，必须合乎人类为了实现这些要求而进行的各种活动所关涉的条件规律的制约；归根到底，人类只有在这二者的统一中才能获得生存发展的成功，所以，合理性就是达到这两者的现实统一。人类处理所有的活动，包括处理他们之间的社会结合关系、他们对外部世界的改变乃至他们之间的精神关系，都是如此。

应当指出的是，由于人类是以不同层次的社会组织的方式存在的，由于社会的各种因素及其变化的影响，特别是已有的社会关系状况及其变化、人们在社会关系中的地位及其变化，规定了不同社会群体对合理性的理解很难达成统一，因此，人们的精神对合理性的追求一般很难达到绝对。在不同时代、不同社会条件下，人们的精神所追求的合理，即使当时看上去是完全合理，实际上也只是基本或大致的合理，所以，合理性是相对的、动态的。

无论如何，可以断定，对合理性的要求是人类社会历史的最根本最一般的追求之一，它在人们的生存发展活动中具有丰富的内涵，在多维层面上都有其强烈表现。在人们生存发展的历时维度上，表现为要求生存发展目的的有效实现和成功，要求物质价值与精神价值实现的均衡，要求认识和驾驭生存发展的各种必然性，获得生存发展的基本自由；在人们生存发展的共时维度上，要求相互合作方面的信任、非强迫，利益互换和分配方面的公平，非利益行为关系方面的平等。因此，人们对合理性的追求，是涉及多方面的历时与共时关系的统一。因此，从理论研究的角度，这并不是一个简单的问题，而是带有相当复杂性的问题。

在管理活动中，从管理者与非管理者的角度看，如果他们不是处于特殊的生存状态，如果他们的精神不是被利益所扭曲的话，他们的精神也总是要求他们的实践活动、他们之间的关系处于合理状态。然而，问题的复杂性在于，管理归根到底是对包括管理者在内的所有相关的人的管理。人的活动规律，由于包含了精神与社会的维度而比物的存在规律更加复杂、更加难以把握。就管理所涉及的合理性要求来说，包括在组织目标的确定、各种资源的安排，特别是权力的安排和利益的分配等方面究竟怎样才是合理的，管理者的理解与非管理者的理解之间经常存在明显差别，甚至存在尖锐对立。

就组织的环境价值观的合理建构来说，也同样需要做到在两个维度上的统一。

在实现追求真理与实现价值的统一方面，组织的环境价值观的合理建构，既需要力求认识和尊重组织和环境及其关系的真理，坚持真理的原则性和统一性要求，也需要做到灵活运用真理，力求实现组织生存发展所需要的各种价值，同时把环境自身的各种价值的实现置于与组织价值的实现相平等的地位。

在做到合目的性与合规律性的统一方面，组织的环境价值观一方面必须合乎组织发展的本质要求和根本目的，这是组织生存发展的基本前提；另一方面，也必须合乎环境的本质特点，合乎组织与环境之间的价值共存运动规律的本质要求和根本趋势。只有这样，才能既实现组织的健康成长，也能够促进环境的健康发展。

根据这样的要求，笔者确定了组织的环境价值观合理建构的两个原则：组织对环境的权利与义务对等原则、组织与环境的价值共生原则。前者重在表明组织与环境之间价值关系的平等性，后者则重在表明组织与环境的价值关系的相互性。

组织的环境价值观合理建构的两个原则，都要求做到追求真理与实现价值的统一，合目的性与合规律性的统一。权利与义务为何需要对等，这就涉及求真，涉及合乎规律，而获得权利与付出义务对等本身是一种特定的实现价值的过程，本身就

是既合乎规律而又合乎目的的过程。同样，组织与环境的价值
共生，既是双方共存的规律性和真理性要求，也是合乎双方共
存的目的和价值实践要求。

五　组织对环境的权利与义务对等原则

权利与义务问题是近代以来政治哲学、伦理学、经济学、
法学等领域不断探讨的一个重要问题。不同的学科领域、不同
的研究者对于什么是权利和什么是义务，从形式上看，有着各
种各样的回答，但从实质上看，已经基本形成了共识性的内
容。本部分主要使用政治哲学和伦理学对于权利和义务的解
释，先简单阐明权利与义务之间的本质对等要求，然后阐明组
织在建构对环境的价值观时所应遵循的权利与义务对等原则。

1. 权利与义务的对等性要求及其对组织与环境关系的适用

在伦理学和政治哲学领域，一般把权利看作是主体应当得
到的合理利益要求，义务是主体应当履行或付出的责任。威
廉·葛德文认为："义务是一种行动方式，它要求最妥善地使
用个人的地位谋求集体的利益；权利是个人对他的应得的利益
的要求，这种利益是从别人尽了他们的各项义务的过程中产生
的。"[1] 格老秀斯则提出，权利是一个人有资格正当地占有某
种东西或做出某种事情；米尔恩则认为，"一种权利就是对于
一种预定利益的资格，它的反面必定是对于同一预定利益的无

---

[1]　［英］威廉·葛德文:《政治正义论》第 1 卷，何慕李译，商务印书馆 2009
年版，序言第 12 页。

资格"①。霍布斯受时代背景影响而提出了"自然权利"学说，把权利与义务看作是由法律所保障的自由意志，强调人类的本性自由，认为自然权利就是每个人可以依照自身意愿而保全自由天性，同时，有一种权利就有相应的一种义务。康德从绝对命令出发，指出义务"这类行为能够使任何人都受到一种责任的约束"，是"一切责任的主要内容"；而权利则要符合下列条件："任何人的有意识的行为，按照一条普遍的自由法则，确实能够和其他人的有意识的行为相协调。"②

无论从伦理学的角度看，还是从政治哲学的角度看，权利与义务都是人们在社会生活中所形成的一对重要价值。权利更多的是权利主体对于社会的价值索取，义务则更多的是义务主体对于社会的价值付出。权利与义务相互依存、不可分割。"没有无义务的权利，也没有无权利的义务"，是对二者关系的最好概括。

这表明，权利与义务在本质上要求对等性。所谓对等性，"是对相互制约、相互依存关系态势中的对立双方内在联系、相反相成关系的表达和概括"，③ 也就是说，有一种权利就相应地存在一种义务，反之亦然。从社会整体的角度看，只有实现权利与义务对等，社会才能实现稳定和谐运行，否则，社会将会出现权利与义务的各种尖锐冲突，社会将难以健康持续下去。从人与人之间的关系的角度看，任何一个人对于他人所拥有的任何权利，都需要承担与这种权利相对等的义务，只有这样，人与人之间才能在权利与义务方面形成公平的关系，这是

---

① ［美］A. J. M. 米尔恩：《人的权利与人的多样性——人权哲学》，夏勇、张志铭译，中国大百科全书出版社 1995 年版，第 124 页。

② ［德］康德：《法的形而上学原理》，沈叔平译，商务印书馆 2009 年版，第 20、41 页。

③ 王文东：《论权利和义务关系的对等性和非对等性》，《首都师范大学学报（社会科学版）》2007 年第 5 期。

人与人之间和谐共存的一个基本条件。因此，权利与义务之间的对等性原则，是社会生活的一个基本原则。

就组织的环境价值观的合理建构来说，组织也必须在如何看待环境的价值、如何创生环境的价值、如何获得环境的价值等方面，遵循权利与义务之间的对等性原则。这是组织的环境价值观合理建构的一个根本要求。我们看到，在现实中，组织对环境权利的诉求经常大于义务，这无疑是不合理的。

组织对环境的权利与义务对等原则是指：组织在享有对环境的一定权利的同时，也须承担对环境的相应义务。这一对等原则是组织与环境的价值关联活动的本质要求。

组织与环境之间是双方价值互依、价值互动、价值互换、价值互制的运动过程。也就是说，组织需要从环境中实现和获得价值，环境也需要从组织中实现和获得价值，这种过程的合理状态是双方的价值关系平衡。如果任何一方从对方所得到的价值长时期远远超过另一方，那么，后者将会长期处于价值亏损状态，无法正常健康地存在下去。因此，环境不是组织的附属工具，不是可以随意盘剥的价值对象，把环境仅仅作为价值对象和工具的观念和做法，是不能够持久的。归根到底，组织与环境的共存所要求的是相互平等的地位，是平等性质的交互主体性的实现。这可以从组织对环境的目的行为关系、组织与环境的利益关系、组织与环境的发展关系来进行分析。

首先，从组织对环境的目的行为关系来看，组织对环境的权利和义务行为是一种社会关系维度的目的行为。马克思认为，人的本质是一切社会关系的总和，人的行为总是有目的的社会行为。韦伯把人们的社会行为理解为以意向方式展开的、互相调节的行为。这种行为的方向既可能朝着团结一致的方向，也可能朝着相反方向。而实现权利和义务对等，则能够对人们的目的性社会行为加以约束，促成这种行为的平等合理性。就组织对环境的权利和义务行为来说，这是组织依照自身的目的所形成的对环境的社会关系行为，这种行为可能是"单向的"或负面的，也就是说，可能对环境构成不利或损害，因此，权利与义务对等原则就是要求保障组织的目的行为合乎组织与环境的关系所内在要求的本质平等性，使组织既有效实现组织自身的权利，也有效承担对环境的义务，实现组织与环境之间的共同发展。

其次，在利益关系方面，组织在与环境的相互作用中必定会形成一定的利益关系，而权利与义务的一个重要维度，就是利益关系上的取得与给予的对等。由于组织活动在本质上是追求利益、创造利益、实现利益的过程，所以，借助环境而实现一定利益，是组织作为主体的正当权利。同时，组织与环境之间的利益实现是相互依赖的，作为环境的其他组织主体、社会主体也有自身的利益诉求，组织并不能将自身利益视为无条件的绝对优先或绝对正当，组织的利益实现的正当性是以我们所说的合理性为前提条件的，因此，组织在利益实现上首先要清楚认识自身的权利范围。组织不能够仅仅成为对环境的索取者、权利要求者，而需要同时成为对环境的贡献者、义务承担者。无论是对环境的整体，还是对环境中的其他组织、社会、自然等构成部分，都是如此。事实上，组织与环境之间的利益关系不是绝对的利益主体与利益客体的关系，因此，权利义务对等原则不仅明晰了组织的权利和义务，也确立了环境自身的相应义务和权利。这就是组织与环境在利益取得与给予方面的相互平等。当然，笔者认为，组织利益的实现对环境应该承担的责任并不是无限的，它必须以组织对环境的利用程度为尺度，同时以不影响组织的健康存在为界限。实际上，在组织与环境的利益关系方面，权利与义务对等还体现了双方利益关系的循环发展。也就是说，组织坚持对环境的利益维度的权利与义务的均衡，不仅能够为环境的利益实现提供条件，同时也能够为组织实现自身的利益奠定基础。

最后，在发展关系方面，发展是组织与环境都具有的目标，组织与环境都有依照自身需求而发展的权利，而且，双方在发展进程中是相互影响、相互制约的，既会形成一定程度的对立竞争关系，也会形成一定程度的协同关系。从对立竞争关系来说，双方的发展的确会产生某种相互抑制甚至相互阻碍；但更加重要的是建构双方的正向协同发展、良性互动和繁荣共存。这要求双方应该尽可能地改变或破除相互抑制、相互阻碍，在实现自身发展的同时也相应地促进对方的发展。因此，双方对自身和对对方的维持、改善、发展，也要求对等性的权利和义务。

2. 组织对环境的权利义务对等原则的内容

组织对环境的权利义务对等原则的内容，可以从不同角度进行分析。这里主要采取的是组织从环境中获得或转换价值的方式的角度。

组织从环境中获得价值的方式，从性质上可以分为适应环境、借助环境、改变环境三种方式。这里所说的适应环境、借助环境、改变环境，指的都是组织即管理者有意识或自觉采取的方式。适应环境，指的不是盲目被动地服从环境，而是自觉地认识环境的性质、特点以及组织与环境的价值关系运动规律，并按照所获得的正确认识，制定相应的措施去遵从环境的本质要求。改变环境，指的是除了同样需要获得正确认识以外，最重要的是要找到改变环境的途径和手段，实际地改变环境。借助环境，则是处于中间的方式，它既不是简单地适应环境，也不是能动地改变环境，而是通过某种或多种手段，借助环境的力量而服务于组织的生存发展。从人类各种组织管理的发展史来看，借助环境这种方式具有普遍意义，对实现组织的目标具有重要作用，是管理者自觉地大量采取的方式。

如果说适应环境和改变环境是两个端点意义的方式，那么，由于在很多情况下，借助环境既能够实现组织的生存发展，又不会从根本上改变环境，特别是不会损害环境，因而，借助环境被海德格尔等哲学家看作是处理组织与环境之间关系、特别是社会与自然之间关系的最好方式。[①] 显然，这种观点并不全面，只能适用于组织与环境之间关系的特定状况。在环境已经极其不利于组织甚至已经严重损害到组织的情况下，在组织不改变环境就面临生存危机的情况下，只要组织能够做到，它所采取的也就只有改变环境这种方式。

组织从环境中获得价值或转换价值，究竟选择哪种方式，是选择适应环境，还是选择借助环境，或是选择改变环境，抑或同时选择这三种方式或其中任何两种方式，并不存在一成不变的固定答案，而是取决于组织的内部状况、环境的性质特点，特别是二者相互作用的特点和过程。任何一种方式的选择，离开了特定的整体条件，都没有抽象的好或坏的问题。在组织从根本上受制于环境的情况下，管理能够选择的主要方式是适应环境。当组织的力量与环境的力量大致相当时，管理能够选择的主要方式是借助环境。在组织的力量大于环境的力量时，管理能够选择的主要方式是改变环境，当然也可以借助环境。另外，在组织发展的一定阶段或一定情况下，也能够针对环境的不同方面而同时相应地选择上述三种方式，即相对于环境的一些方面而选择第一种处理方式，相对于环境的另一些方面而选择第二种理方式，相对于环境的所有其他方面而选择第三种处理方式。

---

① 孙周兴选编：《海德格尔选集》下卷，上海三联书店 1996 年版，第 1202—1203 页。

　　无疑，从动态发展的角度看，如果组织在不得已的情况下只能采取适应环境的话，那么，随着组织的发展和环境的变化，在条件具备时，管理者需要尽可能自觉地实现从采取适应环境到采取借助环境甚至改变环境的转变。这是任何一种组织实现长久有效生存发展的根本保证之一，否则，组织就有可能走向衰败或消亡。这就是说，借助环境、改变环境对于组织的生存发展具有更加重要的意义。

　　应该注意的是，改变环境也包括两种方式：一种是直接改变环境的性质特点，使之发生根本变化；另一种是不从根本上改变环境，只是改变环境特别是其规律对组织发生作用的表现形式。回顾人类历史上的各种类型和各种层次的组织的管理，它们对环境的改变所采取的主要是后一种方式，而现代社会的企业组织、事业组织、文化组织、行政组织的管理，对环境的改变也仍然大多采取后一种方式。归根到底，这是由于组织的力量还没有发展到可以根本改变环境的水平。

　　组织从环境中获得价值的方式，不管采取哪一种或哪几种方式，都有与之相对应的义务要求。

　　组织适应环境，无疑既具有一定的主动性，也具有一定的被动性。特别是看上去这种方式似乎没有从环境中获得任何价值，其实不然。因为对环境形成适应关系，意味着在这种状态下，组织使自身处于与环境的稳定关系之中，由此获得了环境对组织的稳定性价值。既然如此，如果环境是合理的，那么，组织对于环境也就需要承担支持环境存在下去的义务。

　　组织借助环境，不论是借助环境的哪些方面，也不论是采取什么样的借助方式，都明显地是从环境中得到了某种价值，无论这种价值是环境中的物质、人力、其他力量，还是环境的结构或存在方式，所以，组织需要承担与这种借助相对应的义务，为环境做出相应程度的贡献。组织的这种贡献在种类上不一定与所借助的对象的种类相对应，但在实质上却应相对等。

组织改变环境而形成对组织的特定价值，是对环境的价值状态或价值性质的改变，因而是对环境的具有实质意义的权利行为，因此，与组织对环境的适应行为和借助行为相比，组织的这种行为应该对环境的存在承担更大的义务。其一，组织对环境的改变，必须合乎环境的发展趋势和健康运转要求，打破不合理的环境是必需的，对合理的环境造成实质损害则是错误的。这是组织在改变环境方面的权利与义务对等的前提要求。其二，组织既然通过改变环境而形成特定的价值，所以，组织需要以相应的价值回报给环境。这是组织对环境的权利与义务对等的核心方面。其三，组织对改变环境所造成的后果，特别是没有认识到的负面后果，必须真正承担相应责任。这是组织对环境的权利与义务对等的不可缺少的环节。

总之，组织对环境的权利义务对等原则，体现了组织对环境的价值、对组织与环境的价值关系的正确认识与把握，是组织对环境的一种正确的价值观原则，因而能够合理有效地指导组织对环境的基本行为，协调平衡组织与环境之间的取得与给予关系，使组织与环境在平等共存中不断成长。

六　组织与环境的价值共生原则

在一个民族或国家的现代化进程中，由于经济的自由竞争、政治民主的平等诉求、利益追求的多元选择等因素，各种类型的组织会如雨后春笋般成长起来。因此，任何一个组织，都面临着与巨大而复杂的整体环境、变化多端的局部环境之间共存共生的问题。其中，组织与环境之间的价值共存共生是最为关键的问题，因为在一般情况下，组织与环境之间的价值观总是存在重要差别，甚至存在着尖锐冲突。借用阿兰·图海纳的话，尽管我们大家相处在一起，但我们几乎没有任何共同之处；因为我们所过的还是一种社群生活，在社群生活中"大家都共同抱有某些信仰和承继某种历史时，我们就会排斥那些与我们不同的人"①。

针对组织与环境的价值关系，本部分将首先提出组织与环境价值共生的必然性与实现的可能性，进而分析这一原则的主要层次和实现途径。

谈论价值共生的必然性与可能性，首先要理解"共生"理念的内涵。综合国内外学者的研究，"共生"主要包含以下几层意思：（1）共生首先是一种交往实践；（2）共生本质上并不强求遵从"现成的共同体价值观"或是对某种价值观的刻意导向，而是以承认与异质者的共存为基础，建立新的交往关系；（3）共生的内在要求是公正平等地对待交往关系双方。②在此，共生又区别于共同，"共同意含当事者共同具有某些价值、规范和目标"③，而共生恰恰是一种价值异质层面的认同，也就是我们常说的"和而不同"，强调的是价值差异性前提下的共同成长。因此，从价值差异性分析共生，作为共生理念的本质要求，是我们亟待探讨的问题。

我们知道，在现代社会，交往实践已经成为一种普遍性的实践。组织与环境的关系是一种特定的交往实践关系，同时，组织与环境之间也产生了复杂的价值冲突，正确处理这种冲突成为现今组织或社会必须面对的重大问题。由此来看，组织与

---

① ［法］阿兰·图海纳：《我们能否共同生存？——既彼此平等又互有差异》，狄玉明等译，商务印书馆 2003 年版，引言第 5 页。

② ［日］尾关周二：《共生的理想——现代交往与共生、共同的思想》，卞崇道、刘荣、周秀静译，中央编译出版社 1996 年版，第 119 页。尾关周二在书中引用了日本政治学学者山口定和井上达夫关于共生的理论。

③ 同上书，第 129 页。

环境的价值共生是双方交往关系的必然要求。同时，人类不仅能够在理论上正确地认识组织与环境的价值关系问题，而且在实践上也能够有效解决这一问题。价值共生就是人们所找到的一个新的解决方式。组织与环境只有达成真正意义上的价值共生，才能促进组织与环境的共赢。

组织与环境价值共生原则，包含着多层次多方面的丰富内容，也可以从不同角度进行分析。笔者认为，认知层面、道德层面、实践层面的价值共生，应是其中的三个最重要的方面。

其一，认知层面的价值共生原则重点就是正确认识组织与环境的交往关系的主体共生意义。

所谓价值共生，就是无论各方的价值是同质的还是异质的，都既要保持每一方自身价值的相对独立完整，又要能实现各方价值差异下的共存；既要保护各自对自身的价值认同，又能促进各方价值之间的相互认可。这就是说，在价值共生的状态下，每一方都是自身存在而又相互关联的主体，即都是价值共生的主体。当然，对于共生关系中的每一价值主体，可以从不同的角度来分析，如从文化认同和工具理性相统一的角度，可以把每一价值主体看作"是承认他者也是一个以其自己的方法努力将文化记忆和工具主义的设计结合起来的主体"①。

就对组织与环境的价值共生的认知来说，就是组织首先要清楚环境的价值并非是依赖组织的需求而呈现，环境有其自身独立的内在价值，因此组织要尊重环境价值的自主自由；组织并不能排斥环境自身的文化和价值观存在，或将自己的文化、价值观强加于环境，当组织意识到环境的价值是多元且异质的时候，应当采取的态度则是对这种多元异质价值的认同，因为，价值共生的根本出发点就是要承认他者文化的差异性，从

①　[法] 阿兰·图海纳：《我们能否共同生存？——既彼此平等又互有差异》，狄玉明等译，商务印书馆 2003 年版，引言第 21 页。

而改变组织在价值上的自我封闭。如果说现在的各种组织与其环境之间是一种依靠利益考量而形成的被动共存，那么，价值共生则更注重它们之间的主动融合。

其二，道德层面的价值共生，就是组织能够公正平等地对待环境自身的价值。价值共生的目的就是在差异性基础上能创造新的互动关系。组织与环境的价值共生就是组织对待环境价值要运用公正与平等的方式，公正与平等是组织对待环境的基本伦理道德原则，是实现双方价值共生的必备条件。组织只有以实现道德公正与善的理念为根本出发点，才能在行为动机和手段选择方面形成对待环境的正当性。这无疑涉及组织对自身自由的内在抑制，基于平等的角度处理组织与环境的关系。也就是说，组织与环境在价值关系上的地位是平等的，双方的不同价值之间不存在孰优孰劣的问题，并不存在在任何情况下组织的价值都一定优于环境自身的价值这样的状况。

其三，实践层面的价值共生，指的是组织与环境在价值目标即价值实现和发展方面的共生。这种共生同样不是消除双方价值的差异，不是简单地追求共同的价值，而是既认同价值差异又从差异中求共同发展。日本学者尾关周二认为，仅仅强调不同主体的价值的分离与竞争是片面的，但仅仅追求"共同"也会导致不同价值的消极融合，因此，应实行的是保持差异的"共同的共生"。

组织与环境的关系在本质上是一种价值交往实践关系。"交往实践具有三重向度：规范与整合的向度，批判—否定性向度和解放—发展向度。"[1] 一旦确立起组织与环境的价值共生关系，双方在不断的互动交往中必定会形成双方价值关系的重构、规范与整合，形成对原有的价值差异性的发展和超越，

---

[1]　任平：《交往实践的哲学——全球化语境中的哲学视域》，云南人民出版社2003年版，第40页。

形成双方价值潜力的释放与发展。

组织与环境的价值共生原则就是在价值多元社会中要求组织以认同环境的价值差异性为前提,以共同发展为价值目标,从而不断创建组织与环境之间新的价值关系。

组织与环境价值共生的意义就在于求同存异、共同发展,这不仅是组织发展的必然趋势,也是日益丰富复杂的环境发展的必然要求。在实现途径上,要实现组织与环境的价值共生,需要从理性认识和制度层面进行深入探求。

第一,充分运用组织与成员的理性认知作用,是实现组织与环境的价值共生的观念前提。首先,组织作为一个整体,需要正确认识组织与环境的价值关系。其中,最关键的是正确把握组织与环境的不同的价值主体性特征,理解双方价值认同的差异性和价值选择的多元性。其次,组织要培养个体成员对组织与环境的价值关系的理性认知能力,以便在组织与环境之间发生价值冲突时,能够结合组织的发展要求而做出自己的正确判断。最后,组织和个体成员都需要不断从社会在组织与环境关系上的公共理性意识中汲取营养。这种公共理性意识是社会成员共同拥有的对于环境的理性认知,它的目标是在对环境的价值判断方面形成"善"的共识,这对于实现组织与环境双方价值的共同发展,无疑能够提供有力的支撑。

第二,规范组织的制度体系,是实现组织与环境价值共生的根本保证。面临组织与环境之间的多元价值共存的复杂现实,正确的理性认知还只是实现组织与环境双方价值共生的第一步。只有进一步从制度上对组织的价值体系进行适合于与环境共生的调整、建构、规范,确保价值共生原则成为指导组织实践活动的制度原则,才能够最终实现组织与环境的价值共生。在这方面,组织需要建立合理有效的学习制度、反思制度和激励制度,形成价值共生原则的组织内化过程,使得价值共生原则在组织活动中能够得到有效执行。

　　简言之，组织与环境价值共生原则作为解决现代社会中组织与环境之间多元价值共存的合理原则，强调的是以开放和宽容的心态面对双方的相关问题、矛盾和冲突，认清双方各自价值的地位与关联，在双方的价值建构与解构的有机统一中实现双方价值的解放与发展。

结束语

意义及展望

提炼和聚焦现代管理的重大现实问题，是本书的基本特色。可以肯定，本书所提出和探讨的那些问题，不管如何命名，都应是管理理哲学需要研究的重大现实问题。无疑，对它们进行深入研究，具有多方面的重要意义。

首先，现实之树常青，管理哲学的主题和内容必然随着管理现实的变化、时代的演进、社会的变迁而改变。这也正是管理哲学的生命活力所在。例如，如果我们承认从古代开始中国和西方就产生了管理哲学思想，如果我们判定在古代中国和西方的思想家们对管理哲学思想与国家治理思想并没有进行明确界分，那么，中国古代以孔子、孟子为代表的儒家所提出的以"家—国—天下"为核心理念和先后顺序的国家治理思想，就只有在中国古代的农耕社会及其国家治理现实中才能找到真正根源。而西方古代以柏拉图和亚里士多德为代表的哲学家所提出的理性主义城邦治理理论，也只有在当时城邦社会的本质特点和治理实践中才能得到合理解释。

仅就西方现代的管理历史和管理哲学来说，如果把西方20世纪以来的管理历史分为科学管理、合作管理、价值管理三个时代，那么，20世纪管理哲学诞生以来的主题和内容也随之发生了相应变化。20世纪20年代管理哲学的创始人谢尔登所探讨的正是科学管理时代所突出的管理的科学维度对人文维度的关系问题，并提出了后者应高于前者的管理原则。从20世纪40年代至70年代，以巴纳德和梅奥为代表的管理哲学思想家，探讨的重心则是组织中人们的社会合作问题，指出了合作对于组织健康持存的基本重要性。从20世纪70年代末到今天，以霍金森、科克比为代表的管理哲学家，探讨的主题则是管理中的价值和价值观问题，突出强调了价值和价值观在组织生活中的本质意义。

这表明，管理哲学，如同其他任何分支哲学一样，绝不是研究者大脑中的纯粹观念的运动，而必定是在管理的现实中有其源头活水。

其次，对于现代管理的重大现实问题进行深入研究，对于改善现代管理、引导现代管理发现走向未来的正确方向，具有直接的重要参照意义。现代管理的各种重大现实问题，存在于现代管理的不同维度上，不仅直接产生于现代管理自身的本质特征和制度方式，产生于现代管理的效率要求和功利目的，而且集中表征着现代社会的本质和缺陷，凝聚着现代社会的经济政治文化关系，包含着现代社会不同主体之间复杂深刻的利益矛盾。因此，正确揭示现代管理的各种重大现实问题，阐明它们得以存在的根源、实质内涵、存在方式，找到有效处理它们的基本理念和主要方式，对于从根本上提升现代管理的质量和水平，无疑是必不可少的认知观念前提。而对于现代管理的各种重大现实问题中所包含的价值趋势和价值观趋势的研究，对于现代管理究竟如何向前发展，更是具有头等重要的引导意义。

最后，对于现代管理的重大现实问题的探讨，即使对于管理哲学基础理论研究的实质突破，也具有间接或直接的重要促进意义。因为，从研究对象上看，对于现代管理的重大现实问题的研究，尽管具有现代性这种特殊性，但这种特殊性与管理的终极层次的一般本质总是内在地关联在一起，因而，对于前者的探讨总是能够在一定范围和程度上触及和澄明后者，而对于后者的探讨，恰恰是管理哲学基础理论研究的一个基本构成部分。由此，也可以把这一点推广到对从古代到今天的人类管理历史各个阶段的研究中，即对于人类管理历史的任何阶段的那些"现实问题"的研究，都能够或多或少地表明管理的"终极一般"，因而对于管理哲学基础理论研究，起着不可低估的推动作用。如果说踏入管理哲学基础理论研究的进路有很多，那么，这是一条从特殊现实到一般理论的研究进路。而事实上，在一定条件下，这条进路常常比仅仅停留于一般理论的进路更加有效。

正是由于研究现代管理的重大现实问题不仅具有直接可见的实践意义，而且具有可以澄明的管理哲学基础理论意义，所以，笔者可以充满信心地就这两个维度的未来前景做出如下展望。

其一，由于这一研究道路本身直接的现实性关切；由于它直接关系到管理者与非管理者之间关系的正当性建构，直接关系到现代管理的规范原则，直接关系到现代管理发展的根本价值方向，因而它必将会越走越宽广，为管理哲学研究提供无比丰富的想象力和极其巨大的创造空间，在现代管理所关涉的目的善问题、公平正义问题、理性的作用问题、情感价值问题、安身立命问题上，取得日益丰硕的研究成果，不断为现代管理的正确行进提供鲜活的指导理念。

其二，只要坚持把这样的研究进行下去，也能够最终为走上深入阐发管理哲学基础理论之路提供合理可考的依据。例如，仅就本书所取得的成果来说，它也应该在一定程度上表明了管理哲学基础理论建构所需关注的那些关键要件：管理哲学的研究对象应主要涉及管理的价值或意义问题，管理哲学的研究领域应主要限定在管理的规范领域，管理哲学的基本内容至少应该包括管理的终极目的、管理的精神价值指向、管理的伦理道德要求、管理的内外责任承担等方面的内容。因此，可以预见，对于管理的重大现实问题的研究，也必将带来管理哲学基础理论研究的更大发展和繁荣。

参考文献

一 英文著作

Barnard, Chester I., *The Functions of the Executive*, Cambridge, Massachusetts: Harvard University Press, 1960.

Deal, T. & Kennedy, A., *Corporate Cultures*, New Jersey: Addison-Wesley, 1982.

Denison, D. R., *Corporate Culture and Organizational Effectiveness*, New York: Wiley, 1990.

Engelhardt, Jr., H. T. and Callahan, D. ed., *Knowing and Valuing——The Search for Common Roots*, Hastings Center, 1980.

French, Peter A., Uehling, Theodore Edward, Wettstein, Howard K., ed., *Ethical Theory: Character and Virtue*, University of Notre Dame Press, 1988.

Hochschild, Arlie Russell, *The Managed Heart: The Commercialization of Human Feeling*, Berkeley, Berkeley and Los Angeles: The University of California Press, 2003.

Hodgkingson, Christopher, *Administrative Philosophy——The Values and Motives in Administrative Life*, Oxford: Elsevier Science Ltd., 1996.

Hodgkingson, Christopher, *The Philosophy of Leadership*, Oxford, Basil Blackwell, 1983.

Hursthouse, Rosalind, *On Virtue Ethics*, New York: Oxford University Press, 1999.

Kirkeby, Ole Fogh, *Management Philosophy—A Radical - Normative Perspective*, Berlin, Springger-Verlag, 2000.

Kotter, J. P. & Heskett, J. L., *Corporate Culture and Performance*, New York: The Free Press, 1992.

Kotva, Jr., Joseph J., *The Christian Case for Virtue Ethics*, Washington, D. C.: Georgetown University Press, 1996.

MacIntyre, Alasdair, *After Virtue: A Study in Moral Theory*, Third Edition, Notre Dame, Indiana: University of Notre Dame Press, 2007.

Martinich, A. P. & Sosa, David ed., *Analytical Philosophy: An Anthology*, Malden Massachusetts: Blackwell Publishers Ltd, 2001.

Metcalf Henry C., Urwick L., eds., *Dynamic Administration— The Collected Papers of Mary Parker Follett*, New York and London: Harper & Brothers Publisher, 1941.

Mill, John Stuart, *Principles of Political Economy*, London: Longman, 1871.

Moor, Don A., Cain, Daylian M., Loewenstein George & Bazerman, Max H. ed., *Challenges and Solutions in Business*, *Law*, *Medicine*, *and Public Policy*, Cambridge: Cambridge University Press, 2005.

Nozik, Robert, *Anarchy*, *State and Utopia*, Oxford: Blackwell Publishers Ltd., 1974.

Ott, J. S., *The Organizational Perspective*, Chicago: Dorsey Press, 1989.

Ouchi, William G., *Theory Z: How American Business Can Meet the Japanese Challenge*, Addison-Wesley, 1981.

Peters, T. J. & Waterman, R. H., *In Search of Excellence*, New York: Harper and Row, 1982.

Rawls John, *A Theory of Justice*, Cambridge, Massachusetts: the Belknap Press of Harvard University Press, 1971.

Rawls John, *A Theory of Justice*, Revised Edition, Cambridge, Massachusetts: the Belknap Press of Harvard University Press, 1999.

Rawls, John, *Justice As Fairness—A Restatement*, Cambridge Massachusetts: Harvard University Press, 2001.

Rescher, Nicholas, *Rationality, A Philosophical Inquiry into the Nature and Rationale of Reason*, Oxford: Oxford University Press, 1988.

Rokeach, Milton, *The Nature of Human Values*, New York: Free Press, 1973.

Ronen, Simcha, *Comparative and Multinational Management*, New York: Wiley, 1986.

Ryan, John, *Distributive Juetice*, 3rd ed., New York: Mac-Millan, 1942.

Michael C. Keeley, *A Social-Contract Theory of Organizations*, University of Notre Dame Press, 1988.

Schein, Edgar H., *Organizational Culture and Leadership*, San Francisco: Jossey-Bass, 1985.

Schein, Edgar H., *Organizational Culture and Leadership*, 3rd Edition, San Francisco: Jossey-Bass, 2004.

Shapiro, Susan P., *Tangled Loyalties: Conflict of Interest in Legal Practice*, Ann Arbor: The University of Michigan Press, 2002.

Sheldon, Oliver, *The Philosophy of Management*, New York: Sir Isaac Pitman & Sons, Ltd., 1923.

Simon, Herbert A., *Administrative Behavior*, Fourth Edition,

New York: The Free Press, 1997.

Statman, Daniel, ed., *Virtue Ethics*, Washington D. C.: Georgetown University Press, 1997.

Williams, Sandre, *Conflict of Interest: The Ethical Dilemma in Politics*, Gover Publishing Company, Hants, 1985.

二　英文论文

Adkins, C. L., Russell, C. J. & Werbel, J. D., "Judgments of fit in the selection process: The role of work value congruence", *Personnel Psychology*, Vol. 47, 1994.

Anscombe, G. E. M., "Modern Moral Philosophy", in A. P. Martinich and David Sosa ed., *Analytical Philosophy: An Anthology*, Malden Massachusetts, Blackwell Publishers Ltd., 2001.

Cable, D. M. & DeRue, D. S., "The convergent and discriminant validity of subjective fit perception", *Journal of Applied Psychology*, Vol. 87, 2002.

Cahill, Spencer E., Robin Eggleston, "Managing Emotions in Public: The Case of Wheelchair Users", *Social Psychology Quarterly*, Vol. 57, 1994.

Caldwell, D. & O'Reilly, C., "Measuring person-job fit using a profile comparison process", *Journal of Applied Psychology*, Vol. 75, 1991.

Chatman, J. A., "Improving interactional organizational research: A model of person organization fit", *The Academy of Management Review*, Vol. 14, 1989.

Chatman, J. A., "Matching people and organization: Selection and socialization in public accounting firms", *Administrative Science Quarterly*, Vol. 36, 1991.

Dane, Erik, and Pratt, Michael G., "Exploring intuition and its role in managerial decision making", *Academy of Management Review*, Vol. 32, 2007.

Denison, B. G., "Bring corporate culture to the bottom Line", *Organizational Dynamics*, Vol. 12, 1984.

Edwards, J. R., "Person−job fit: A conceptual integration, literature review, and methodological critique", *International Review of Industrial and Organizational Psychology*, Vol. 6, 1991.

Erdogan, E., Kraimer, M. & Liden R., "Work value congruence and intrinsic career success: The compensatory roles of leader−member exchange and perceived organizational support", *Personnel Psychology*, Vol. 57, 2004.

Fisher, Cynthia D., Mood and Emotions while Working, "Missing Pieces of Job Satisfaction?" *Journal of Organizational Behavior*, Vol. 21, 2000.

Hoffman, B. J. & Woehr, D. J., "A quantitative review of the relationship between person − organization fit and behavioral outcomes", *Journal of Vocational Behavior*, Vol. 68, 2006.

Hofstede, G., Neuijen, B., Ohayv, D. D. & Sanders, G., "Measuring organizational culture: A qualitative and quantitative study across twenty cases", *Administrative Science Quarterly*, Vol. 35, 1990.

Howard, Nigel, "The Role of Emotions in Multi−Organizational Decision−Making", *The Journal of the Operational Research Society*, Vol. 44, 1993.

Joyce, W. & Slocum, J., "Collective climate: Agreement as a basis for defining aggregate climates in organizations", *Academy of Management Journal*, Vol. 27, 1984.

Koskela, Erkki, & Stenbacka, Rune, "Flexible and Committed

Profit Sharing with Wage Bargaining: Implications for Equilibrium Unemployment", *Journal of Economics*, Vol. 87, 2006.

Kristof, A. L., "Person-organization fit: An integrative review of its conceptualizations, measurement, and implications", *Personnel Psychology*, Vol. 49, 1996.

Kristof-Brown, A. L., Zimmerman, R. D. & Johnson, E. C., "Consequences of individuals fit at work: A meta - analysis of person-job, person - organization, person - group, and person - supervisor fit", *Personnel Psychology*, Vol. 58, 2005.

Levis, Kristi M., "When Leaders Display Emotions: How Followers Respond to Negative Emotional Expression of the Male and Female leaders", *Journal of Organizational Behavior*, Vol. 21, 2000.

Litzinger, William D. & Schaefer Thomas E., "Perspective: Management Philosophy Enigma", *The Academy of Management Journal*, Vol. 9, 1966.

Lurie, Yotam, "Humanizing Business through Emotions: On the Role of Emotions in Ethics", *Journal of Business Ethics*, Vol. 49, 2004.

Morris, J. Andrew, and Feldman, Daniel C., "Managing Emotions In The Workplace", *Journal of Managerial Issues*, Vol. 9, 1997.

Muchinsky, P. M. & Monahan, C. J., "What is person-environment congruence? Supplementary versus complementary models fit", *Journal of Vocational Behavior*, Vol. 31, 1987.

O'Reilly Ⅲ, C. A., Chatman, J. & Caldwell, D. F., "People and Organizational Culture: A Profile Comparison Approach to Assessing Person - organization Fit", *Academy of Management Journal*, Vol. 34, 1991.

Ouchi, W. & Wilkins, A., "organizational culture", *Annual Review of Sociology*, Vol. 11, 1985.

Piasentin, K. A. & Chapman, D. S., "Subjective person-organization fit: Bridging the gap between conceptualization and measurement", *Journal of Vocational Behavior*, Vol. 69, 2006.

Ralston, David A., Gustafson, David J., Cheung, Fanny M., Terpstra, Robert H., "Differences in Managerial Values: A Study of U. S., Hong Kong and PRC Managers", *Journal of International Business Studies*, Vol. 24, 1993.

Saavedra, Richard and Kwun, Soeg K., "Affective States in Job Characteristics Theory", *Journal of Organizational Behavior*, Vol. 21, 2000.

Schneider, B., "The people make the place", *Personnel Psychology*, Vol. 40, 1987.

Sibley, W. M., "The Rational Versus the Reasonable", *The Philosophical Review*, Vol. 62, 1953.

Smircich, L., Calas, M. B., "Organizational culture: A critical assessment", *in Handbook of Organizational Communication*, CA: Sage, 1983.

Stocker, Michael, "The Schizophrenia of Modern Ethical Theories", *The Journal of Philosophy*, Vol. 73, 1976.

Stover, Carl F., "Changing Patters in the Philosophy of Management", *Public Administration Review*, Vol. 18, 1958.

Thoits, Peggy A., "Managing the Emotions of Others", *Symbolic Interaction*, Vol. 19, 1996.

Tom, V., "The role of personality and organizational images in the recruiting process", *Organizational Behavior and Human Performance*, Vol. 6, 1971.

Trice, H. M. & Beyer, J. M., "Studying organizational cultures through rites and ceremonials", *Academy of Management Review*, Vol. 9, 1984.

Verplanken, B., "Value congruence and job satisfaction among nurses: A human relations perspective", *International Journal of Nursing Studies*, Vol. 41, 2004.

Wiener, Y., "Forms of value system: A focus on organizational effective", *The Academy of Management Review*, Vol. 13, 1988.

三　中文翻译著作

［美］A. J. M. 米尔恩：《人的权利与人的多样性——人权哲学》，夏勇、张志铭译，中国大百科全书出版社1995年版。

［美］阿拉斯戴尔·麦金太尔：《追寻美德》，宋继杰译，译林出版社2003年版。

［美］阿拉斯戴尔·麦金太尔：《谁之正义？何种合理性？》，万俊人、吴海针、王今一译，当代中国出版社1996年版。

［法］阿兰·图海纳：《我们能否共同生存？——既彼此平等又互有差异》，狄玉明等译，商务印书馆2003年版。

［印］阿玛蒂亚·森：《伦理学与经济学》，王宇、王文玉译，商务印书馆2003年版。

［印］阿玛蒂亚·森：《以自由看待发展》，任赜、于真译，刘民权、刘柳校，中国人民大学出版社2009年版。

［美］埃德加·博登海默：《法理学——法律哲学与法律方法》，邓正来译，中国政法大学出版社1999年版。

［美］埃德加·H. 沙因：《企业文化与领导》，朱明伟、罗丽萍译，中国友谊出版公司1989年版。

　　［美］埃德加·H.沙因：《企业文化生存指南》，郝继涛译，机械工业出版社 2004 年版。

　　［美］埃德加·H.沙因：《组织心理学》，马红宇、王斌译，中国人民大学出版社 2009 年版。

　　［英］A.J.艾耶尔：《语言、真理与逻辑》，尹大贻译，上海译文出版社 1981 年版。

　　［美］奥利弗·E.威廉姆森、西德尼·G.温特：《企业的性质：起源、演变和发展》，姚海鑫、邢源源译，商务印书馆 2008 年版。

　　［捷］奥塔·锡克：《经济—利益—政治》，王福民、王成稼、沙吉才译，中国社会科学出版社 1984 年版。

　　［美］彼得·德鲁克：《管理的实践》，齐若兰译，那国毅审订，机械工业出版社 2006 年版。

　　［美］彼得·德鲁克：《公司的概念》，慕凤丽译，机械工业出版社 2006 年版。

　　［美］彼得·德鲁克：《新社会——对工业秩序的剖析》，沈国华译，上海人民出版社 2002 年版。

　　［美］彼得·德鲁克：《组织的管理》，王伯言等译，上海财经大学出版社 2003 年版。

　　［英］边沁：《道德与立法原理导论》，时殷弘译，商务印书馆 2000 年版。

　　［古希腊］柏拉图：《理想国》，郭斌和、张竹明译，商务印书馆 1986 年版。

　　［美］查尔斯·史蒂文森：《伦理学与语言》，姚新中、秦志华等译，中国社会科学出版社 1989 年版。

　　［美］戴维·约翰·法默尔：《公共行政的语言——官僚制、现代性和后现代性》，楚艳红等译，中国人民大学出版社 2005 年版。

　　〔美〕丹尼尔·雷恩：《管理思想的演变》，李柱流等译，中国社会科学出版社 2004 年版。

　　〔德〕恩斯特·卡西勒：《启蒙哲学》，顾伟铭等译，山东人民出版社 1988 年版。

　　〔英〕F. A. 哈耶克：《个人主义与经济秩序》，邓正来译，生活·读书·新知三联书店 2003 年版。

　　〔奥〕冯·贝塔朗菲：《一般系统论——基础、发展和应用》，林康义、魏宏森等译，清华大学出版社 1987 年版。

　　〔美〕弗莱蒙特·E. 卡斯特、詹姆斯·E. 罗森兹韦克：《组织与管理——系统方法与权变方法》，傅严、李柱流等译，中国社会科学出版社 2000 年第 4 版。

　　〔美〕弗雷德里克·泰勒：《科学管理原理》，马风才译，机械工业出版社 2007 年版。

　　〔德〕黑格尔：《精神哲学》，杨祖陶译，人民出版社 2006 年版。

　　〔美〕赫伯特·西蒙：《管理行为》，詹正茂译，机械工业出版社 2006 年版。

　　〔法〕亨利·法约尔：《工业管理与一般管理》，迟力耕、张璇译，机械工业出版社 2007 年版。

　　〔加〕亨利·明茨伯格：《明茨伯格论管理》，间佳译，机械工业出版社 2007 年版。

　　〔英〕霍布斯：《利维坦》，刘胜军、胡婷婷译，中国社会科学出版社 2007 年版。

　　〔美〕J. N. 芬德莱：《价值论伦理学》，刘继译，中国人民大学出版社 1989 年版。

　　〔德〕京特·安德斯：《过时的人》第 2 卷，范捷平译，上海译文出版社 2010 年版。

　　〔德〕康德：《实践理性批判》，韩水法译，商务印书馆

1999 年版。

〔德〕康德:《康德著作全集》第 6 卷,李秋零译,中国人民大学出版社 2007 年版。

〔德〕康德:《法的形而上学原理》,沈叔平译,商务印书馆 2009 年版。

〔加〕克里斯托弗·霍金森:《领导哲学》,刘林平、万向东、张龙跃译,王守昌校,云南人民出版社 1987 年版。

〔美〕理查德. L. 达夫特、马西克:《管理学原理》,高增安、马永红、李维余译,机械工业出版社 2009 年第 5 版。

〔美〕罗伯特·登哈特:《公共组织理论》,扶松茂、丁力译,中国人民大学出版社 2003 年版。

〔美〕罗纳德·德沃金:《至上的美德:平等的理论和实践》,冯克利译,江苏人民出版社 2003 年版。

〔德〕马丁·海德格尔:《海德格尔选集》下卷,孙周兴选编,上海三联书店 1996 年版。

〔德〕马克思:《资本论》第 1 卷,人民出版社 1975 年版。

〔德〕《马克思恩格斯选集》第 1 卷,人民出版社 1995 年版。

〔德〕《马克思恩格斯选集》第 4 卷,人民出版社 1995 年版。

〔德〕《马克思恩格斯全集》第 30 卷,人民出版社 1995 年版。

〔德〕《马克思恩格斯全集》第 42 卷,人民出版社 1979 年版。

〔美〕玛丽·福列特:《福列特论管理》,吴晓波、郭京京、詹也译,机械工业出版社 2007 年版。

〔美〕马斯洛:《马斯洛成功人格学》,叶德昌编译,北方妇女儿童出版社 2004 年版。

〔美〕迈克尔·桑德尔:《公正:该如何做是好》,朱慧玲译,中信出版社 2011 年版。

〔美〕迈克尔·桑德尔:《自由主义与正义的局限》,万俊人等译,译林出版社 2001 年版。

［美］迈克尔·沃尔泽：《正义诸领域：为多元主义与平等一辩》，褚松燕译，译林出版社 2002 年版。

［美］梅欧：《工业文明的社会问题》，费孝通译，商务印书馆 1964 年版。

［法］皮埃尔·布迪厄、［美］华康德：《实践与反思》，李猛、李康译，中央编译出版社 1998 年版。

苗力田编：《亚里士多德选集（伦理学卷）》，中国人民大学出版社 1999 年版。

［美］诺尔曼·丹森：《情感论》，魏中军、孙安迹译，辽宁人民出版社 1989 年版。

［美］乔纳森·H. 特纳：《人类情感——社会学的理论》，孙俊才、文军译，东方出版社 2009 年版。

［美］乔纳森·特纳、简·斯戴兹：《情感社会学》，孙俊才等译，上海人民出版社 2007 年版。

［美］乔治·弗雷德里克森：《公共行政的精神》，张成福等译，中国人民大学出版社 2003 年版。

［美］R. B. 培里等编著：《价值和评价》，刘继编选，中国人民大学出版社 1989 年版。

［美］斯蒂芬·P. 罗宾斯、玛丽·库尔特：《管理学》，孙健敏等译，中国人民大学出版社 2004 年第 7 版。

［美］切斯特·巴纳德：《经理人员的职能》，王永贵译，机械工业出版社 2007 年版。

［美］特伦斯·迪尔、艾伦·肯尼迪：《企业文化：企业生活中的礼仪与仪式》，李原、孙健敏译，中国人民大学出版社 2008 年版。

［美］汤姆·彼得斯、罗伯特·沃特曼：《追求卓越》，胡玮珊译，中信出版社 2009 年版。

［英］威廉·葛德文：《政治正义论》第 1 卷，何慕李译，

商务印书馆 2009 年版。

　　［美］威廉·大内：《Z 理论》，朱雁斌主译，机械工业出版社 2007 年版。

　　［日］尾关周二：《共生的理想——现代交往与共生、共同的思想》，卞崇道、刘荣、周秀静译，中央编译出版社 1996 年版。

　　［美］亚伯拉罕·哈罗德·马斯洛：《人本管理》，马良诚等译，陕西师范大学出版社 2010 年版。

　　［美］约翰·杜威：《评价理论》，冯平、余泽娜等译，上海译文出版社 2007 年版。

　　［美］约翰·P. 科特、詹姆斯·L. 赫斯克特：《企业文化与经营业绩》，李晓涛、曾中译，华夏出版社 1997 年版。

　　［美］约翰·罗尔斯：《正义论》（修订版），何怀宏、何包钢、廖申白译，中国社会科学出版社 2009 年版。

　　［美］约翰·罗尔斯：《正义论》，何怀宏、何包钢、廖申白译，中国社会科学出版社 1988 年版。

　　［美］约翰·罗尔斯：《政治自由主义》，万俊人译，译林出版社 2000 年版。

　　［美］约翰·罗尔斯：《作为公平的正义——正义新论》，姚大志译，上海三联书店 2002 年版。

　　［美］约翰·罗尔斯等：《政治自由主义：批评与辩护》，万俊人等译，广东人民出版社 2003 年版。

　　［英］约翰·密尔：《论自由》，程崇华译，商务印书馆 1982 年版。

　　［英］约翰·密尔：《论自由》，许宝骙译，商务印书馆 2009 年版。

　　［加拿大］西蒙·多伦、［西班牙］萨尔瓦多·加西亚：《价值观管理——21 世纪企业生存之道》，李超平译，董克用

校，中国人民大学出版社 2009 年版。

［英］以赛亚·伯林：《自由论》，胡传胜译，译林出版社 2003 年版。

［英］亚当·斯密：《道德情操论》，蒋自强、钦北愚、朱钟棣、沈凯章译，胡企林校，商务印书馆 1997 年版。

［古希腊］亚里士多德：《尼各马可伦理学》，苗力田译，中国人民大学出版社 2003 年版。

颜一编：《亚里士多德选集（政治学卷）》，中国人民大学出版社 1999 年版。

［德］尤尔根·哈贝马斯：《交往行为理论：行为合理性与社会合理化》，曹卫东译，上海人民出版社 2004 年版。

［德］尤尔根·哈贝马斯：《重建历史唯物主义》，郭官义译，社会科学文献出版社 2000 年版。

［德］于尔根·哈贝马斯：《后形而上学思想》，曹卫东、傅德根译，译林出版社 2001 年版。

［美］詹姆斯·G. 马奇：《决策是如何产生的》，王元歌、章爱民译，机械工业出版社 2007 年版。

四　中文著作

陈鼓应译注：《庄子今注今译》，中华书局 2007 年版。

陈炽：《续富国策》第 3 卷，中华书局 1997 年版。

陈少峰：《企业家的管理哲学》，广东经济出版社 2004 年版。

成中英：《C 理论：中国管理哲学》，中国人民大学出版社 2006 年版。

崔高维校点：《礼记》，辽宁教育出版社 1997 年版。

《邓小平文选》第 2 卷，人民出版社 1994 年版。

葛荣晋：《中国管理哲学导论》，中国人民大学出版社

2007 年版。

龚群：《社会伦理十讲》，中国人民大学出版社 2008 年版。

姜涛译注：《管子新注》，齐鲁书社 2006 年版。

《韩非子全译》，张觉译注，贵州人民出版社 1992 年版。

韩愈：《韩昌黎全集》，中国书店 1991 年版。

黄光国：《儒家关系主义：文化反思与典范重建》，北京大学出版社 2006 年版。

《贾谊集》，上海人民出版社 1976 年版。

江攀编著：《企业持续扩张之路》，中国经济出版社 2004 年版。

蒋南华等译注：《荀子全译》，贵州人民出版社 1995 年版。

康有为：《康南海文集》第 8 册，上海共和编译局 1914 年版。

蓝志勇：《行政官僚与现代社会》，中山大学出版社 2003 年版。

黎红雷：《儒家管理哲学》，广东教育出版社 1997 年版。

李德顺、马俊峰：《价值论原理》，陕西人民出版社 2002 年版。

李建华：《道德情感论》，北京大学出版社 2011 年版。

李兰芬、崔绪治：《管理文化——管理哲学的新视野》，苏州大学出版社 1999 年版。

李兰芬主编：《管理伦理学——基本理论与个案分析》，江苏人民出版社 2004 年版。

李强：《自由主义》，吉林出版社 2007 年版。

李图强：《现代公共行政中的公民参与》，中国人民大学出版社 2004 年版。

李泽厚：《批判哲学的批判——康德述评》，人民出版社 1984 年版。

刘凤岐：《利益分配概论》，陕西人民出版社 1993 年版。

罗国杰、李萍：《伦理学基础》，首都经济贸易大学出版社 2009 年版。

毛卫平、韩庆祥主编：《管理哲学》，中共中央党校出版社 2003 年版。

孟昭兰：《情绪心理学》，北京大学出版社 2010 年版。

彭新武：《管理哲学导论》，中国人民大学出版社 2006 年版。

任平：《交往实践的哲学——全球化语境中的哲学视域》，云南人民出版社 2003 年版。

司马迁：《史记》，线装书局 2006 年版。

谭培文：《马克思主义的利益理论——当代历史唯物主义的重构》，人民出版社 2002 年版。

汪安佑、雷涯邻、沙景华编著：《资源环境经济学》，地质出版社 2005 年版。

王伟光：《利益论》，人民出版社 2000 年版。

魏钧：《组织契合与认同研究：中国传统文化对现代组织的影响》，北京大学出版社 2008 年版。

杨伯峻译注：《论语译注》，中华书局 1980 年版。

杨伯峻译注：《孟子译注》，中华书局 2005 年版。

杨国枢主编：《中国人的心理》，中国人民大学出版社 2012 年版。

杨国枢、黄广国、杨中芳主编：《华人本土心理学》，重庆大学出版社 2008 年版。

杨伍栓：《管理哲学新论》，北京大学出版社 2003 年版。

杨中芳：《如何理解中国人》，重庆大学出版社 2009 年版。

杨中芳：《如何研究中国人》，重庆大学出版社 2009 年版。

俞可平主编：《治理与善治》，中国社会科学出版社 2000

年版。

余文烈等：《市场社会主义：历史、理论与模式》，经济日报出版社 2008 年版。

袁闯：《管理哲学》，复旦大学出版社 2004 年版。

曾仕强：《中国管理哲学》，台北东大图书公司 1983 年版。

曾仕强：《现代化的中国式管理》，台北经济日报出版社 1987 年版。

曾仕强：《中国式管理》，中国社会科学出版社 2003 年版。

曾仕强：《人性管理》，东方出版社 2006 年版。

翟学伟：《中国人的脸面观——形式主义的心理动因与社会互动》，北京大学出版社 2011 年版。

章海山：《当代道德的转型和建构》，中山大学出版社 1999 年版。

张康之：《公共管理伦理学》，中国人民大学出版社 2003 年版。

郑伯埙、黄国隆、郭建志主编：《海峡两岸之企业文化》，台北远流出版事业股份有限公司 1998 年版。

祝慧烨、崔佳颖：《价值观管理》，企业管理出版社 2008 年版。

五　中文期刊论文

陈宝庆、李雁伟：《交往行为理论评析》，中国社会学网（http：//www. sociology. cass. cn/shxw/zxwz/t20101116_ 28099. htm，2010）。

陈国权：《组织与环境的关系及组织学习》，《管理科学学报》2001 年第 5 期。

丁辉：《薪资程序公平与薪资满意度的相关研究》，硕士学位论文，苏州大学，2003 年。

方敏：《现代性的历史进程、内涵和实质》，《安徽师范大学学报（人文版）》2007 年第 5 期。

郭建志、郑伯埙、王建忠：《文化价值契合、工作性格与工作效能：递增效度的分析》，《中华心理学刊》2001 年第 43 卷第 2 期。

郭建志、郑伯埙：《多重文化价值契合与员工效能：台湾一家集团企业的案例分析》，《中华心理学刊》2002 年第 44 卷第 1 期。

韩颜玲：《员工与组织价值观匹配的结构维度及其相关研究》，硕士学位论文，暨南大学，2009 年。

黄光国：《华人的企业文化与生产力》，《应用心理学研究》1999 年第 1 期。

黄华：《自由企业是市场经济的微观基础》，《南方日报》2005 年 4 月 13 日。

黄正雄、黄国隆：《价值观一致性对人力资源措施与组织承诺间关系的中介效果》，《人力资源管理学报》2003 年第 3 卷第 2 期。

李善民、余鹏翼：《自由企业制度的两个基本点》，《南方日报》2005 年 4 月 13 日。

刘华成、单鑫：《组织文化的核心——组织价值观》，《人才资源开发》2008 年第 11 期。

刘悦笛：《论哈贝马斯"生活世界"的意蕴》，《河北学刊》2002 年第 22 卷第 3 期。

邱林、王雁飞：《个人组织契合测量研究述评》，《工业技术经济》2009 年第 28 卷第 10 期。

任暄：《哈贝马斯"生活世界"学说管窥》，《马克思主义研究》2002 年第 4 期。

谭小宏：《个人与组织价值观匹配研究——效用与策略》，

博士学位论文，西南大学，2007 年。

汤圆：《组织价值观及其适配度对员工敬业度的影响作用研究——以 R 集团为例》，硕士学位论文，山东大学，2009 年。

涂永珍：《中西"诚信"文化的差异及其现代整合》，《伦理学研究》2004 年第 3 期。

万俊人：《美德伦理的现代意义——以麦金太尔的美德理论为中心》，《社会科学战线》2008 年第 5 期。

王林林：《个人—组织价值观匹配对组织承诺的影响研究》，硕士学位论文，山东大学，2009 年。

王树人：《关于主体、主体性与主体间性的思考》，《江苏行政学院学报》2002 年第 2 期。

王文东：《论权利和义务关系的对等性和非对等性》，《首都师范大学学报（社会科学版）》2007 年第 5 期。

王文鹏：《胡塞尔"生活世界"理论的德育启示》，《教育理论与实践》2008 年第 28 卷第 12 期。

奚玉芹、戴昌钧：《人—组织匹配研究综述》，《经济管理》2009 年第 8 期。

徐武生：《哈贝马斯对胡塞尔生活世界理论的批判》，《学习月刊》2006 年第 12 期下。

杨倚奇、孙剑平：《组织视角的组织—人匹配模式及其管理价值探析》，《当代经济管理》2009 年第 31 卷第 6 期。

张兴国、许百华：《人—组织匹配研究的新进展》，《心理科学》2005 年第 28 卷第 4 期。

赵慧娟、龙立荣：《个人—组织符合度的测量》，《人类工效学》2003 年第 9 卷第 4 期。

赵慧娟、龙立荣：《个人—组织匹配的研究现状与展望》，《心理科学进展》2004 年第 12 卷第 1 期。

郑伯埙：《组织价值观与个人工作效能：符合度研究途

径》,《中央研究院民族学研究所集刊》1993 年第 75 期。

郑伯埙:《组织价值的上下契合度与组织成员个人的效能》,《中华心理学刊》1995 年第 37 期。

周可真、张薇:《论管理哲学的产生及其学科性质》,《江海学刊》2010 年第 1 期。

朱青松:《员工与组织的价值观实现度匹配及其作用的实证研究》,博士学位论文,四川大学,2007 年。

朱淑枝:《自由是市场效率之本》,《南方日报》2005 年 4 月 13 日。

庄瑷嘉、林惠彦:《个人与环境适配对工作态度与行为之影响》,《台湾管理学刊》2005 年第 5 卷第 1 期。

庄瑷嘉、苏弘文:《主观适配的特质环境前因与工作态度后果之探讨》,《人力资源管理学报》2005 年第 5 卷第 1 期。

后 记

在本成果将要作为个人专著出版之际，很有必要交代来龙去脉。2008 年，我获得了国家社会科学基金项目"管理哲学的主要问题研究"（08BZX008）。在之后的一段时间里，随着我对项目思考的进展，对当初申请时所设想的基本思路进行了多次大幅修改，结果是最后所确定的内容框架与原来相比发生了重大变化。最为关键的问题是，我发现，申请项目时所使用的题目"管理哲学的主要问题研究"，并没有准确概括当时申请书中所设定的对象——当今管理现实中的重大问题，而是意味着是对管理哲学基础理论进行探讨，而这显然与项目申请书中的内容实质不相符合。当我逐渐明确了这一问题以后，就越来越感到原来的题目实在是不够恰当。

当然，艰巨的任务还是在于思考和写作过程。尽管在2005 年管理哲学作为二级学科经中国人民大学批准成立后，院里确定由我负责管理哲学学科的发展，组织教学、科研、博士生和硕士生招生等工作，但我自从 20 世纪 80 年代开始，主要研究的是现代西方哲学特别是海德格尔哲学，1996 年后又开始探讨经济哲学，对之也投入了大量时间和精力，先后出版了北京市精品教材立项项目《经济哲学导论》和国家高等教育"十一五"规划教材《经济哲学》。因而，对我来说，管理哲学是一个全新的陌生领域。在 2007—2009 年，虽然我也组织完成了较大篇幅的《西方管理哲学》的写作，但要从哲学上清晰定位现代管理的重大现实问题并对它们展开深入研究，也绝非一件容易的事情。

既然如此，只有加倍工作而别无他法。在我的认真主持下，在我和我的学生李安、闫秀敏、胡克明、宋作宇、林帆、许婧等人的共同努力下（他们在毕业前和之后都按我的要求和时间安排而进行工作），到 2013 年 12 月，我们以较高质量完成本项目并提交结项。在等待结项评价结果的过程中，为了达到自己对成果的充分满意，我一直不断地对内容进行修改。2014 年 8 月，项目获得良好等级鉴定。在此以后，一直到现在，我又根据匿名评审专家的宝贵评价意见，对这一成果的内容和结构进行了大量具有实质意义的修改。

这样，需要特别指出的就是这一成果在前前后后的整个修改过程中所发生的重大变化。在这一过程中，我力求自觉地贯彻两个基本要求：一是尽可能不仅在观点上而且在写作表达风格上都是我的；二是尽可能不遗漏现代管理的重大问题。为了实现前一个要求，我删掉了原来由四位学生参加写作的四个部分，仅仅保留了本书最后关于管理的价值观问题的两个章节，这是由林帆和许婧按照我的要求先写出，然后，我根据自己的观点和思路对之进行了彻底修改。为了实现后一个要求，经过反复思考，我又专门新写了两章，即"建构共同体生活的情感价值"和"正确认识和建构理性在管理中的作用"。这些重大改动，形成了现在著作的内容和结构。

因此，尽管在本项目的进展过程中，我的许多学生先后参加了内容思路的确定和研究工作，但现在将要出版的著作，却并没有在基本的程度上把他们的努力和贡献纳入其中。但无论如何，我都要诚挚感谢我的这些博士生和硕士生，他们不仅在本项目的研究过程中做了大量有价值的工作，使得本项目能够顺利结项，而且对我的创作过程提供了许多富有启发意义的思路和元素。

本成果的取得，与我以往的科研努力一样，离不开我所在的单位——中国人民大学哲学院——的同事们的无私帮助和持久激励。中国社会科学出版社赵剑英社长对本成果的出版非常重视，给予了大力支持，朱华彬博士在对本成果的编辑过程中付出了大量认真负责和高质量的劳动。在此，对他们一并表示衷心感谢。

刘敬鲁

2014 年 11 月 30 日